欧诺弥亚译丛

法治：维多利亚时代的法学家戴雪

The Rule of Law: Albert Venn Dicey, Victorian Jurist

[美]理查德·A. 科斯格罗夫（Richard A. Cosgrove）　著

何永红　丁于芳　译

华东师范大学出版社
上海

华东师范大学出版社六点分社　策划

欧诺弥亚译丛·总序

近十余年来，汉语学界政治法律哲学蔚然成风，学人开始崇尚对政治法律生活的理性思辨，以探究其内在机理与现实可能。迄今为止，著译繁多，意见与思想纷呈，学术积累逐渐呈现初步气象。然而，无论在政治学抑或法学研究界，崇尚实用实证，喜好技术建设之风气亦悄然流传，并有大占上风之势。

本译丛之发起，旨在为突破此等侧重技术与实用学问取向的重围贡献绵薄力量。本译丛发起者皆为立志探究政法之理的青年学人，我们认为当下的政法建设，关键处仍在于塑造根本原则之共识。若无此共识，则实用技术之构想便似空中楼阁。此处所谓根本原则，乃现代政法之道理。

现代政法之道理源于对现代人与社会之深入认识，而不单限于制度之塑造、技术之完美。现代政法世界之塑造，仍需重视现代人性之涵养、政道原则之普及。若要探究现代政法之道，勾画现代人性之轮廓，需依傍塑造现代政法思想之巨擘，阅读现代政法之经典。只有认真体察领悟这些经典，才能知晓现代政法原则之源流，了悟现代政法建设之内在机理。

欧诺弥亚(Εὐνομία)一词，系古希腊政治家梭伦用于描述理想政制的代名词，其着眼于整体福祉，而非个体利益。本译丛取其古意中关切整体命运之意,彰显发起者们探究良好秩序、美好生活之要旨。我们认为,对现代政治法律道理的探究,仍然不可放弃关照整体秩序,在整体秩序之下看待个体的命运,将个体命运同整体之存续勾连起来,是现代政法道理之要害。本译丛对现代政治法律之道保持乐观心态,但同样尊重对古典政法之道的探究。我们愿意怀抱对古典政法之道的崇敬,来沉思现代政法之理,展示与探究现代政法之理的过去与未来。

本译丛计划系统迻译、引介西方理性时代以降求索政法道理的经典作家、作品。考虑到目前已有不少经典作家之著述迻译为中文,我们在选题方面以解读类著作为主,辅以部分尚未译为中文的经典文本。如此设计的用意在于,我们希望借此倡导一种系统、细致解读经典政法思想之风气,反对仅停留在只言片语引用的层面,以期在当下政治法律论辩中,为健康之政法思想奠定良好基础。

译丛不受过于专门的政法学问所缚,无论历史、文学与哲学,抑或经济、地理及至其他,只要能为思考现代政法之道理提供启示的、能为思考现代人与现代社会命运有所启发的,皆可纳入选目。

本译丛诚挚邀请一切有志青年同我们一道沉思与实践。

欧诺弥亚译丛编委会

二零一八年元月

献给我的家人：
妻子、孩子、父母、岳父母

目　录

致　谢

　　[xi]感谢下列人员或机构准许我查阅和引用私人文献：奥尼斯(L. D. O'Nions)，《勃朗宁书信集》；克罗默勋爵，《克罗默书信集》；查茨沃斯财产的受托人，《德文郡文集》；牛津大学新学院院长和院士，《米尔纳书信集》；比弗布鲁克基金会(the Beaverbrook Foundation)，《斯特雷奇书信集》和《博纳·劳书信集》；格兰特·吉尔默教授和哈佛大学法学院图书馆，《小霍姆斯书信集》；博德利图书馆欧美手稿部(Department of Western MSS)，《布赖斯书信集》；尊敬的坎特伯雷大主教和兰贝斯宫图书馆受托人，《塞尔伯恩书信集》；苏格兰国家图书馆受托人，《埃利奥特书信集》；多琳达·麦克斯夫人，《麦克斯书信集》；哈佛董事会，《A. L. 洛厄尔书信集》和《C. W. 埃利奥特书信集》；哈佛大学霍顿图书馆，《E. L. 戈德金书信集》《C. E. 诺顿书信集》《威廉·詹姆斯书信集》；索尔兹伯里侯爵，《索尔兹伯里书信集》；以及西贝拉·邦纳姆－卡特小姐，《阿尔伯特·维恩·戴雪书信集》。

　　还感谢下列人士在许多不同的情况下给我提供的帮助：牛津大学萨莫维尔学院的波琳·亚当斯(Pauline Adams)；格拉斯哥大学图书馆的鲍德温(J. Baldwin)；苏格兰国家图书馆的艾伦·贝尔(Alan Bell)；伯明翰大学的贝内迪克兹(B. S. Benedikz)；兰贝斯宫

图书馆的比尔(E. G. W. Bill);哈佛法学院图书馆的埃里卡·查德伯恩(Erika S. Chadbourn);历史手稿委员会的伊丽莎白·达伯里(Elizabeth Darbury);德文郡图书馆的皮特·戴(Peter Day);霍顿图书馆的罗德尼·丹尼斯(Rodney Dennis);哈佛大学档案馆的克拉克·埃利奥特(Clark Elliot);牛津大学新学院的桑德拉·费内利;康奈尔大学的帕特里夏·加夫尼(Patricia Gaffney);西苏塞克斯郡档案室的帕特里夏·吉尔(Patricia Gill);麦克米伦公司的玛丽·哈德森(Mary Hudson);比弗布鲁克图书馆的伊戈(J. W. Igoe);巴林兄弟有限公司的英格拉姆(T. L. Ingram);苏格兰档案局的波林·麦克林(Pauline Maclean);牛津大学基督教堂学院的梅森(J. F. A. Mason);伦敦工人学院的大卫·穆斯普拉特(David Muspratt);博德利图书馆的波特(D. S. Porter);伦敦的奥利弗·普伦蒂斯(Olive Prentice);牛津大学贝利奥尔学院的奎因(E. V. Quinn);萨默塞特府的萨蒙(W. E. Salmon);牛津大学万灵学院的西蒙斯(J. S. G. Simmons);《民族》杂志社的詹姆斯·斯托罗(James J. Storrow);加州州立大学富勒顿分校的玛莎·沃格勒(Martha Vogeler)。

我要特别感谢博德利图书馆、[xii]牛津法律图书馆和伦敦工人学院的工作人员,感谢他们给予我的一切令人愉快的帮助。

还要感谢我在亚利桑那大学的研究助理布赖恩·坦普莱特(Brian Templet),感谢他按我的要求所做的细致工作;感谢玛丽莲·布拉迪安(Marilyn Bradian)和威拉迪娜·斯蒂克尔(Wiladene Stickel),他们在手稿形成的不同阶段中做了精心的准备工作。

美国哲学学会提供了一笔资金,让这项研究的大部分内容成为可能,为此我要感谢该学会。

我要感谢我在亚利桑那大学的同事杰克·玛丽埃塔(Jack D. Marietta)和华盛顿大学圣路易斯分校的理查德·戴维斯(Richard

W. Davis),感谢他们在我准备手稿时所提供的建议。

最后,我还要感谢牛津郡森林山(Forest Hill)的伊妮德(E-nid)、戈登·谢菲尔德(Gordon Shepherd)和安·戴克斯(Ann Dykes),感谢他们给予我和我的家人在英格兰逗留期间的友谊。

序　言

[xiii]历史学家描写的人物,经常是生前被忽视,后世却给予很高的评价;但阿尔伯特·维恩·戴雪(Albert Venn Dicey)不属于这种情况,他的学术声誉在他生前是最高的,但现在已急剧下降。他撰写的四个不同领域的作品,一出版就大受欢迎,这有助于维持他作为维多利亚时期一个主要人物的地位。1896年的《论冲突法》开辟了冲突法领域,塑造了英格兰冲突法的发展史。法律学者和政治科学家们早就将1885年的《英国宪法研究导论》①视为宪法的经典教科书。历史学家们则以1905年的《19世纪英格兰的法律与舆论》为起点,来研究19世纪的思想与政府发展之间的关系。戴雪最好的政治著作,1886年的《英格兰反对爱尔兰自治的理由》,是最终于一战期间才停止的激烈争论的见证。戴雪为了从所论主题中推导出一般原则,在每一本著作中都运用了法律实

---

① 译注:该书的英文全名为 *Inrtoduction to the Study of the Law of the Constitution*,可译作《英国宪法研究导论》(参见何永红译本,商务印书馆2020年版;另见雷宾南先生译本《英宪精义》,中国法制出版社2017年版);但本书作者在此处,一如其他作者在多数情况下那样,将其简称为 *Law of the Constitution*,可译作《宪法》。这里根据原书名译作《英国宪法研究导论》,但在下文正文及相应注释中,为顾及作者和戴雪原意,都将 Law of the Constitution 译为《宪法》。

证主义的工具。他坚定不移地运用这一方法,在分析某些法律和宪法问题时,效果很好,但在其他领域,结果却不令人满意。因此,戴雪的主要作品都没能经受住时间的考验。

读者可能会感到惊讶,这本书为何要用如此长的篇幅去讨论戴雪卷入爱尔兰自治争议的问题,这似乎不能突出他更卓越的法律贡献。这种对戴雪和爱尔兰之间关系的强调,反映出戴雪对大不列颠和爱尔兰联合的强烈热爱,和他自己对时间的分配方式:捍卫联合比自己的学术工作更重要。他高度关注政治进展,但始终只是一个观察者,而不是一个行动者。戴雪的政治热情使他进入了一个他没有任何经验的领域,结果是,他把他最擅长的法律放在了次要地位。

戴雪一生中,政治上的失意接二连三,尽管如此,他所关注的问题却持续存在于身后。长期以来,他是英国公民复决的唯一支持者,[xiv]公民复决在 1975 年首次被采用,在一个非常间接的意义上,证明他对于使用公民复决的热情是正确的。撒切尔夫人当选为保守党党魁,而后又在 1979 年当选为首相,标志着英国女性越来越多地参与政治,对于这一变化过程,戴雪在晚年进行了有力地抨击。政府计划在苏格兰和威尔士重开地方议会,重新引发了联合王国的完整性问题,这是戴雪毕生为之斗争的一个观念。1979 年的权力下放,前途晦暗不明,这证明了统一思想的力量,而戴雪终生力主统一。有望在加的夫和爱丁堡设立议会的事,一定会惹恼戴雪,就像在他生前提议在都柏林设立议会一样。北爱尔兰长期存在的问题突显了爱尔兰问题的历史延续性,这在当时和现在都令人痛苦。最后,现代政治家们经常求助于"法治"这个有魔力的词语,就像希思政府在对付矿工的时那样,或者像在最终以尼克松总统辞职而告终的过程中,它被反复提及那样。这个词已成老生常谈,以致基本没人知道,这个"法律面前人人平等"的简略表达式,源于已被遗忘的戴雪对这个词的普及。法治的定义在现代社会发生了巨大变化,但是它不断地变换,突显了它作为全球政治的一个基本概念而具有的丰富性(fertility)。

前瓦伊纳教授汉伯里(H. G. Hanbury)在一篇有关戴雪的文章中指出,我们缺少一部戴雪传记,他说得很正确,罗伯特·雷特(Robert S. Rait)1925 年的那本传记只是一个回忆录,没有试图去评价戴雪的职业生涯。雷特的书很有价值,因为它刊印了戴雪的部分书信;鉴于戴雪很少保留他收到的信函和他写给别人的书信的复印件,所以这本书就更有价值了。有三次他承认——分别见于 1903 年 5 月 15 日致戈德金夫人(Mrs. E. L. Godkin)书信,1910年 10 月 26 日致戈德温·史密斯(Goldwin Smith)诸遗嘱执行人书信,以及 1921 年 3 月 23 日致詹姆斯·布赖斯(James Bryce)书信——他年轻时就养成了销毁信件的习惯。幸好他的许多信件都保存在其他文集之中,所以,尽管没有戴雪个人档案,但他的很多信函都仍然存世。从这些大量的通信中,跃然于纸上的是这样一个形象:他年轻时不加怀疑地接受了维多利亚中期的传统信念,此时其基本价值观就已经形成。他一生都对那些传统准则表现出持久的忠诚。[xv]虽然他活到了 1922 年,但这一事实对于我们解读戴雪的经历至关重要,以至于我们可以说,他是一个维多利亚中期的人。没有比这个描述更能表达出他一生的基本特征。

第一章 贝利奥尔学院的岁月：
1835 年至 1861 年

[3]阿尔伯特·维恩·戴雪出生于这样一个家族：祖辈里第一个有名气的人是托马斯·戴雪，约 1660 年生于莱斯特郡，一个熟练工人，没有突出的成就。将近 17 世纪末的时候，托马斯与一个叫萨顿(Sutton)的伦敦人建立了利益伙伴关系，合伙生产一些专利药物，主要是"达菲酊"(Daffy's Elixir)，由药贩子在乡下兜售。托马斯让他的两个儿子——威廉和克卢尔(Cluer)——去印刷行业当学徒，哥哥威廉判断，这些流动小贩兜售药品时，完全可以随身携带报纸。1718 年在圣艾夫斯一次失败的出版冒险之后，威廉·戴雪协助创办了《北安普顿水星报》(*Northampton Mercury*)，第一次出版的时间是 1720 年 5 月 2 日。这份报纸构成了戴雪家族财富的基础，直到 19 世纪都是如此。①

18 世纪初，戴雪家族还开创了发行小册子的先例，出版廉价的文学读物；这些书在受教育者中间产生了潜在影响，同时也希望能够提升穷人阶层的道德水准。小册子事宜由克卢尔·戴雪专门负责，他管理出版事务，并让版式具有吸引力，以满足日渐增多的

---

① 译注：该报是英国最早连续公开发行的报纸，直到 19 世纪都属于戴雪家族所有；20 世纪几经变更，包括合并、更名和出售，于 2015 年停止发行。

读者需求。① 戴雪一家主宰这一行业长达半个世纪，一大批人起而效仿。出版事业的成功，让戴雪家族兴旺起来，从上个世纪的不为人知，变成众所周知。

整个18世纪，戴雪家族的报纸世代相传，直至阿尔伯特的祖父托马斯·戴雪，他在1776年接手管理。到1792年，托马斯已经拥有了大量财富，足以让他买下北安普敦郡中靠近拉特沃思的克雷布鲁克庄园（Claybrook Hall）。1807年，托马斯·爱德华·戴雪在父亲去世之后，开始掌管[4]《水星报》，但他在1811年从剑桥大学毕业之后才亲自管理。他一直担任报纸编辑，直至1858年去世。1814年，托马斯娶詹姆斯·斯蒂芬的女儿安妮·玛丽为妻，这一步将戴雪家族带入克拉彭福音派的圈子。这一联姻让两大强有力的运动联合起来，它们在19世纪的英格兰达到影响力的顶峰，那就是丈夫的政治自由主义和妻子的福音派热情。这个结合使得戴雪一家成为了典型的维多利亚思想贵族。② 戴雪一家通过婚姻进入了像维恩和斯蒂芬这样著名的福音派家庭的世界；阿尔伯特·戴雪的中间名就是取自福音教领袖约翰·维恩的名字。

阿尔伯特·维恩·戴雪于1835年2月4日在克雷布鲁克庄园出生，在四兄弟中排行第三。家庭传统认为，终身折磨戴雪的肌无力，源于他早产时产科医护的失误。因为他不能完全控制自己的身体活动，所以经常会表现得有点滑稽。但在他漫长的一生中，多数时候都身体健康，而且早在孩童时代就学会了尽量节省他有限的体力。戴雪成年后，高而瘦削，现存的照片上流露出一种忧郁、几近令人生畏的气质。由于年轻时身体状况不稳定，戴雪的童年比多数孩子都更克制，就像是表兄约翰·维恩所证实的："小的时候，我不像

---

① 约翰·阿仕顿（John Ashton），《18世纪的畅销故事书》（*Chap-Books of the Eighteenth Century*），页9。

② 安南勋爵（Lord Annan），《思想贵族》（The Intellectual Aristocracy），载普朗（J. H. Plumb）编，《社会史研究》（*Studies in Social History*），页287—243。

你那样懂得分寸,也不懂得历史尊严。"①成年后,戴雪变得健谈,很有天赋,他的口号是轻率好过迟钝,这是他读大学时得到的一条忠告。② 自幼儿时期开始,他父母对于教育价值的信念,以及对他身体状况的考虑,完全将他引向了智识生活的道路。

戴雪在晚年回忆道,打记事起,他的记忆里就没有人们想象的那种与福音派教育相关的忧郁。③ [5]他留下的一张画像描绘了一个家庭中的几个男孩,他们接受了充满慈爱与欢笑的严格教育。他在17岁之前,接受的都是家庭教育,主要在母亲的庇护下进行。在特地为他安排的这一紧凑的教育体系中,频繁的欧陆之旅是他受到的唯一外界影响。据戴雪说,他的父母从其福音派背景中继承了对公立学校的"严重怀疑"。④ 在他父母看来,到19世纪40年代,公立学校的教育体制仍然存在缺陷,弊远大于利,因此,戴雪的父母选择在家里教育他们所有的孩子。⑤ 戴雪从不反感这种庇护式的教育,因为他还经常证实与父母建立亲密关系的益处。家人的朋友也对戴雪的教育产生了影响,尤其是表姐妹萨拉·斯蒂芬(Sarah Stephen)和卡罗琳·爱米利娅·斯蒂芬(Caroline Emilia Stephen)。⑥ 朋友和亲戚给了这个年轻人一个独特的机会来参与他父母的智识生活,而且他们让戴雪从小就开始关注政治事务。

在戴雪的成长过程中,家庭教育有两样东西深深地影响了

---

① 约翰·维恩致阿尔伯特·维恩·戴雪书信,1919年8月13日,《手稿全编》(General Manuscripts),508(28),格拉斯哥大学图书馆。

② 戴雪,《关于学术组织的建议》(Suggestions on Academical Organisation),页418。

③ 戴雪,《自传片段》(Autobiographical Fragment),载罗伯特·雷特(Robert S. Rait)编,《戴雪回忆录》(Memorials of Albert Venn Dicey),页13。

④ 戴雪致布赖斯书信,1920年7月17日,《布赖斯书信集》(James Bryce Papers),牛津大学博德利图书馆(Bodleian Library, Oxford)。

⑤ 戴雪,《自传片段》,载雷特编,《戴雪回忆录》,页14—15。

⑥ 利奇菲尔德夫人(Mrs. R. B. Litchfield),《往事追忆》(Recollections),载雷特编,《戴雪回忆录》,页293。

他。受父亲的影响,他信奉古典自由主义,后来的事虽让这种信念有所动摇,但从未使之消失。戴雪每次写到父亲的时候,对于后者在漫长的编辑生涯中所表达的政治和道德立场,无不怀着崇高的敬意。他父亲具有很强的正义感,表现为对所有不公、压迫与残忍的强烈憎恶,这使得他成为儿子心中的智慧典范。[①] 老戴雪赞成改革,但不支持革命,他信奉自由贸易,还坚信自由交流思想的价值——这也是戴雪余生所坚守的信念。在离开父母家的时候,阿尔伯特便持有一种自由主义,其特征不仅在于具体的[6]学说,而且还在于一种生活方式,那就是:人类理性能够解决社会面临的各种问题。

母亲对年轻戴雪的影响不亚于父亲。她指导对戴雪的教育,注重用希腊语、拉丁语、法语和德语进行讲授。她在施教上很有天赋,能因材施教,根据每个孩子的接受能力来对课程进行相应调整。戴雪时常记得,"母亲训练他运用那不灵活的手指时无比耐心和细致",每忆及此,他都满怀感激。[②] 针对阿尔伯特,他母亲悉心地以对话的形式为他安排功课,以免超过他有限的体力。[③] 她的这种常识教学法无疑使阿尔伯特比在公立学校严格教育受益更多。

由于戴雪母亲这方面的照护很重要,所以他从母亲那继得的最大遗产就是世俗化的福音派热情。戴雪不是通常意义上的虔诚的基督徒,他保有基督教的精神,但"毫不关心教义"。[④] 对于作为人类经验的一部分的宗教,戴雪从未丧失过兴趣,但是传统的宗教

---

① 戴雪,《托马斯·爱德华·戴雪》,载哈德利(W. W. Hadley)编,《北安普顿水星报两百周年纪念:1720—1920》(The Bi-Centenary Record of the Northampton Mercury 1720—1920),页49。

② 利奇菲尔德,《往事追忆》,载雷特编,《戴雪回忆录》,页293。

③ 戴雪,《自传片段》,载雷特编,《戴雪回忆录》,页14—15。

④ 安男勋爵,《莱斯利·斯蒂芬》(Leslie Stephen),页122。

信仰在毁灭性的理性主义里消失了。后来，他称自己的宗教观点"如此模糊和不定，因此，永远不要期望从我这里找到任何形式的'综合'或信念"。① 他经受了理性主义的严峻考验，已无法容忍理性上没有正当依据的信仰。他早期就不信任热情，这使得他成为终身的战士，反对与感性的虔诚联系在一起的狂热恶行。不管是天主教爱尔兰过大的力量，还是联合王国其他地区对天主教徒言论自由的否定，他并未偏向任何一方，因为天主教徒和新教徒的偏执都引起了他的愤怒。

　　他成熟宗教倾向的最初迹象可以从他加入综合学会（Synthetic Society）这点看出来，该协会由维多利亚后期的若干杰出人士组成，他们从 1898 年到 1908 年不时聚集，以在那些因争议而分化的基督徒之间寻找共同的教义。② 戴雪发现聚会的主题过于散漫，不合他的兴味，但是该协会的讨论激起了他对基督教教义之历史根据的兴趣。③ [7]他对于基督教早期历史的推测只是反映了知识分子的关注，因为他得出的结论是，关于第一个基督教世纪的通常信仰都没有任何历史根据。④ 基于此，他强调神话在基督教最终获胜中起到的作用。作为宗教信念的最终标准的理性，迫使他拒绝任何形式的神秘主义，或他所斥责的"唯灵论"。⑤ 具体的基督教义对他从来没有吸引力，关于基督学问，他曾写道："无疑，如果我和你看待耶稣的生命，完全以我们看待凯撒或默罕默德的生命时会用的那种方式，那么，相信奇迹出生和怀疑耶稣存在看起来几乎都是同样荒谬的。"⑥对于耶稣被钉死在十字架上以及复

① 戴雪致布赖斯书信，1896 年 3 月 9 日，《布赖斯书信集》。
② 肯尼思·杨（Kenneth Young），《亚瑟·詹姆斯·贝尔福》（Arthur James Balfour），页 161—162。
③ 戴雪致布赖斯书信，1920 年 7 月 17 日，《布赖斯书信集》。
④ 同上，1909 年 7 月 25 日，同上。
⑤ 同上，1914 年 1 月 9 日，同上。
⑥ 同上，1904 年 1 月 10 日，同上。

活这样的事件,他也觉得没有历史依据来支撑信徒们的信念。①戴雪从来没有错过宗教带来的慰藉,因为在年轻的时候,他便找到了一个替代品,一个不只是弥补他信仰模糊的替代品。

取代不可信的教义的是福音派的热情,这种热情表现在他对"有益工作"的持续信奉之中,贯穿于他所有的行为,至死不渝。戴雪从来都不倾向于进行抽象的哲学思考,他认为:"我们必须在尽力做好或极为重视手头的工作中找到满足感,并且一个人的合适工作就是自由发展他可能碰巧拥有的才能。"②他的这一信条是有具体体现的,以至于他经常怀疑自己的职业生涯是否成功,因为他的能力尚未完全施展出来。安慰源于工作中纯粹因工作而存在的乐趣;如果一个人尽力地工作,那么,不管结果如何,他都一定会感到满足。他曾写道:"我确信,获得幸福的唯一途径,就是全身心地投入你所从事的工作,可能的话,还要试着做得很棒。"③对不断努力工作的需要[8]取代了他母亲的宗教信仰。

福音派的传承,影响成年戴雪性格的另一个方面是他信仰的方式。尽管他厌恶宗教狂热,但是他一旦获得了某个特定的信念,他就不认可任何中间立场;例如,接受一个政治立场就意味着积极地去捍卫它的教义。他善于将观点明确区分为黑白两类,因为他容不得公共事物中的灰色地带。自由主义的政治观点与转化后的宗教热诚相结合,结果是,戴雪对于一生从事的政治活动都全身心地投入。政治一直是戴雪的世俗职业;其中,品行好坏、思想优劣间,存在着明确的界限;人生中没有任何东西取而代之,法律也不

①　同上,1911 年 8 月 4 日和 8 日,同上。

②　戴雪致小霍姆斯书信,1900 年 4 月 3 日,《小霍姆斯书信集》(*Oliver Wendell Holmes*, *Jr.*, *Papers*),哈佛大学法学院图书馆。

③　戴雪致查尔斯·威廉·埃利奥特书信(Charles William Eliot),1899 年 10 月 17 日,《埃利奥特书信集》(*Charles William Eliot Papers*),哈佛大学档案馆。

曾取代政治。

在这种强烈关注政治的氛围中，1848 年，大事发生了，这一年对戴雪的人生方向而言至关重要。"这些事实际上把我整个的思想兴趣转向了政治和宪法争议。"①戴雪当时年仅 13 岁，他密切跟踪泰晤士报上席卷欧洲的革命的专栏信息。在表姐萨拉·斯蒂芬的指导下，阿尔伯特高度关注奥地利人从米兰的撤退，以及进步之于反动的表面胜利。后来，他又寄希望于匈牙利的革命者；但他们随后的失败，结果却让其年轻的追随者感到不安，因为后者视革命成功为理所当然。② 1848 年革命对年少的戴雪产生了持久的影响："我在 1848 年以各种方式认识到自己是一个有意识的存在，那一年，通常一有机会，我就阅读相关报道。"③后来，戴雪的父亲带他参加一次聚会，在那里听取了马志尼（Mazzini）和科苏特（Kossuth）的演讲，使他对外国英雄人物的热爱坚定不移，这次经历让戴雪更加痴迷于政治。

戴雪一直都将他的成长归功于父母的持久影响，"我的生活本身和我所做的工作，没有什么不同寻常之处，但是我[9]强烈意识到，我看待生活的方式以及让我感兴趣的事情，一定程度上都是我接受家庭教育的必然结果，养育我的父母出类拔萃、智力超群，他们是诚挚的辉格党人，虔诚却不极端的福音派教徒。"④戴雪一生都忠于由父母首先灌输给他的信念。名人的生活往往充斥着对父母控制的反抗；但对戴雪而言，性格的成熟反而增强了他对年轻时价值观念的忠诚。戴雪是一个典型，说明源自父母的自由主义和福音主义具有强大影响力，但唯有一点不具有代表性，那就是：他思想的严谨使得他的福音派传统带有一种特殊的反教权主义意味。对于从家庭中习得

① 戴雪致布赖斯书信，1918 年 11 月 12 日，《布赖斯书信集》。
② 同上，1917 年 7 月 26 日，同上。
③ 同上，1918 年 11 月 12 日，同上。
④ 戴雪致雷特书信，1922 年 3 月 8 日，载雷特编，《戴雪回忆录》，页 286—287。

的牢固的价值观念,戴雪准备将它们置于外界的考验之中。

1852年,17岁的戴雪第一次离开家,去伦敦国王学院学校(King's College School)继续学习。在校的两年里,他支气管炎反复发作,耽误不少,校园生活与活动因此受限。再后来,他却因怪行而获得一定名气,原因是他对体育运动怀有强烈偏见;但他的真实感受却是(这无疑源自他自身的身体限制):"一个不能参加体育运动的人生命中会失去很多。"①虽然没有因为生理缺陷而遭受同龄人的嘲弄,但是他却错过了运动中的友谊。国王学院学校的课程局限于古典学,要求却非常高,戴雪在学校的强化训练课上表现优异。戴雪在国王学院学校的成功,反倒让父母担心这样一个问题:以戴雪的身体状况,他能否在大学生活中吃得消。

阿尔伯特的一个兄弟和父亲都曾就读于剑桥大学三一学院;但是,由于没有他父亲那样的数学天赋,延续这一家庭传统是毫无意义的。这样,戴雪在1854年被牛津大学贝利奥尔学院录取。在这时,戴雪并没有慈悲心肠,因为尽管他有自己的神学倾向,但他还是毫不犹豫地签署了《三十九信条》。戴雪把这一行为看作仅仅是对他英格兰国教会成员的承认,而没有以任何形式表示他思想上对任何特定信条的认可。牛津大学对戴雪性格形成的影响,[10]与父母及福音派的影响一样大,因此,大学经历对戴雪是至关重要的,必须仔细分析。

首先,戴雪得到了本杰明·乔伊特(Benjamin Jowett)的亲自指导,他一直承认自己受惠于乔伊特,对此"感激不尽"。② 根据乔伊特的说法,戴雪青年时期即已养成相当自律的习惯,现在是遇到了工作的福音。③ 乔伊特认为,宗教科予每个人以尽力做好自己

---

① 戴雪致布赖斯书信,1911年3月23日,《布赖斯书信集》。
② 戴雪致埃利奥特书信,1904年4月7日,《埃利奥特书信集》。
③ 关于乔伊特与戴雪同时期的托马斯·希尔·格林(Thomas Hill Green)的沟通,参见梅尔文·里克特(Melvin Richter),《良心政治》(*The Politics of Conscience*),页74—75。

工作的义务；①戴雪完全处于乔伊特的影响之下，尽管这有宗教方面的原因。戴雪把自己视为是"体现乔伊特指导能力的一个非常突出的例子，因为乔伊特能充分发掘学生碰巧具有的天赋"。② 乔伊特让每一个学生都深刻意识到活力的必要性，并鼓励他们充分发挥自己所具有的才能，而不要困扰于自己不具有的天赋。③ 戴雪认为，进入贝利奥尔学院是他人生中最幸运的日子，在他前导师去世前不久，他就如是告诉了乔伊特。尤其是，乔伊特使得戴雪对已经从他父母那里获得的不懈努力的信念更加坚定。

　　其次，乔伊特设置了一个大学教学标准，戴雪心向往之，却承认其他导师都达不到这个标准，令人十分沮丧。④ 为了说明乔伊特为人友善，关心学生，戴雪讲了一则趣事："在我准备去参加'文学士初试'⑤的一天早上，我去他的房间请教关于冒险考试的事情，问他如何应付。希腊语的不规则动词对我来说太多了，当时且一直是我很担心的内容，考试不及格并非是不可能的。我们决定最好还是冒险一试，然后，乔伊特盯着我说：'你的领带系得很不好。'对此，我是知道的，而且自己也知道已经尽力了。我尝试系得好一些，便把它全部解开了。乔伊特看到我[11]已无计可施，什么也没说，便亲手为我系好了领带。"⑥乔伊特和贝利奥尔学院的其他导师一样，习惯保持一种冷漠，但对学生却给予这种亲切关心，戴雪是很钦佩的，乔伊特的传记作者也强调了这一点。⑦ 从乔伊特那里，戴雪学会了如何以身作则；尽管戴雪后来得出结论，乔伊特的智力天赋远不及他坚

---

① 杰弗里·费伯(Geoffrey Faber)，《乔伊特》(*Jowett*)，页 35。
② 戴雪致詹姆斯·利·斯特罗恩—戴维森(James Leigh Strachan-Davidson)，1909 年 5 月 20 日，《手稿杂编》(*Miscellaneous MSS*)，贝利奥尔学院。
③ 同上。
④ 戴雪致伊夫林·艾博特(Evelyn Abbott)书信，1897 年 4 月 18 日，同上。
⑤ 译注：Smalls，1960 年前牛津大学文学士三次考试中的初试，即入学考试，亦称 response。
⑥ 同上。
⑦ 费伯，《乔伊特》，页 34。

守自己职责的个人禀赋,但这个经验仍然值得汲取。①

　　乔伊特对戴雪的影响并没有随着戴雪大学生涯的结束而停止。当戴雪于 1882 年重回牛津大学时,甚至有一次在鼓励他的往届学生担任议会议员候选人之时,乔伊特证明是很有帮助的。②只要戴雪表示反对,乔伊特就会立即停止讨论,并不再提及这一话题。就戴雪而言,他诚心诚意地将自己的书寄给导师,以表示他仍在践行数十年前从中学到的工作准则。多年过去以后,乔伊特还要求戴雪,过去的岁月应该是最好的,未来做好工作仍有可能;戴雪最终会成功做到这一点。在贝利奥尔学院的时候,乔伊特就曾鼓励戴雪,工作要干劲十足,在戴雪迟暮之年,那些教导依旧鼓舞着他。乔伊特离世的时候,戴雪这样总结他们之间的关系:"他是我最好的朋友之一。与大量其他牛津大学学生一样,我生命中所做的每一件事情都要归功于他。他的离开是学院的巨大损失,很长一段时间内都将无法弥补。"③尽管如此,在青年戴雪思想的形成过程中,乔伊特并不是唯一对其产生影响的人。

　　到 1854 年,贝利奥尔学院已经开始发生变化,使之成为维多利亚后期和爱德华七世时期众多领导人的培养基地。贝利奥尔学院营造出了学术成就与个人责任并重的氛围。就拿戴雪来说,他在入读贝利奥尔学院之前,就致力于从事严肃的脑力工作,"一直迫切期望拿到一个好学位,得到一个研究员职位"。④ 在戴雪本人的巨大努力和贝利奥尔学院的杰出训练下,戴雪成功实现了[12]自己的目标。就此而言,戴雪与贝利奥尔学院非常适合彼此。这一体系不尽如人意的一面体现在以下这点:戴雪后来遗憾地表示,

①　戴雪致布赖斯书信,1917 年 4 月 18 日,《布赖斯书信集》。
②　同上,1918 年 2 月 12 日,同上。
③　戴雪致塞尔伯恩勋爵书信,1893 年 10 月 2 日,《塞尔伯恩勋爵书信集》(*Lord Selborne Papers*),伦敦兰贝斯宫图书馆(Lambeth Palace Library)。
④　戴雪致布赖斯书信,1918 年 9 月 11 日,《布赖斯书信集》。

他将学习文学仅仅视为一种达到目的的手段，而从未享受到文学本身的乐趣。[①] 他学习经常只是为了通过考试，而很少是为了获得人文教育。

然而，戴雪在贝利奥尔体系下获得了巨大成功，这点毋庸置疑。"从我们的考试体系中，以及学院导师们对我们无微不至的关怀以及他们杰出的教学中，我得到了很多知识上和道德上的训练。这种考试体系也让我有了固定而明确的学习规划，之前我无法为自己制定这种计划，即便制定了，我也坚持不下来。同时，它让我在这四年中比以往任何时候都更加勤奋，甚至惭愧地说，比我一生中任何其他时候都更加勤奋。"[②]戴雪在贝利奥尔学院收获很大，四年时间里，他的哲学体系在他之前建立的基础上扩大了。在 19 世纪 50 年代的牛津大学，戴雪发现其他许多同学具有和他一样的政治热情，崇拜同样的学术偶像。和同学们意气相投，让他不再那么羞涩，更加积极地参与大学事务，从而建立起对自己能力的自信。

在大学之前，戴雪就持有根深蒂固的个人主义；对他而言，密尔（John Stuart Mill）是他大学期间英国的最高权威，"在牛津，我们全盘接受密尔，当然有些囫囵吞枣：直到 1860 年，他都是我们最主要的精神食粮"。[③] 戴雪有关自由的终生不渝的基本观念，源自于密尔："我是密尔所创思想流派的一员，我不能不认为，如果他现在能被更多的人理解，那将是莫大的幸事，也会是一个有益的匡正。真正的个性是伟大与美德的源泉；虽然我们必须重视一切社会进步及其相伴随的种种限制，但我们也必须提高警惕，密切关注，以免这些限制危及个性，进而破坏真实社

---

①　同上。
②　戴雪致埃利奥特书信，1899 年 3 月 28 日，《埃利奥特信集》。
③　戴雪，《密尔"论自由"》，页 17。该演讲发表于 1900 年 11 月 8 日，是有关密尔系列演讲中的第一讲。

会进步之真正源泉的原创性。"①戴雪在晚年转而反对密尔社会思想中所隐含的某些结论,戴雪认为[13]这些结论背离了密尔早期的自由主义。但是,他从不否认自己受到密尔的巨大影响:"我年轻时受惠于他,较之任何其他英国作家都要多。"他还曾写道:"随着我逐渐老去,我对他的感激之情总体上有增无减。但我对他的看法的信心……已经大为动摇了。在我看来,他的解释力……似乎既误导了自己,也误导了他的信徒。"②密尔对于戴雪的持久影响,在于密尔强调逻辑思维是人类判断的最终标准。但是,密尔越是偏离其最初界定的自由主义,戴雪对他年轻时偶像的信赖就越持保留态度。

　　当然,在戴雪就读牛津大学期间,密尔并不是唯一对他产生影响的人:"如果要我记下在青年时期结束时给我留下最深印象的书,我想我会列出托克维尔和莱尔(Lyall)自身的东方研究。"③据戴雪证实,给他留下最深印象的那些人让他自身的一些发展趋势加速。密尔让这样一种强烈信念更加坚定,即理性是人类问题的最高仲裁者;托克维尔引发了他对宪法理论的好奇心;莱尔则让他对历史问题产生了兴趣。在牛津培养出来的对这些问题的兴趣,在他大学毕业后很久都被证明是富有意义的,因为对戴雪而言,某个主题一旦吸引了他的注意,他就基本没有放弃过。其实,戴雪有一个缺点,让他吃了不少亏。他习惯于在交谈过程中,把自己所知道的与话题相关的一切全都说出来。

　　戴雪在贝利奥尔学院的前两年,大多时间都是独居,全身心地投入学习。埃伦·史密斯(Ellen Smith)——贝利奥尔学院的导师

①　戴雪,《密尔"论自由"》,页86。该演讲发表于1901年3月7日,是有关密尔系列演讲中的第四讲。

②　戴雪致查尔斯·埃利奥特·诺顿书信,1905年6月13日,《查尔斯·埃利奥特·诺顿书信集》(*Charles Eliot Norton Papers*),哈佛大学霍顿图书馆(Houghton Library)。

③　戴雪致布赖斯书信,1913年6月12日,《布赖斯书信集》。

亨利·史密斯(Henry Smith)的妹妹——的建议与友谊让他支撑下去。埃伦不仅一直陪伴着这个年轻人，而且还在学习上给他鼓励。乔伊特谆谆教导他对工作专注，加之朋友的不断鼓励，使得他在1856 年的文学学士学位第一次考试(Honour Moderations)中获得了一等成绩。这项学术成就极大地增强了他的自尊心："我倾向于认为，成绩出来的那天晚上和第二天差不多是我人生中最开心的日子。我没有资格期待有这样的成绩。它让我的父母感到欣喜，也令我深爱的朋友埃伦·史密斯感到极大的满足。那是我人生中第一次真正意义上的成功。在我参加'古典人文学科大考(Greats)'数月之前，我父亲就去世了。[14]我所做的在你们后来认为成功的一切事情，都离不开我的辛勤付出，或者说，伴随着与学位考试中获得'一等成绩'带来的喜悦相当的某种痛苦。"① 受此优异成绩的激励，他加入到由约翰·尼科尔领导的、有其他贝利奥尔人一起参与的小组，组建一个其目的在于让严肃认真的本科生们磨砺思维的协会。

　　不过，到目前为止，牛津大学对戴雪最为重大的影响，源自他于 1856 年参与创办大学生修墓者协会(Old Mortality Society)一事。② 这个协会引起了学者们的兴趣，因为它的众多成员都在之后的事业中声名卓著。③ 戴雪的这次参与，让我们第一次瞥见他

---

① 戴雪致布赖斯书信，1913 年 3 月 31 日，《布赖斯书信集》。

② 关于"牛津修墓者协会"(Old Mortality at Oxford)的大致情况，参见杰拉尔德·蒙斯曼(Gerald C. Monsman)，《牛津修墓者协会》，页 359—389。

③ 牛津修墓者协会于 1856 年至 1860 年处于鼎盛时期，随后时断时续，直至约 1865 年。除尼科尔(Nichol)和戴雪外，它最初的创始人还有斯温伯恩(A. C. Swinburne)。后来的成员包括詹姆斯·布赖斯(James Bryce)、托马斯·希尔·格林(Thomas Hill Green)、沃尔特·佩特(Walter Pater)和 T·厄斯金·霍兰(T. Erskine Holland)。成员名单见于博德利图书馆藏的修墓者协会文件(Ms. Top. Oxon. b. 255, f. I)。对于所有其他会员后来的成功，戴雪认为协会中最为卓越、最有前途者乃乔治·卢克(George Luke)。可是卢克在 1862 年溺死于伊希斯河(Isis)，他在牛津大学展现出来的潜能过早地终结了。参见戴雪致布赖斯书信，1917 年 4 月 18 日，《布赖斯书信集》。

与同伴之间的活动,从这些活动中,戴雪看清了自己的能力大小。修墓者协会的宗旨,在于为会员提供"彼此都感到合适和舒服的智识娱乐和消遣"。① 戴雪积极参与协会活动的那几年里,宣读了各种主题的文章。

戴雪的第一篇论文是一篇评论,主题是关于弗劳德(J. A. Froude)②在其《英格兰史》一书中对牛津第一代清教徒的处理;协会的会议记录中记载了戴雪的首次亮相,但没做任何评论。1857年6月20日,戴雪选读了博斯韦尔的《通信集》(Letters),"以一种平常的角度展现了戴雪这个人的特点"。③ 协会成立的第一年里,宣读的最后一篇文章是戴雪的《惩罚之目的》——戴雪主张其目的应该是为了公众的普遍利益。如此诉诸功利主义的基本原理,几乎得到其他年轻会员的一致认同。

第二年,戴雪首先提交的论文,讨论的是[15]作为历史学家的希罗多德与修昔底德,他突出了希罗多德著作中的宗教因素,认为宗教因素无处不在,并且最终损害了希罗多德的著作。会议记录中称赞这篇论文结构清晰,文风独特,还对他如此细致地区分两位历史学家的不同点进行了评论。④ 之后,戴雪又宣读了一篇有关查尔斯·金斯利(Charles Kingsley)的著作及其个人品质的批评性文章。他认为,金斯利不具有一个思想家应有的原创性,或者一个小说家应有的品质,该批评"思维清晰、表达准确"。⑤ 戴雪主要指责的是金斯利满腹的教权主义,这是他无法容忍的一个缺陷。⑥

---

① 修墓者协会,《会议录》(Ms. Top. Oxon. d. 242, f. 48),博德利图书馆。

② 译注:即詹姆斯·安东尼·弗劳德(James Anthony Froude,1818—1894),英国历史学家和传记作家,因研究16世纪英国和托马斯·卡莱尔而著名。

③ 同上,f. 24。

④ 同上,f. 35。

⑤ 同上,f. 43。

⑥ 鉴于戴雪承认,他的文学研究是出于赢得学术奖项的愿望,因此他的文学判断很肤浅,总反映他自己的偏见也就不足为奇了。

两篇论文都显示出，他对社会中的教权优位极为厌恶，尽管他之前也接受过这一思想。

戴雪向协会提交的最后一篇文章涉及死刑问题，其结论是，现行刑罚体系本身是公正的，对防止犯罪而言也是必要的。这一论点再次得到了协会其他成员的认可，清晰的文风也受到称赞。① 总体来说，戴雪认为修墓者协会很适合自己，在协会中的讨论令人难忘，也是他着迷于思想的持久源泉："我仍然觉得，在协会中宣读的论文及其相关讨论非常出色；可以肯定，它们也让人极为愉悦，在那度过的那些晚上，现在回想起来都很开心。"②

宣读论文，启迪友人，这不是协会所提供的唯一学术经历，因为它还为会员提供写作机会。正是通过修墓者协会，戴雪发表了他的第一篇文章。1857 年 11 月，约翰·尼科尔接管牛津一家濒临破产的杂志，条件是协会其他会员须和他一起经营。③《本科论文集》(Undergraduate Papers)只发行了三期，但在第一期上戴雪发表了一篇文章，对柏拉图的《理想国》与基督教进行了简要比较。④ 这篇处女作展现出了戴雪此后政治辩论中特有的那种文学作品特征。[16]戴雪采用辩证法，在文章中首先简要陈述他所反对的观点，然后陈述他自己的论证思路，最后在文章末尾解决这些矛盾。他开篇列出柏拉图主义与基督教的表面相似性，然后指出两者的显著区别，最后总结说，柏拉图的理想国只不过是一种理论，而基督教则改造了世界。他早期的论证过于简化，但这并不损及他已经发展出来的那种阐释风格所具有的吸引力。

---

① 《会议录》(Ms. Top. Oxon. d. 242, f. 48)。

② 戴雪致格林夫人书信，1882 年 9 月 17 日，《格林书信集》(*Thomas Hill Green Papers*)，贝利奥尔学院。

③ 乔治·伯贝克·希尔致安妮·斯科特(Annie Scot)书信，1857 年 10 月 10 日，露西·克朗普(Lucy Crump)编，《乔治·伯贝克·希尔书信集》(*Letters of George Birkbeck Hill*)，页 73。

④ 戴雪，《理想国与基督教》(The Republic and Christianity)，页 16—19。

　　修墓者协会的会员在其他领域也很出色，尤其是在牛津大学辩论社的辩论中。戴雪在辩论社经常演讲，而且在1859年春季学期出任协会主席，这是一个很有声望的职位。由于生理障碍，戴雪对自己的演讲能力缺乏自信，但通过不断的努力，他掌握了公开演讲的技巧，最终赢得了令人钦佩的声誉。在一个极度崇尚辩论技能的时代中，戴雪的辩论技巧得到同代人的高度评价。[①] 戴雪在辩论社所支持的动议，反映出他对国内外政治的关注。

　　在修墓者协会考虑的主题中，政治占用的时间是最多的："我到现在都没太弄明白，对于路易·拿破仑、意大利以及后来的美国内战，自己怎么会产生如此浓厚的兴趣，不停地谈论，日复一日。"[②]詹姆斯·布赖斯，戴雪的密友，也是修墓者协会的会员，他证实了戴雪对于政治的这种关注；他还回忆说，政治讨论在贝利奥尔学院要比在大学的其他地方更为突出。[③] 很多问题都受到协会的关注，其中最为关注的是三大国际问题。

　　第一个是新兴的民族主义，尤其是意大利的独立问题。民族主义的崇高性在1858年似乎是不证自明的，就因为意大利是个特别神圣的国度。为了被压迫民族的利益而进行干预，戴雪无条件地支持。布赖斯向修墓者协会提交的第一篇文章讨论了民族主义，言辞绚丽；很少有人预见到这一原则会被过度推行到何种危险的程度。[④] 戴雪[17]后来写到，他对外国的民族主义运动有着"强烈的兴趣"。[⑤] 民族自由与政治统一似乎是一回事，而民族主义得到了协会中显而易见的理想主义的明确支持。只有格林倡导世界人道主义，与他朋友的主流观点不一致。这种早期信念，戴雪从未

① 费舍尔（H. A. L. Fisher），《詹姆斯·布赖斯》，页48。
② 戴雪致格林夫人书信，1882年9月17日，《格林书信集》。
③ 布赖斯致戴雪书信，1913年10月14日，《布赖斯书信集》。
④ 同上，1918年12月31日，同上。
⑤ 戴雪致布赖斯书信，1917年7月27日，同上。

放弃过，因为他把民族主张视为自由与否的一个基本标准。在临时性的问题得到解决以后，戴雪很久都还保留着民族主义的目标。

第二大主题便是路易·拿破仑，他遭到修墓者协会成员一个又一个的强烈谴责。这位法国皇帝有些矛盾地被视为既是一个愚蠢的江湖骗子，又是一个鲜廉寡耻的独裁者，他的政策从而受到严格审视。戴雪后来写道："我没有找到什么理由来说明我们对这位皇帝的总体评价是错误的；但在我回头去看的时候，有些东西令人发笑，比如，我们年轻气盛、对他强烈谴责，我们希望他垮台，不断重复，也不断失望。"①戴雪后来承认，他年轻时完全错误地估计了拿破仑对法国人民的影响力。尽管如此，这并没有使他改变最初的评价：这位皇帝给法国带来的主要还是伤害。

最后，戴雪极力捍卫美国内战中北方的理想。这表明，他与格林有着少见的一致性，而这就是其中之一；戴雪后来对格林表示敬意，称他的支持让自己的信念更为坚定。② 此二人在牛津辩论社中成功地证明了北方行动的正当性，尤其是依据这样一种理由：奴隶制与一切真正的个人主义背道而驰。③ 戴雪后来称所有这些早期的观点都不切实际，将其归咎于缺乏经验和理想主义。然而，戴雪在后来的生活中从未放弃过这些看法，只是改变了支持这些看法的理由。

对国内政治的讨论是围绕改革问题进行的，尤其是选举权的选择性扩大问题。修墓者协会的观点，布赖斯表达得最准确："当时与现在最明显的差别似乎在于[18]，我们都认为个人主义是显而易见的、绝对正确的。我们并非对穷人的苦难漠不关心，只是我们认为它不可避免；我也没有焦躁不安，急于消除那些苦难，甚至

① 戴雪，载奈特（W. Knight）编，《约翰·尼科尔回忆录》（*Memoir of John Nichol*），页 140—141。
② 戴雪致格林夫人书信，1882 年 9 月 17 日，《格林书信集》。
③ 布赖斯致戴雪书信，1909 年 2 月 16 日，《布赖斯书信集》。

无视经济规律,这是现代年轻人迫切想做的事。之所以有这种看法,很可能部分是因为,较之于现在,宗教对于当时的生活和思想而言,更具基础性,涉及的面也更为广泛;或者说,至少是因为,彼岸世界对于他们来说更接近,而且更确定。"①英国人生活的实际状况与大学生的理论思考相差甚远。惟有格林对国内社会运动表现出一些兴趣,在这个主题上,正如戴雪所承认的那样,格林"很可能比我,甚或我们大多数人掌握的知识都要多一些"。② 格林经常指出贫穷之种种不幸,戴雪将这一品质归结为想象力,是想象力使得格林"比我们大多数人对穷人的真实遭遇认识得更为清楚"。③由此,修墓者协会巧妙地将坚定的社会保守主义与政治进步主义结合了起来。

　　戴雪很好地融入到了19世纪50年代的学院氛围之中:宗教上另类,政治上激进。④ 戴雪在青少年时期生气勃勃,自豪地接受了激进分子的标签,但在后来的生活中,却成了他极为难堪的一个根源。戴雪因为进步的政治观点而出名,主要是因为他不断抨击牛津的保守主义,他认为保守主义反对开明的自由主义原则。他支持人们自己争取来的选举权,还支持妇女权利运动。这些观点在维多利亚中期的牛津大学,是相当激进的,从而让他声名在外。

　　在修墓者协会中,另一个争议较大的问题涉及政治与宗教的关系,尤其是大学入学考试、英国国教的废除,以及大学总体上与教权主义的脱离。⑤ 改革运动解除了大学准入与宗教信念的关联,由此吸引了众多与协会成员具有同样热忱的学生。⑥ [19]对

①　布赖斯致戴雪书信,1913年11月4日,《布赖斯书信集》。
②　戴雪致布赖斯书信,1917年7月27日,《布赖斯书信集》。
③　戴雪致格林夫人书信,1882年9月17日,《格林书信集》。
④　里克特(Richter),《良心政治》,页83。
⑤　布赖斯致戴雪书信,1913年11月14日,《布赖斯书信集》。
⑥　安南勋爵,《思想贵族》,页247。

特定的神学争议产生兴趣，并不时兴，戴雪写道："我不记得，有任何习俗妨碍我去读我感兴趣的任何主题的文章，不论是宗教的，还是非宗教的。但我也想不起来，在修墓者协会上宣读的文章中，曾有过与神学直接有关的讨论；当然，我们还是会经常讨论有关签署《三十九信条》的问题。"①整个氛围是世俗的，会员们也不太关心牛津运动的遗产。② 他们根本不关心基本的神学问题，就像协会没注意达尔文和它所提出的宗教问题一样。它唯一投身其中的是思想自由，会员们对宗教争议本身并不感兴趣。

布赖斯将修墓者协会描述成一个"卓越非凡的"团体，戴雪也对他是协会的成员感到自豪："我很满意看到，我与布赖斯加入的那个修墓者协会，培养出了一个内阁大臣（布赖斯），六个教授（戴雪，尼科尔，布赖斯，格林，霍兰，内特尔希普［Nettleship］），我认为这六个人还不错，加在一起或许可以抵得上一个内阁大臣。哦，差点儿忘了，还有一位可以说是现存英国诗人中最为优秀的诗人（斯温伯恩），而且我们相互之间完全是没有任何关联的；鉴于此，虽然我们可能不像自己所期望的那么出色，但协会也绝对没有理由为它的任何成员感到羞耻。"③因为协会成员曾经克服了种种障碍，所以戴雪就更加看重协会的这种成功。戴雪将他们视为经过公开竞争而取得个人成功的现实代表，这种成功证明了他的自由原则的有效性。正如戴雪所言："我们既没有财富，也没有地位，至少公平地遭遇死亡或疾病。著作就更不用说了，可谓是不计其数。"④戴雪在修墓者协会中遇到了和他有着相似背景与观点的年轻人，他们强化了戴雪的价值观、政治信念和抱负。

---

① 戴雪致布赖斯书信，1917 年 8 月 18 日，《布赖斯书信集》。
② 关于这一点，请参见蒙斯曼，《牛津修墓者协会》，页 379。
③ 布赖斯致戴雪书信，1909 年 5 月 6 日，《布赖斯书信集》。戴雪致布赖斯夫人书信，1893 年 5 月 1 日，同上。
④ 戴雪致布赖斯书信，1893 年 11 月 16 日，同上。

1858 年,戴雪拿到文学士学位,此时,他面临着一些严重[20]问题,最大的问题是他父亲去世,继而家道中落。虽然他们家的《水星报》又维持了 25 年,却不再像以前那样成功。他在 1858 年夏天的学科大考中获得一等成绩,却不能与父亲分享这份喜悦。"我不得不将学位考试推迟到最后期限",戴雪曾写道,"碰巧,直到父亲去世几个月后,我才获得学位,准确地说,才通过考试,因此成功带给我的满足感大打折扣"。[①] 他的父亲认为结果很重要,希望由此可以确保阿尔伯特具有美好的未来。[②] 成功获得学位后,戴雪努力谋求研究员职位,以满足父亲对他的期待。

在接下来的两年时间里,戴雪屡屡碰壁,他在谋求研究员职位时,有过四次机会,但都没有成功。他的失败主要源于他的书写障碍,那可是他一生的困扰:把字写得快速而工整,都得费尽九牛二虎之力。只有当戴雪经准许,可以向听写员口述时,他才在牛津大学三一学院获得了一个职位。他毫不怀疑,是乔伊特发起了这一计划,并说服三一学院的领导合作,尽管其他人将其归功于鲁滨逊·埃利斯(Robinson Ellis)。[③] 通过这次体贴地干预,戴雪现在得到了那个研究员职位。

戴雪的幸运得到了众好友的祝贺:"我清楚地记得",布赖斯曾写道,"圣灵降临节后的第一个周日或周一那天,你求职成功,这让修墓者协会诸位成员都欣喜不已,我们这些即将参加学科大考的人,从早到晚开心了一整天,后来,我们听了你两学期的课"。[④] 第二年,戴雪对他的新工作潜心钻研,满怀热情,讲授了密尔的逻辑

---

① 同上,1896 年 3 月 9 日,同上。

② 同上,1903 年 8 月 14 日,同上。

③ 戴雪致莱昂内尔·雅各布(Lionel Jacob)书信,1912 年 7 月 11 日,《工人学院藏手稿》(Working Men's College MSS),伦敦工人学院。莱昂内尔·雅各布是工人学院的副校长。

④ 布赖斯致戴雪书信,1918 年 5 月 29 日,《布赖斯书信集》。

学和亚里士多德的伦理学。① 在这一期间，戴雪指导的几个优秀
学生中，他一直认为布赖斯是最棒的。② 一开始，戴雪当选为研究
员引起了恐慌，因为他以激进的观点而闻名。[21]布赖斯记得很
清楚："你的当选引起了一些大学生的惊慌，他们认为你肯定是一
个激进分子，也很有可能是一个实证论者或者无神论者；而且我还
记得，你当选之后的几个星期，我们所有人是多么的开心。"③戴雪
觉得他在三一学院任职的第一年是"他曾有过的最好、也最有效的
一年"。④ 他的勤奋很快得到了回报，获得了另一个学术奖励。

　　戴雪除赢得职位之外，还在 1860 年提交了一篇有关枢密院的
阿诺奖论文。这篇论文的迅速出版，让他第一阶段的牛津生涯画
上了句号，这一阶段他取得了辉煌的成就。⑤ 戴雪明确称《枢密
院》是一部历史研究著作，这是他唯一的一部历史著作，直到他 85
岁时出版最后一本书，也是如此。后来的学术研究修正了这一看
法，但是，他在这第一部且很重要的著作中，饶有兴味地洞察到了
政府机构的发展这一问题。《枢密院》显示出戴雪具有很大的学术
潜力，但与 1863 年布赖斯有关神圣罗马帝国的阿诺奖论文相比，
它就逊色了不少，因为后者甫一出版就成了经典，至今仍是对作者
的永久纪念。

　　《枢密院》的意义在于，它为我们了解戴雪出版该书时的态度
提供了线索。比如，辉格党的历史观贯穿全书，尤其是他反复声

---

① 戴雪致法勒女士（Lady Farrer）书信，1920 年 11 月 5 日，载雷特编，《戴雪回忆录》，
　　页 270。
② 戴雪致莱昂内尔·雅各布书信，1912 年 7 月 11 日，《工人学院藏手稿》。
③ 布赖斯致戴雪书信，1918 年 5 月 29 日，《布赖斯书信集》。
④ 戴雪致布赖斯书信，1910 年 3 月 19 日，同上。
⑤ 戴雪，《枢密院》，第一版由惠特克公司刊印；第二版未修订版于 1887 年由麦克米伦
　　刊印。戴雪考虑过修订版问题，但到最后他也没有回到这一主题。参见戴雪致麦
　　克米伦公司书信，1881 年 5 月 20 日，《麦克米伦公司文件汇编》（*Macmillan Com-
　　pany Papers*），《大英博物馆藏手稿补编》，55084。

称:一个机构(如议会)的发展必然导致另一个机构(如君主)权力的减弱。戴雪表露出来的最显著的特征是坚定拥护放任主义。对枢密院频繁地干预商业,他表示很惊讶,"现在的统治者甚至不曾想过"这种政策。[1] 在结论中,戴雪断言:"政府干预是一种恶,这一事实已被完全证实,无需再加以论证。"[2]尽管《枢密院》没有让年轻的作者迅速出名,但也不是白费功夫。它[22]让戴雪进入法律与历史领域,这是他后来一生都关注的问题,同时,也为他向公众展示其劳动成果积累了经验。正如雷特所说,这项早期成果后来被再版,并且没有败坏其声誉,事实上还为戴雪增了光。[3]

戴雪在 1861 年离开牛津大学的时候,对于在那里度过的七年时光,他感到很满足。在那里,他获得了很有声望的学位,收获了长久的友谊,出版了第一本著作。戴雪第一次将指导他整个职业生涯的工作原则付诸实践;这一原则如此富有力量,一直到晚年时期,他都觉得退职的想法让人痛苦。[4] 戴雪的性格与观念得以定型,但有一个重大例外,即法律训练的影响尚未产生。后来,戴雪自豪地称自己是一个维多利亚时代中期的改革者,见证了在自己学生时代的最后时期其信条具有的力量。

要特别指出的是,戴雪高度赞扬放任主义,极度崇尚个人自由,支持为了民族主义运动而采取强硬的外交政策,警惕有组织的宗教导致的对社会的种种限制,并且已经对政治有着浓厚的兴趣。戴雪的自由主义还包括更一般性的内容:"它意味着,对于已经显示出来的弊端,要循序渐进地、深思熟虑地,从而富有成效地予以革除,这些弊端可以通过立法或者改善社会风气或舆论来进行矫

---

① 戴雪,《枢密院》,页 60。
② 同上,页 109。
③ 雷特编,《戴雪回忆录》,页 35。
④ 戴雪致戈德金书信,1899 年 12 月 25 日,《戈德金书信集》(*E. L. Godkin Papers*),哈佛大学霍顿图书馆。

正。它还抵制沉闷的保守主义，因为保守主义仅仅在于让一切事物、至少是一切并非绝对有害的事物保持原样；同样，它也反对革命计划，因为即便它们与不法暴乱没有关联，但这些计划认为，纵使是文明世界中现存的最好制度，也应该经历根本的变革。"①毫无疑问，戴雪一生最显著的特点在于他的执着和精力：他坚持学生时代形成的观点，并用余下 60 年的时间来捍卫之。戴雪的童年和牛津生涯便深深塑造了其成年时的价值观。在接下来剧烈变迁的世界中，戴雪的价值观坚定不移。

---

① 阿尔伯特·维恩·戴雪，《一位英国学者对戈德金的欣赏》（An English Scholar's Appreciation of Godkin），载《民族》（*Nation*），第 101 期，1915 年 7 月 8 日，页 52。

第二章　壮志未酬：1861 年至 1882 年

[23]戴雪离开牛津之后，迁到伦敦与寡居的母亲住在一起，在内殿律师公会学习法律，准备当律师。他在这个过程中所受的法律教育，是其成熟的政治与法律哲学形成中的最后的重要因素。对戴雪的决定性影响，是他对英国分析法学派的创始人，约翰·奥斯丁作品的研读与持久赞赏。奥斯丁对戴雪的影响，对于戴雪自身法哲学之形成是至关重要的，但之前的作家很少强调这一点。有关法律与政治的关系，奥斯丁永久性地影响了戴雪的观点，给戴雪提供了一个看待政治发展之道德基础的独特看法。

奥斯丁在维多利亚时期的法理学领域占据支配地位，其他人都没做到这点。他于 1832 年出版的第一部重要著作《法理学范围之限定》，没有引起什么讨论，因为很少有律师承认法理学本身的有用性，更不用说关注奥斯丁所提主张的正确性了。奥斯丁一生徒劳无功，也没有赢得任何名声，但死后面世的《法理学讲演录》，让他的这部作品为更多的读者所熟知，也刚好符合戴雪在 1863 年当律师的需求。奥斯丁提出的分析体系带来了法理论的全面复兴，对英国法学家而言，这可是一项可敬的学术工作。奥斯丁最后证明，他在坟墓中产生的影响比生前的要深远得多。戴雪作为一个有着雄心壮志的年轻出庭律师，为他自己智识上的成功感到自豪,而奥斯丁的法理学在当时的法律圈子中已经流行开来,戴雪学习奥斯丁的法理学,将它纳入自己已形成的价值观中。

奥斯丁在与法哲学家关系重大的三个主要领域,根本性地挑战了传统学说的假定。他强调,在实然法与应然法之间作出明确区分是必要的,这是他最有影响力的论断。[24]奥斯丁的抨击直指自然法理论,依据该理论,实在法必须符合某个道德标准。他这种对于道德问题的漠不关心,仅仅只是在方法论上的,因为他主张的是,上述区分并不是出于对道德准则的反对,而是出于避免混淆法律与道德问题的需要。奥斯丁将法律从道德中分离出来的这一要求,开辟了法理学的新纪元,因为它为法律问题之解决提供了一个更有效的分析工具。在普通法世界,奥斯丁成为了数十年来最重要的法哲学家,所有其他作家都以他为标准来进行评判。

其次,奥斯丁提出了法律命令说,很多人解释,这一法律定义避开了法律遵守中所固有的任何意义上的道德义务。他还提出了一种主权理论:公民遵守法律的义务最终取决于主权者要求服从的力量。主权属于并不惯于服从任何上级、但惯于受到多数公民服从的那个人。作为命令的法律,在不服从的情况下,将强制与确定的惩罚关联起来。这一法律定义非常适合刑法,但是批评家很快就开始讨论其在民事诉讼领域里的适用性。

最后,奥斯丁将一个总的法律主题分解为几个简单命题,然后以这些基本概念为基础建构他的法律体系。奥斯丁认为,自己的任务是将英国法从数世纪的无序发展中解脱出来,从而实现体系化。只要像法律、命令和制裁这些概念的有效性毫无争议地确立起来,建立在科学基础上的法律重构就是可能的。将逻辑分析严格适用于法律概念,试图让法律摆脱不精确的表述,正是下一代英国法学家要做的工作。尤其是,系统化——对死气沉沉的普通法进行科学的修剪——似乎是19世纪60、70年代英国法学的下一个重大工作。

　　在分析领域,戴雪欣然接受法学中的新方法,因此奥斯丁对他的影响是最大的。但在戴雪后来的法律和政治著作中,他虽然承认奥斯丁的论辩具有说服力,但在若干实质问题上与奥斯丁的观点相左。即便如此,戴雪[25]还是采用了奥斯丁处理法律问题的基本方法,即试图通过对相关案例的细致分析,进而陈述从中归纳出来的基本原则,然后符合逻辑地建立起一个有关争点的知识体系,来解决法律问题。关于分析这一主题,约翰·斯图亚特·密尔将奥斯丁"在精确思考的技艺中训练别人思维"的能力视为其最大的成就。① 戴雪自己的著作有力地证实了密尔的论断。有一次,戴雪称奥斯丁"是一个凡重视思维之清晰和语言之逻辑准确的人无不满怀敬意提及其名字的作者"。② 戴雪的每一篇法律论文,都旨在利用这种独特的方法,即从案例中推导出规则,然后详尽阐述规则所基于的那些案例,以达到奥斯丁要求的清晰程度。戴雪对奥斯丁式方法论的热衷,使得他能够对于奥斯丁哲学其他方面受到的抨击泰然处之。因为戴雪确信,尽管奥斯丁自身的有些尝试都不成功,但他已经给出了一种解决法律问题的有效方法,所以当其他法律学者批评他导师的时候,戴雪采取一种和解的态度。③

　　戴雪认为,奥斯丁在一个"执业律师对法理学一词嗤之以鼻"④的时代复兴了法律的纯理论研究。奥斯丁所以做到这一点,是因为它促进了英国法与罗马法的比较研究,证明对这两种法律体系应该同步研究,并且这两种法律体系可以很好地互补。对戴雪而言,因为受奥斯丁的影响,他认为法理学主要包含的是对法律概念进行准确定义。戴雪作出的最重要的评价是,奥斯丁展现出

----

① 密尔,《奥斯丁论法理学》(Austin on Jurisprudence),页 439。
② 戴雪,《迪格比论英国法律史》(Digby on the History of English Law),页 374。
③ 戴雪,《法学导论》(An Introduction to Jurisprudence),载《民族》,第 63 期,1896 年 9 月 24 日,页 234—235。
④ 戴雪,《法学研究》(The Study of Jurisprudence),页 382。

了"逻辑分析的非凡力量",令他的一些教义给读者留下极其深刻的印象,挥之不去。① 戴雪讲法言法语的时候,显然是带着奥斯丁的口吻。

　　必要时,戴雪也批评奥斯丁,特别是其艰涩的[26]文体。戴雪认为奥斯丁精通思想,而不善于表达:"毫不夸张地说,他不会运用英语。"②戴雪还把奥斯丁拒绝讨论少数基本主题之外的话题作为证据,来指责他只是专注于挑战维多利亚早期的正统法律思想。即便对于这些缺陷,戴雪也是从中受益的,因为他煞费苦心,努力让自己的作品具有可读性。此外,对于先前法律权威付出的努力,戴雪总是怀着崇高的敬意,其中包括奥斯丁专门批评的对象布莱克斯通,戴雪对其也是特别地尊敬。戴雪自己的法律声望,最终是建立在用任何一个门外汉都能懂的语言来清晰地阐述一些基本规范这个基础之上。

　　同代人证实了奥斯丁对戴雪的这种影响,经常将二者联系在一起。例如,亨利·西奇威克(Henry Sidgwick)——他自己就详尽评价过奥斯丁的著作,关于戴雪的《宪法》,他写道:"我认为你对奥斯丁——有关英格兰的主权问题——作了最好的辩护:但是我或许可以补充一点,那就是,考虑到奥斯丁多余地卖弄文字精确性,他也许最适合接受这样的有效辩护。"③关于《论冲突法》,弗雷德里克·波洛克(Frederick Pollock)间接提到,戴雪"没有摆脱掉奥斯丁糟糕的异端邪说"。④ 就在波洛克作出这则评论之前,戴雪

---

①　戴雪,《法学研究》(The Study of Jurisprudence),页 386。

②　同上。

③　亨利·西奇威克(Henry Sidgwick)致戴雪书信,1885 年 11 月 2 日,《手稿全编》(General Manuscripts),508(17),格拉斯哥大学图书馆(Glasgow University Library)。

④　弗雷德里克·波洛克爵士(Sir Frederick Pollock)致奥利弗·温德尔·霍姆斯书信,1896 年 10 月 2,马克·德沃尔夫·豪(Mark DeWolfe Howe)编,《霍姆斯与波洛克通信集》,页 71。

自己就曾写到,奥斯丁在 19 世纪 90 年代受到了"过度的轻视",同时还强调了奥斯丁对于自身发展产生的影响。① 戴雪非常自豪地拥护奥斯丁传统,也从未放弃对于他自身的法律假定之根源的信念。

　　戴雪改造了奥斯丁的法理学,使之适应自己离开牛津时就持有的价值观念。例如,像其他赞赏奥斯丁的维多利亚中期人士一样,戴雪对于法律与道德的分离命题充满矛盾。很多法律人认可奥斯丁体系的有效性,[27]同时也为道德从法律义务中分离出来感到担忧。像奥斯丁一样,戴雪也将"法律是什么"(或者说,执业律师关心)的问题与"法律应该是什么"(或者说,法学家关心)的问题区别开来;戴雪并不否认"这些问题是相互联系的,但是我认为将它们区别开来非常有助于问题的清晰性"。② 戴雪既坚持两者之间具有紧密而永恒的联系,同时又否认两者的同一性,从而来解决这一棘手的问题。他认为,法律与道德应该彼此接近,以免相互结合而导致狂热。法律是外在的,而道德是内在的,或者用戴雪的话来说就是:"法律关乎行为,道德关乎品性。"③功利主义的法律传统接受法律与道德经常产生交集的观点,戴雪坚持的就是这一学说。④ 法律必须反映舆论,否则会导致普遍的不服从,让法律本身失效。戴雪对于公共舆论的定义包含了这一决定性因素,由此公共舆论构成了法律体系的道德主干。因此,戴雪保留了道德的约束力,同时又出于法学研究之目的而奉行法律与道德的严格分离。

---

① 　戴雪致弗雷德里克·哈里森书信,1896 年 7 月 29 日。《弗雷德里克·哈里森书信集》(*Frederick Harrison Papers*),伦敦政治经济学院政治经济学图书馆。此处文献,承蒙加利福尼亚州大学富勒顿分校的玛莎·沃格尔(Martha S. Vogeler)教授帮助。

② 　戴雪致霍姆斯书信,1880 年 1 月 19 日,《霍姆斯书信集》。

③ 　这个引文和戴雪的其他观点均来自 1901 年 11 月 7 日在工人学院发表的演讲"英国法导论"。

④ 　哈特(H. L. A. Hart),《法律实证主义和法律与道德的分离》,页 598。

在主权问题上，戴雪再次接受了奥斯丁的前提，但对从中作出的推论进行了重大修改。戴雪承认，正如奥斯丁极力倡导的那样，每个政府都必须得到臣民的习惯性服从。他还同意，主权是不可分割的，对于从属主权这样的思想，在逻辑上是不成立的。但是，对戴雪而言，检验主权的真正标准，是对最高立法权的拥有。他承认，主权有时也需要依靠武力的使用，一如奥斯丁之所述；但他相信，它更多还是取决于公民的服从意向。少数情况下，害怕惩罚会导致服从，但正如戴雪所认为的，数世纪的服从习惯才是服从的真实原因。①

此后，奥斯丁给戴雪留下的深刻印象影响了戴雪[28]的思想，反复呈现于戴雪后来的政治和宪法著作之中。毫不动摇地坚持自由主义，是戴雪大学时期的特点，现在又结合了新奥斯丁主义，二者共同塑造了戴雪的政治哲学：它强调，主权必须属于国家，但它唯一的功能是对个人权利的保障。每当戴雪论及法律——尤其是住所法——的时候，在方法论上与结论中都保留奥斯丁的基本概念。奥斯丁与戴雪之间的这些联系，使得戴雪的维多利亚中期信条得以最终形成。

当我们注意到，其他法律学术思潮给戴雪留下的印象有多浅时，就会发现戴雪对于奥斯丁的敬慕就更加引人注目了。亨利·梅因的历史研究对戴雪没有多少吸引力，因为戴雪认为梅因的著作怀疑立法的功效，这是戴雪宁愿忽略的一个结论。戴雪敬重梅因的博学，也承认梅因的重要贡献，但梅因的历史法学对其智识发展产生的影响甚小。对于德国法学，戴雪同样没有表现出兴趣，它给戴雪的印象一直是作为一种自然法而存在的，它理论性强，很不适于解决实际的法律问题。于是，从比较的视角出发，除了他自己在诸如法国和美国宪法史等领域中受到的法律训练，戴雪从来不

---

① 对戴雪思想的这个概括，来自他于 1901 年 12 月 5 日发表的以"主权"为题的演讲。

重视其他法律训练的价值。奥斯丁为戴雪提供了一种方法论,但是由于分析法学给人的狭隘印象,戴雪因而受到了不利影响。

戴雪取得出庭律师资格以后,由于他的研究员职位,使之能够安下心来,舒适地等待新的召唤。他继续游历欧陆,一般有布赖斯相伴;他们于1862年9月到访了柏林,当时正发生一场导致俾斯麦掌权的宪法危机。① 这一期间,戴雪在家庭自营的报刊上发表了一些政论文章,而且,他还频繁接替哥哥爱德华从事编辑工作。戴雪在这些文章中强调的主题,是他在牛津大学期间就探讨过的。戴雪志向高远,不安于如此轻松自在的生活,因而开始寻求可用以实现其理想的工作。

戴雪希望当律师能够让他有机会步入政界,尽管后来他放弃了。这些计划没能实现,出于两个[29]原因:他在律师领域没有取得突出成就,也没能跻身其强烈向往的政治舞台。关于他的青年出庭律师生涯,戴雪写道:"在我得到国内税收署的职位(1876年)之前,律师工作带给我的只有失败。如果仅靠准备诉讼摘要过活,那我早就饿死了。结婚之前,除了研究员职位,我没有其他真正可以依靠的。"②多年以后,他的讣告委婉地表达了这一点:戴雪不具备为引起事务律师关注所需的特性。③ 其结果是,"试图赢得一个出庭律师应有的名声却失败之后,我最终认识到,对于我们大多数人而言,律师执业的开销要大于收入"。④ 他的这种不满在他的一篇文章中表现了出来,文章批判了成名律师的任人唯亲行为以及他们制定的条条框框。⑤ 就像在社会其他领域一样,戴雪不能接受既得利益者的优越地位,他们享受着特权,却不用参与竞争。年

---

① 布赖斯致戴雪书信,1919年12月12日,《布赖斯书信集》。

② 戴雪致利奇菲尔德夫人书信,1897年10月(日期不详),载雷特编,《戴雪回忆录》,页270。

③ 泰晤士报,1922年4月11日,页17。

④ 戴雪致法勒女士书信,1920年11月5日,载雷特编,《戴雪回忆录》,页270。

⑤ 戴雪,《法律礼仪》(Legal Etiquette),页169—179。

轻律师要基于律师的地位而听从经验较丰富的同事,这在他看来与当时盛行的思想相背,是他不能接受的。此外,戴雪的法律生涯并未如他所愿,成为其进入政界的跳板。他后来写道:"我不会自欺欺人地陷入一种错觉,以为没达到这些目的,世人就会失去一切。我认为他们是正当的,而且我从未想着要让失败影响我的幸福生活,对此,我由衷地感到高兴。"①正如我们即将看到的,他最后的这个感受并不完全属实。

戴雪进入巡回审判区工作,但没能因此而出名。他适应不了巡回审判的艰苦生活,对工作异常不上心。他后来向布赖斯坦言:"我想我根本就不该去巡回审判区工作,不然的话,我能做更多的事情。但是,我没有理由抱怨,因为托你介绍,我与老霍尔克(引注:即约翰·霍尔克爵士)取得了联系。这是我目前最愉快、受益最大的事情。"②对巡回审判区工作始终怀有的这种不满情绪,还唤起了戴雪的如下回忆:"有时候,我希望我们能够[30]再次回到1864 年和 1865 年,那时,我们与约翰·斯科特爵士一起在巡回审判区工作。也许,一个人可以不用挣更多的钱就能让生活过得更好。"③作为一个出庭律师,戴雪未取得任何真正的成功,这促使他转向法律学术。

在这条道路上,一开始,戴雪也并不顺利。1866 年,他进入伦敦工人学院讲授逻辑学,但很快,"班级人数就由原来的 30 人减少至最低限度的 3 人"。④ 由于没有牛津大学导师那样的有利条件,加之怯于向学院领导寻求建议,所以他再也没有在学院进行这样的尝试。他考虑过用法律课程代替逻辑学课程,却不好意思向学院领导提出这一建议。刚开始的这种失败,或许是塞翁失

① 戴雪致布赖斯书信,1918 年 9 月 11 日,《布赖斯书信集》。
② 同上,1889 年 7 月 16 日,同上。
③ 同上,1904 年 3 月 6 日,同上。
④ 同上,1913 年 6 月 12 日,同上。

马，因为他自己也承认，那时，他除了律师工作外，做任何事情都缺乏动力。① 戴雪因被迫离开学院而感到失望，但因为自己的差劲表现，实际上也无选择可言。

经历了这些起伏之后，戴雪开始关注国内政治的发展，这是他一贯有着强烈兴趣的领域。1867 年，他发表了第一篇面向全国读者的政治论文，其意义不只是一个年轻的自由主义者初次从事政治写作这么简单。②《第二次改革法》的通过标志着戴雪从年轻的激进主义者转变为成熟的温和派。1867 年之前，戴雪早期对于改革的热情将他置于自由党内的激进阵营，导致他拥护进步思想，倡导政治变革，而不是维持现状。戴雪基于赋予公民选举权最终证明是适当的这一假设，而支持通过有限扩大选举权而达致的改革；未经仔细审查就赋予城市工人阶级以选举权，这始终让戴雪觉得是一个危险的改革。③ 1867 年之后，他的政治态度更倾向于保存现有制度，而不是要求进一步的变革。对戴雪而言，1854 年至 1867 年间一直是英国政治体系的鼎盛时期，对于那个时代的怀念成了他后来政见的主要动机。随着时间的消逝，戴雪对于其反对的运动的谴责声日渐严厉，[31]对于自由党内的辉格因素的认同更为强烈，对于现代政治的疏远更为彻底。

在《改革论》(Essays on Reform)中，戴雪重申了他的个人主义信念，否定了阶级利益的平衡比个人代表制更可取的观点。他的文章中，大部分是在分析保守党支持阶级代表制的论点，以及同时表现出来的对于选举平衡中选举人数的担忧；在这两个方面，他都发现他们的依据不够充分。"提倡阶级代表制是希望实

---

① 戴雪致雅各布书信，1909 年 9 月 6 日，《工人学院藏手稿》。
② 戴雪，《阶级平衡》(The Balance of Classes)，页 67—84。
③ 戴雪致布赖斯书信，1917 年 9 月 15 日，《布赖斯书信集》。

行一种赋予少数以权利的政治安排",戴雪写道,"凭借其教育、财富等等去推行他们的观点,即便有违人民多数的意见".[1] 在戴雪看来,阶级代表维护阶级特权,支持对于变革的抵制——戴雪认为抵制变革乃保守党所为。"现代英国一半的灾难都是由过度凸显阶级差别而引发的",戴雪补充说,"阶级代表制最根本的错误,在于它倾向于强化这种阶级差别,而这恰恰是政治改革所要消除的对象".[2] 政治关系中的自由交易被定义为是个人为了获得政治权力而展开的竞争,同时也被看作是制止最近困扰国家的骚乱的主要手段。戴雪认为,多数决规则并非是不可能错的,但是,一个民族从自由的经验中得到的比从错误中失去的要多。1832 年朝向个人自由方面的改革缓和了中产阶级的不满情绪,因而 1867 年的一些改革措施会逐渐将工人阶级融入国民(nation)之中,防止革命暴乱的发生。工人以独立阶级对待的时间越长,就会越致力于将阶级利益变得狭隘。支撑他的改革理念的两项原则是:其一,每个人都是自己事务的最佳管理者;其二,公民首先应该被视为个人,其次才应该被视为阶级成员。尽管伴随着一些风险,但国民的大多数都应该被纳入宪法的范围。戴雪满怀信心地希望手工业者与社会中其他人群难以区别的时代即将来临。

　　在 1866 年至 1868 年这几年的混乱讨论与不断变化的政治景况中,文章所带来的影响力是微乎其微的(如果说有一些影响的话),[32]戴雪的文章也是如此。它们充其量也就是对改革进行理论层面的讨论,不具有政治影响力。戴雪后来认为,自己的论文并没有造成损害,而且他的观点反映了当时许多青年自由主义者的

---

① 　戴雪,《阶级平衡》,页 70。
② 　同上,页 81。

想法。如果说他的论文中不存在任何不真实的东西,那么也更不能说他在文中展示了某种洞见或远见。① 那些论文的确没有为戴雪赢得名声,也没有让他步入其一直向往的政坛。他的职业生涯仍深陷于平庸之中,时间逐年消逝,威胁日趋临近。

1870 年初,戴雪发表了他的第一篇法律论文,研究的是指导诉讼当事人的复杂规则,上述颓势由此得以扭转。② 在律师公会当学徒期间,戴雪就对复杂的诉答程序感到好奇。诉答过程中要严格适用逻辑规则,这激发了戴雪对法律问题进行有序整理的热情。在 1873 年《司法组织法》实施之前,由于数世纪以来的无序发展,诉答规则之间是重合的。它的复杂性滋生了专门的诉答技巧,这已经与不公正论辩同义了。这种程序上的无序性带来的挑战,恰好可以用来检验戴雪的分析天赋。这一主题非常契合戴雪的目标:从纷繁复杂的冲突意见中归纳出少量的基本规则。

在这篇论文中,戴雪旨在"将有关当事人的法律简化或提炼成一系列的规则,每一条规则都以恰当的案例或例子来进行解释说明,而且一有可能,就引用判决或者权威作家的话来加以证实"。③其结果是,作者通过陈述附有支撑性案例的规则,以及附有相关案例的规则之例外,而细致地描述出了共 118 条规则。戴雪从众多的令律师头疼的意见不一致的案例中,提炼出了一个简洁的法律纲要,然后附上其结论所依据的引文。读者会发现,戴雪将这些支配诉讼当事人的法律原则解释得很清楚,而不用自己再去翻查无数的案例教科书。

[33]戴雪的这一研究方法带来了一场重大革新,因为在 1870 年之前,普遍认为,法律论文对初涉法律者来说复杂难懂,缺乏文学

---

① 戴雪致布赖斯书信,1910 年 3 月 19 日,《布赖斯书信集》。
② 戴雪,《论诉讼当事人的选择规则》(*A Treatise on the Rules for the Selection of the Parties to an Action*)。
③ 同上,页 3。

魅力,且方法论混乱。虽然这个纲要探讨的论题分散,但还是成功地以直截了当的方式展示出了现有情形下的程序规则。戴雪清楚地知道,他的书必将面临淘汰,因为普通法和衡平法的程序眼看就要合并。他是这样为其研究辩护的:无论将来集权化的普通法和衡平法法院适用何种规则,深入了解之前的法律原则都是有必要的。

　　就戴雪产生的影响而言,《论诉讼当事人的选择规则》一书具有特殊的地位,尽管它很快便黯然失色。戴雪后来称之为"我写过的最好的一部法律著作"。① 这个判断让人惊讶,因为之后尚有更出名的著作。当初,好友布赖斯向他建议研究这一主题,而戴雪觉得很适合自己。正是出于这个原因,戴雪认为这本书"诞生之时可以说就福星高照,而且满是幸福工作的回忆,对我也是一个慰藉"。② 这本书耗费了戴雪很多心血,但它是出于爱好而完成的作品,所以戴雪认为它是自己写过的最好的一本书。③

　　戴雪很享受他为这本书做准备的过程,不仅如此,还有一个更好的理由让他欣然记住它。这本书在法律界反响良好,这一认可帮助戴雪建立了一个法律学者的声誉。布拉姆韦尔勋爵致函表示祝贺,并且基本赞同本书的目的。④ 约翰·柯勒律治爵士(戴雪曾于 1869 年开始为他准备诉讼摘要)写道:"只要做到了平时工作的一半好,那一定就非常棒了。"⑤戴雪还告诉布赖斯,约翰·霍尔克爵士称赞了他的书——这是戴雪从厄斯金·霍兰(Erskine Holland)那里听到的消息,让他感到十分高兴。⑥《论诉讼当事人的选

---

① 戴雪致布赖斯书信,1917 年 12 月 8 日,《布赖斯书信集》。
② 同上,未注明日期,同上。
③ 戴雪致露西·科恩(Lucy Cohen)书信,1914 年 11 月 5 日,载露西·科恩编,《亚瑟·科恩》(Arthur Cohen),页 85。
④ 布拉姆韦尔勋爵(Lord Bramwell)致戴雪书信,1870 年 11 月 13 日,《手稿全编》,508(1),格拉斯哥大学图书馆。
⑤ 约翰·柯勒律治(John Coleridge)致戴雪书信,1870 年(未注明日期),载雷特编,《戴雪回忆录》,页 48。
⑥ 戴雪致布赖斯书信,1870 年(未注明日期),《布赖斯书信集》。

择规则》[34]说不上是作者的经典之作，但在当时还是非常不错的，它展现了为法律界所推崇的技巧，也为戴雪在学界带来了一定的名声。尽管它的确整合了现有的范围有限的知识，但尚不能说，它为之后的法律发展产生了某种持久性影响。作为戴雪法律类的处女作，戴雪为其所付出的心血是值得的。

这本书出版后不久，戴雪便与布赖斯开启了美国之旅。这次独特的旅行，因为最终成就了布赖斯的名作《美利坚共和国》，在外国评论家对于美国的许多重要访问中，可与托克维尔的那次相提并论。① 众所周知，这次美国之旅激发了布赖斯的好奇心，使得他对美国事务产生了持久的兴趣，但殊不知，戴雪后来的写作与态度在某些方面也取决于他在 1870 年美国之旅中所获得的印象。"毫无疑问，在所有关于外国的事物中，美国之行是我最重要的经历之一"，戴雪写道，"也是最为愉快的经历之一，它与我的《宪法》具有非常密切的联系，人们可以认为，与你的《美利坚合众国》也具有非常密切的联系"。② 另外一次，戴雪又对布赖斯说："我很想知道，1870 年的美国之旅以何种方式影响了我们两个人的生活；应该说，它总体上是一种快乐的影响。人们完全可以认为，要不是这次旅行，《美利坚合众国》就不会诞生，很可能我的《宪法》也是如此，至于《法律与舆论》就更是这样了。"③1870 年的美国之行，对于戴雪规划未来的工作产生了至关重要的影响，一如对布赖斯之影响。之所以如此，原因在于戴雪为丰富阅历所付出的努力："很肯定，我之前从来没有像在这次旅行中那样观察事物。"④美国对戴雪的影响表现在多个层面。

---

① 关于此次旅行的详细情况，参见埃德蒙·艾恩斯(Edmund Ions)，《詹姆斯·布赖斯与美国民主党：1870 年至 1922 年》(*James Bryce and American Democracy*：1870—1922)，页 37—39。

② 戴雪致布赖斯书信，1904 年 12 月 4 日，《布赖斯书信集》。

③ 同上，1907 年 2 月 12 日，同上。

④ 同上，1906 年 12 月 23 日，同上。

美国激发了戴雪对于比较宪法体系的兴趣,尤其是对于下列挑战的兴趣:[35]一个受到英国柔性宪法训练的人,如何去理解戴雪所认为的美国宪法这一成文而保守的法律文件。他对于美国联邦制的经验,使得他更深刻地洞察到了英国有关主权的宪法原则。1870 年获得的对于联邦制的最初印象,影响了戴雪余生对于美国政府体系之优缺点的看法。美国对他而言似乎是一个典型例证,足以说明公共道德是如何成为实证法体系的最后约束力的。美国之行丰富了戴雪对于法律制度的想象力,也对他的研究留下了永久的印迹。

戴雪与布赖斯并不总是相伴左右,这让戴雪可以灵活地选择所要游历的美国城市。通过堂兄莱斯利·斯蒂芬(Leslie Stephen),戴雪被介绍给许多著名的美国人,一些人还成了戴雪终生的朋友。新结识的朋友中,《民族》杂志社的戈德金就是其中之一,戈德金是一位有影响力的编辑,他对于多数公共议题的观点与戴雪不谋而合。尽管后来在政治问题上有分歧,但他们一直是朋友,直到 30 年之后戈德金离世。另外两个新朋友是查尔斯·威廉·埃利奥特(Charles William Eliot)①和小奥利弗·温德尔·霍姆斯,他们与哈佛大学密切相关。戴雪尤其喜欢新英格兰地区和波斯顿,他觉得这两个地方比美国其他任何地方都更舒适。戴雪住在埃利奥特的家中,随即发现他的主人与他一样,都热衷于改善高等教育和促进妇女权利运动。戴雪与埃利奥特相识于 1870 年,尔后很快相知,终生不变。例如,关于 1874 年对英国的那次访问,埃利奥特写到,当他离开时,戴雪停下来,叹了口气,大声说:"哎,埃利奥特,我们在一起多开心呀。"②埃利奥特刚刚担任哈佛大学校

---

① 译注:为了和英国著名诗人艾略特(Thomas Stearns Eliot,1888—1965)区分开来,本书遵从该英文名的一般译法,即埃利奥特。
② 埃利奥特致布赖斯书信,1874 年 4 月 21 日,同上。强调为作者所加。

长,因而戴雪与埃利奥特的交情也开启了戴雪与哈佛大学之间的密切联系。戴雪与霍姆斯的密切关系,其基础是彼此之间对于敏锐的法律思维的认可。很快,彼此都对对方的观点以及所取得的成就表示敬重,并在促进彼此事业的发展中相互合作。这三份友谊,对于促进戴雪后来的职业发展起到了重要的作用。

[36]美国政治不可避免地引起了戴雪的注意,在美国的经历也令他印象深刻。戴雪与布赖斯的游美经历中,最重要的事是在罗彻斯特市参加纽约州民主党的全州大会。州政治中无处不在的公然腐败令他们感到震惊,他们很难将美国政治的崇高理想与不堪现实调和起来:

> 我们驻留在纽约罗彻斯特,在那里观看民主党的州会议——我们也确实从中学到了很多东西。这些民主党人是当时最大的一帮流氓无赖;纽约市的一帮强盗,多数是爱尔兰人,完全掌控了整个爱尔兰人以及这里的"无序"投票,他们将这种对于纽约市乃至全州的控制手段,视为是为自己以及朋友胜选后获取的利益。这就是你们可能听说过的所谓"坦曼尼派"——他们处于菲斯克和爱尔兰铁路公司这帮强盗的掌控之中……对我们而言,最糟糕的事情是大家都对这种腐败视而不见,甚至对纽约法官的严重腐败都漠然置之,而且州议员的选票也是公开出售。①

戴雪认为,会议幕后的周密安排是极为有害的,因为他看到了会议上的自由讨论是如此之缺乏,所有的决定是如何由政党领袖预先精心做出的,以及政党体系是如何与民主背道而驰的。这一经历促使戴雪重新审视民主的种种假定。党纪限制大众对政府的控制,从而

---

① 布赖斯致爱德华·A·弗里曼书信,1870年9月26日,同上。

抑制了个人政治自由。① 布赖斯后来于 1890 年在肯塔基州的莱克星顿参加了宪法会议,这让他的观点发生了改变;这次集会"让他感到很振奋,一如 1870 年罗彻斯特市的政党会议让他感到很沮丧"。② 但是,戴雪从未改变他在 1870 年形成的观点;他观察到了一个实际运作中的职业党派组织,从未从当初的震撼中回过神来。这些事件对于戴雪的深刻印象,可以从对他刚回到英格兰后所作的一次演讲的报道中看出来:他已经抓住了这一点,[37]即党纪据他所知对英国政治体系而言是一个潜在的破坏性因素。③ 在接下来的 50 年里,他对于政党管理之弊端的憎恶越发地强烈。

尽管戴雪对于美国政治的初次体验让他感到很失望,但他对美国的欣赏远胜于对美国的反对。戴雪认为,美国是一个证明民众政府实际可行的生动例子。他认为不虚假是有益的,或者用布赖斯的话说:"相比英格兰的生硬和拘谨,人们相互交往中的某种坦率与简单令人耳目一新。"④美国社会的开放性及其自主性传统,对于拥有自由本能的戴雪具有感染力,他认为职业开放和政教分离是重大的社会进步。他将美国视为一个"既是民主党的、又是保守党的"社会,它激发出了整个美国公民的最大热情。美国基本上创造了最大多数人的最大幸福——一个恰当的功利主义的称赞。⑤

这次旅行并不全是工作,最轻松的时刻当属两人观赏尼亚加拉瀑布,戴雪钻出"风洞"时被淋透了,后来他评论道:"进去时花了我两美元,但我宁愿花四美元而没有进去。"⑥戴雪曾经想要立即发表对那次旅行的感想,但最终还是放弃了,后来,两人都为这一

---

① 雷特编,《戴雪回忆录》,页 68。
② 艾恩斯,《詹姆斯·布赖斯与美国民主党》,页 148。
③ 戴雪致布赖斯书信,1870 年(未注明日期),《布赖斯书信集》。
④ 布赖斯致费尔曼书信,1870 年 9 月 26 日,同上。
⑤ 雷特编,《戴雪回忆录》,页 71—74。
⑥ 布赖斯致戴雪书信,1920 年 8 月 28 日,《布赖斯书信集》。

决定而感到遗憾:"我禁不住一次又一次地回想,我竟然放弃了我们1870年对于美国的见闻,真是一个傻瓜! 在这次短期游历中,我们无疑掌握了大量有价值的信息;虽然我现在知道,我们对于美国的了解其实非常肤浅,而且只涉及其中很小的一块地方,但说来奇怪,我找不出任何理由认为,我们得出的哪一个结论本身是错误的。"①他们两人之前就曾广泛游历欧洲,但是这次的新大陆之行扩大了他们的知识范围。对戴雪而言,美国提供了无数可兹对照的、可用以阐释英国宪法原则的例证。戴雪在其美国之行50周年纪念活动上[38]这样总结了他的感受:"我怀疑今日两个年轻的牛津大学学生能否获得我们在美国8个星期内所获得的东西。"②戴雪从未丧失在那次"最愉悦的旅行"③中形成的对美国的喜爱。戴雪回到英格兰之后,便如同他若干有影响的美国朋友一样,对宪法的发展有了更清晰的认识。

　　两年后,即1872年8月31日,戴雪与埃莉诺·玛丽·邦纳姆-卡特(Elinor Mary Bonham-Carter)成婚,埃莉诺的父亲是约翰·邦纳姆-卡特(John Bonham-Carter),1830年至1841年的朴茨茅斯议员,婚姻让戴雪在人生的很多方面迈出了重要一步。这不仅结束了戴雪的单身生活,也让他辞去了三一学院的研究员职位,因而丧失了那份重要的额外收入。戴雪与妻子的第一次见面源于随家人在欧洲度假时的一次偶遇,当时他们都还是孩子。很久以后,他们在伦敦再次相遇,重新相识。戴雪潜在的反教权主义得到了他们婚礼仪式的证实,戴雪对于所有婚礼都不在登记官那里举行感到疑惑;婚礼举行过程中,戴雪为消磨时光而思考法律问题:婚约究竟自哪一刻起才开始生效。④ 尽管一开始像这样开了小差,

---

① 　戴雪致布赖斯书信,1897年11月24日,同上。
② 　同上,1920年8月23日,同上。
③ 　同上,1904年12月4日,同上。
④ 　同上,1872年(未注明日期),同上。

但婚礼却开启了他们相守近 50 年的历程。

这对夫妻不论就气质还是性情而言,都非常适合彼此。埃莉诺·戴雪是一位天才的语言学家,一位与丈夫有着同样抱负与事业的知识分子。① 查尔斯·埃利奥特在第一次见到这位新的戴雪夫人之后,就称她是一位"优秀的妻子"。② 终其一生,埃莉诺都支持改善妇女教育的事业,积极参与牛津大学萨默维尔学院的事务,供职于学院并为其捐赠财物。③

[40]戴雪夫人是萨默维尔学院的终身成员,自 1888 年至 1904 年一直在学院委员会任职,并对学院的早期发展作出了重要贡献。

戴雪夫妇膝下无子,而有损他们幸福的主要因素是戴雪夫人的身体状况长期欠佳。虽然她很少患重病,但健康问题严重限制了他们的社交生活,使得她没法做东举办活动,也不能与丈夫一起旅行度假。对此,戴雪曾写道:"就本人而言,在健康问题上,其实在其他许多问题上也一样,我都非常幸运,远远高于我的应得:另一方面,我妻子长期身体不好,这严重降低了她的幸福指数,这对我们两人而言都是极其痛苦的事。"④戴雪在信件中经常提到他妻子所遭受的生理疾病,虽然她比他活得更久,但是她一直遭受疾病的困扰,从未有过长时间的中断。戴雪曾提到:"没有什么事情比看到一个如此善良、自己应该幸福而且让别人感到幸福的人受到病态身体的折磨更让人感到沉重的了。如果我知道有任何理由支持这个世界是为了人类的幸福而创造的,那会让人感到悲伤,也会是一个谜。"⑤他同情妻子的虚弱,也尊重她的身体缺陷:"我认为,

---

① 她最重要的学术贡献是将埃米尔·布特米(Emile Boutmy)的《宪法研究》(*Studies in Constitutional Law*)译成英文,她的丈夫为该书撰写了一篇简短导言。
② 埃利奥特致布赖斯书信,1874 年 8 月 21 日,《布赖斯书信集》。
③ 在丈夫于 1922 年去世后,埃莉诺·戴雪邀请萨默维尔学院从戴雪的个人图书馆中挑选图书。共遗赠了 300 本,按标题登记在戴雪名下,藏于学院档案馆。
④ 戴雪致霍姆斯书信,1806 年 4 月 19 日,《霍姆斯书信集》。
⑤ 戴雪致布赖斯书信,1896 年 9 月 2 日,《布赖斯书信集》。

生活中所有的并非由罪恶或者愚蠢引起的不幸都是因为身体不健康所致；身体不健康最坏的情况是它落到了最不应该遭受它的人身上。"①戴雪夫妇都只有有限的体力，他们很快学会了绝不过度地消耗对方。

戴雪的经济状况因为结婚而变得更糟，于是他开始通过加强新闻写作来增加收入。戴雪与 E. L. 戈德金的联系，让他得以在《民族》周刊上发表了大量书评，同时，他在英格兰也为《旁观者》(Spectator)杂志写了若干评论。这些评论最显著的特点是其涵盖的范围广泛，包括神学、历史、文学，也有法律与宪法作品。② 总体上，他的评论表现出了对于其早期政治观点的坚持。在整个 19 世纪 70 年代，他都在重申其对于边沁[41]所倡导的"最大多数人的最大幸福"的信念，将其视为社会进步的基本原则，戴雪批判一切形式的宗教狂热，极度不安地观察约瑟夫·张伯伦的政治崛起，因为他非常害怕将党纪引入英国政治。他在英国杂志上发表的篇幅较长的文章，仅仅涉及法律与历史这两个主题，原因在于他在严肃的政治报刊中既没有赢得名气，也没有找到自信。③

1876 年，当时的总检察长约翰·霍尔克任命戴雪为国内税收署的初级出庭律师，这个职务戴雪一直担任到 1890 年。这增加了戴雪的实践经验，缓解了他的经济问题，但没有给他带来多少个人的满足感。戴雪对布赖斯（当时已是牛津的教授）吐露，他在政府中的工作令人厌烦到极点，以至于他要花尽可能多的时间来思考布莱克斯通。④ 戴雪在国内税收署的工作是值得称许的，但是没

---

① 同上，1903 年 8 月 14 日，同上。
② 例如，在《民族》杂志上，他发表了 250 多篇文章，其中大部分刊于 1873 年至 1893 年。
③ 戴雪的这些文章包括：《普通法的发展》《法律教育》《1851 年至 1873 年间的路易·拿破仑》和《英格兰的司法政策》。
④ 戴雪致布赖斯书信，1879 年（未注明日期），《布赖斯书信集》。

有取得他所期望的傲人成就。戴雪在一些重要案件中为政府准备诉讼摘要，不论成功或是失败，都能从中获得同样的乐趣。他办理的最著名的几个案件就利用了他在住所法中的专业知识。①

　　第一个是"吉尔伯森诉弗格森案"，戴雪援用了该案背后的原则，并取得了成功。② 该案的法律要点在于：为了征收所得税，外国银行所付的利息应该如何进行评估。戴雪说服法官注意有关所得税征收对象的原则以及向这些人征税时实际上采用了何种方法，由此赢得了诉讼。第二个是"科洪诉布鲁克斯案"，戴雪当时没能说服法官接受他的论点，即住所让一个人有义务以其所有收入而不仅是在联合王国实际取得的部分缴纳所得税，由此输掉了诉讼。③ 他能够在这些案件中代表国王诉讼，凭借的是他因 1879 年出版第二部以法律为主题的著作而在住所法领域赢得的名声。

　　[42]在《住所法》中，戴雪反复重申将一个复杂主题简化成一系列规则的研究方法。④ 当时，住所问题是一个令人困惑的问题，却很少有人研究它，更不用说有价值的论文了。戴雪这样解释了他的意图："它事实上是一项比其字面意思要宽泛得多的工作，至少涉及那个不幸被误称为国际私法科目的三分之二的内容。我的目的仅仅在于指出，在法律的域外效力问题上，英国法院遵循了或将要遵循哪些规则。可能的话，我首先想要证明的是，这个问题可以简化为一个聪明的门外汉都能懂得的种种规则；其次，我想解释一下这些规则，证明它们源自已经判决的案件或者权威的法官附随意见。"⑤在这部著作中，戴雪基于制定法、以往的案例或者公认

---

① 　雷特编，《戴雪回忆录》，页 78。
② 　"吉尔伯特诉弗格森案"（Gilbertson v. Ferguson），1881 年，载《王座分庭案例汇编》，第 7 卷，页 562。
③ 　"卡胡恩诉布鲁克斯案"（Colquhoun v. Brooks），1889 年，载《英国判例汇编上诉案例集》（App. Cas.）第 14 卷，页 493。
④ 　戴雪，《住所法》。
⑤ 　戴雪致霍姆斯书信，1897 年 7 月 22 日，《霍姆斯书信集》。

的原则,将住所问题整理成 73 条规则。他首先是陈述规则而不作评论,然后是解释规则及其依据;在某些情况下,他会阐述为什么某个规则因存在相互冲突的观点而不得不被视为是可疑的。《论诉讼当事人的选择规则》的成功增强了他对于这套方法的信念,他希望它在这一著作中也同样奏效。①

戴雪拒绝使用"国际私法"的术语来称谓他的论题,由此显示出他对奥斯丁的忠诚。正如他解释的那样,国际法原则调整的是国家间的行为,但它根本不是法律。② 奥斯丁将主权者的强制执行作为法律的一项标准,但是在 1879 年的欧洲,这一条件是不成立的,因为没有一个国际组织来强制执行法律。只有那些"国家的",也即可由主权者强制执行的法律,才能满足奥斯丁对于真正法律的要求。戴雪所解释的住所法,要想具有某种效力,必须是英国法的一个分支,否则它根本不是法律。戴雪在住所问题上坚定地遵循奥斯丁传统。

在住所问题上,戴雪的情绪是矛盾的。一方面,它因其渊源而具有理论魅力:"我知道,没有哪一个法律分支像这样完全为法官所造;我越来越相信[43]法官造法在质量上几乎总是优于成文法。"③另一方面,戴雪在 1879 年对布赖斯说"我厌倦了整个主题",好在书已经写完了,这让他如释重负,得以完全摆脱了这个论题。④ 尽管戴雪不太喜欢这本书,但还是坚持不懈,就是希望它能为自己增加学术声誉。例如,戴雪曾询问霍姆斯,能否确保在美国法律期刊上为他写一篇书评,这样可以吸引更多的读者。同时,戴雪还告诉霍姆斯,他希望在接下来的三四年之内撰写"一本涵盖整个所谓冲突法领域的书,由此可以对我国法院在这一问题上所遵

① 戴雪,《住所法》,序言,页 5。
② 同上,序言,页 4。
③ 戴雪致霍姆斯书信,1881 年 9 月 28 日,《霍姆斯书信集》。
④ 戴雪致布赖斯书信,1879 年(未注明日期),《布赖斯书信集》。

循的规则与其他国家法院所实施的原则进行比较".① 戴雪过于
乐观了,因为距冲突法的论文面世之时,时间已经过去了 17 年。
鉴于他对这一论题的厌恶,惟有强大的敬业精神才使他得以坚持。

《住所法》提高了戴雪的学术声誉,因为它令霍姆斯印象深刻
并称其为"最值得赞美"②的著作。虽然它最终在《论冲突法》的对
比下黯然失色,但是却在戴雪最需要的时候让他名声大增。到
1880 年,戴雪已步入中年,在律师界却没有取得他所期望的成就;
在新闻界的努力也没有取得受人关注的成绩;在政府部门又陷入
琐碎的法律事务。总之,戴雪没有真正地实现他大学时候的愿望
或者说是他为自己设定的目标。这种令人沮丧的局面在 1880 年
至 1882 年间更为严峻,促使他做出人生中最为重要的选择。比
如,在这一期间,戴雪就考虑过竞聘哈佛大学冲突法教授一职,如
果这个职位真要设立的话。③ 他面临着三个选择:第一,继续当律
师,尽管目前尚未成功,但努力取得成就;第二,重新开始,努力进
入公众生活,而后从政;第三,找一份身体吃得消的学术工作,继续
研究和写作。戴雪在 1882 年来到了人生的十字路口,此时,他在
19 世纪 70 年代出版的两部著作带来的名气,或者更可能是由此
显示出的有前途的迹象,[44]为他赢得了牛津大学瓦伊纳英国法
讲座教授的竞选。这个职位几乎必然会阻止他其他兴趣的发展,
却是他现在准备接受的。在这之前,戴雪都是在他人的影响下生
活;现在,瓦伊纳教席给他提供了一个机会,让他去影响他人的生
活。至此,他所追求的公共事业已近在咫尺。

---

① 戴雪致霍姆斯书信,1879 年 7 月 22 日,《霍姆斯书信集》。
② 霍姆斯致布赖斯书信,1879 年 8 月 17 日,《布赖斯书信集》。
③ 戴雪致霍姆斯书信。1880 年 1 月 19 日,《霍姆斯书信集》。

第三章 瓦伊纳教席的复兴:1882 年至 1909 年

[45]设立于 1758 年的瓦伊纳教席是世界上最早的英国法教授职位。该教席源于查尔斯·瓦伊纳(Charles Viner)的一笔遗赠,他是一部著名的法律汇编的作者,为这个职位留下了一大笔财产。威廉·布莱克斯通爵士(Sir William Blackstone),这位《英国法释义》的作者,18 世纪最有影响的法律权威,该教席的首任教授,为这一职位确立起了极为卓越的标准。因为种种原因,布莱克斯通于 1766 年正值其声名最为显赫之时辞去了这一职务,他为这一教席开了个好头,其继任者的成就都不及布莱克斯通,包括他的儿子詹姆斯。到 19 世纪,这一职位逐渐变为了一个闲职,任职者经常不住在牛津,在法律学术界也并无过人之处,而且还不认真履行职责。在 1859 年和 1869 年设立其他法律教席时,针对的正是瓦伊纳教席在第六任教授约翰·凯尼恩(John Kenyon)的任职期内所陷于的那种糟糕状况,凯尼恩长期不在牛津引起了普遍反感。1877 年,牛津大学将这一职位给了万灵学院,学院管理层决定振兴该教职,使其恢复到其之前的著名状态。1880 年,凯尼恩的去世为消除过去一个世纪的衰败状态提供了一个契机。①

---

① 关于 1882 年之前瓦伊纳教席的历史,请参见汉伯里(H. G. Hanbury),《瓦伊纳教席与法学教育》(*The Vinerian Chair and Legal Education*),页 1—97。

　　戴雪在伦敦期间，从未丧失对于法律教育问题的兴趣，也一直关注着牛津大学自身的状况。他在工人学院的失败经历并没有降低其对于教育改革的热情。1869 年，他发表了有关大学的长篇评论，批评其给那些不在岗的研究人员投入了太多的资金，他们花了钱却没有产生多少[46]学术成果，结果是牛津大学自身却只有少量的经费用于教育。① 戴雪认为，大学生学习某些特定的知识，目的是为了考试，而不是他们学到了什么就考查他们什么；学生只是为了考试而学习。戴雪很清楚这一现象，因为这与他自己的学习生涯很相似。戴雪一直是一个坚定的自由主义者，他断言，在过去的 50 多年中，牛津大学的教育所取得的每一项进步都是由公开竞争促成的。戴雪还主张，大学教育需要改革，而改革的方向在于实现所有学生在争取奖学金时的机会平等。据戴雪的了解，许多学院仍然是封闭式公司，它们致力于自身的永存，而不是教育。

　　面向职业的法律教育中所存在的诸多问题，一直是戴雪感兴趣的话题。1871 年，戴雪协助布赖斯建立了两所法学院，一是在欧文学院的赞助下建立了曼彻斯特法学院，二是与利物浦联合法律协会共同建立了利物浦大学法学院。② 在 1872 年至 1873 年间，戴雪在欧文学院举办过法律讲座，但发现经常在伦敦与曼彻斯特之间来回奔波实在太累。另外，戴雪在 1874 年至 1876 年期间一直是牛津大学法学专业优等学位课（Honour School of Jurisprudence）的公共考官（Public Examiner），他自己观察到了学位申请人的优势和劣势。戴雪成为瓦伊纳教席的候选人之时，即使他离开牛津大学已经过去了 20 年，他对学术界也不陌生。

---

① 戴雪，《关于学术组织的建议》，页 30—407。
② 朗德尔·帕尔默爵士（Sir Roundell Palmer），《在法律教育协会年会上的演讲》（*Speech at the Annual Meeting of the Legal Education Association*），页 13。

　　第十一任瓦伊纳教授汉伯里正式宣布戴雪当选瓦伊纳讲座教授，并非是预料之中的事。① 以索尔兹伯里勋爵为首的遴选委员会，经过了两年的时间才决定支持戴雪。② 例如，弗雷德里克·波洛克爵士也参与了这一教席的竞争，虽然竞争失败了，但其后不久便获得了基督圣体学院法理学讲座教授职位。③ 再如，1881 年成为万灵学院院长的威廉·安森，也是[47]这次竞选的候选人；他们在这次竞争中建立起的友谊一直持续到安森离世。④ 戴雪遇到了强大的竞争对手，因而最终的成功也很引人注目。得到瓦伊纳教席的邀请之后，戴雪面临着一个决定着他未来的关键抉择。

　　面对这一机会，戴雪仔细权衡了所有支持或反对的理由之后，最终接受了这一教授职位，回到了那个他要度过下半生的地方——牛津。这一决定证明是令人痛苦的，因为它让戴雪最终放弃了在其他领域中寻求成功的珍藏已久的计划。戴雪担任这一新职，对其面临的问题不抱任何幻想；关于自布莱克斯通以来的历任临时瓦伊纳教授，戴雪曾经写道："其中有一人撰写了一部法律著作，却不曾有人读过；而另外一人，绝非是一个非常平庸的人物中最不起眼的一个，占有瓦伊纳教席一职，却通过代理人来履职——如果他真履职的话，而本人却在印度出任法官。"⑤他认识到，他的任命要么为瓦伊纳教席带来新的活力，要么继续维持之前的闲职状态。后者是戴雪决心无论如何都要避免的。戴雪曾向一个美国

---

① 汉伯里，《瓦伊纳教席》，页 100。

② 戴雪致索尔兹伯里爵士书信，1886 年 4 月 13 日，《第三代索尔兹伯里侯爵书信集》，哈特菲尔德家（Hatfield House），哈特菲尔德（Hatfield），赫兹（Herts）。

③ 霍姆斯致波洛克书信，1883 年 3 月 25 日，《霍姆斯与波洛克通信集》（*Holmes-Pollock Letters*），页 1—20。

④ 戴雪致 J. 圣列奥·斯特雷奇（J. St. Leo Strachey），1914 年 6 月 14 日，《J. 圣列奥·斯特雷奇书信集》（*J. St. Leo Strachey Papers*），伦敦比弗布鲁克图书馆（Beaverbrook Library）。

⑤ 阿尔伯特·维恩·戴雪，《布莱克斯通》（Blackstone），载《民族》，第 65 期，1897 年 10 月 7 日和 14 日，页 274—276、295—296。

友人吐露，这个教职给他提供了一份体面而合意的工作："我相信我可以很好地改进它的职责，它给我提供了条件和时间，让我从事我感兴趣的研究。"①促使他接受这一职位的直接因素在于他对法律教育的持续关注，以及改革牛津法律课程、增加自身学术著作数量的可能性。

有强大的力量将他拉向另外的方向，因为他同意接受这一职位，也就被迫放弃了另外两个怀揣已久的梦想。早年，他怀有一种希望，即那无可置疑的公共演讲才华会让他有机会当选为下议员；但从来没有人邀请过他，随着时间的流逝，他的期待也随之消逝了。② [48]正如他曾经写道："可以说，如果我当初没有从律师业逃离出来，那么想象中的任职副检察长、当选下议员、出任法官等情形就会经常浮现于我脑际。"③他对于政治的热情从未减弱，从其频繁的公众演讲与写给媒体的信件看来，他在政治上发挥作用的欲望也未彻底消失。戴雪向布赖斯坦承，他对从政曾寄予厚望，但最终勉强接受了一个教授职位。④ 这种挫败感一直存在于其整个任期之内。尽管瓦伊纳教席提供的挑战性，很少有人能够成功地应付，但戴雪并未实现他的政治抱负，这一所谓的失败在整个任期之内都让他耿耿于怀。

戴雪心向往之但同样没能实现的另一个职业就是法官。戴雪认为，英国法的大部分基本原则都源于司法判决，正是这一信念激发了他对法官职业的渴望，因为在戴雪看来，法官是一个具有持久影响力的职业。戴雪在写给霍姆斯的信中说："我相信，如果在我尚有能力的时候得到我国上诉法院的一个职位，并且能够努力将那份工作做得令人满意，那么我的愿望就会或者说应该会实现。"⑤然

①　戴雪致戈德金书信，1882 年 12 月 29 日，《戈德金书信集》。
②　戴雪工人学院就职演讲报告，载《工人学院期刊》，第 6 期（1899 年 3 月），页 44。
③　戴雪致法勒女士，1920 年 12 月 5 日，载雷特编，《戴雪回忆录》，页 270。
④　戴雪致布赖斯书信，1885 年 1 月 4 日，《布赖斯书信集》。
⑤　戴雪致霍姆斯书信，1921 年 12 月 19 日，《霍姆斯书信集》。

而,现实中无法克服的困难使得戴雪的这一目标不可能实现:"我有时候觉得,在我得知自己难以成为法官之后,再知道某人得到了这个我一直渴望的职位,我会得到安慰。在众多的困难之中,有一个致命的、导致我无论如何都无法实现这一愿望的困难在于,除非我在上诉法院或者是上议院中履职,否则我不可能在高等法院担任法官。即便做最蹩脚的审判记录都是不可能的事。"①身体原因妨碍他成为法官,但是这种期望不会轻易消失。在霍姆斯被任命为马萨诸塞州的首席法官之时,戴雪写道:

> 我认为,多数人都会有某个潜在的却未曾实现的抱负,而我的志向就是成为一名法官。在早年,我和这里大多数人一样,梦想着进入法院和议会而成为一名法官。但是,甚至[49]在我得到教职之前,我就知道了我不可能成为一名法官,因而很久以前就把这个事置之脑后了,正如我把成为一名议员的希望或愿望置之脑后一样。
>
> 令人高兴的是,老实说,我从未经历所谓的"失意",因为我不认为没有机会成为议员或者法官会让我感到片刻的焦虑。但是,我原本很想在我国法院得到一个职位的这个想法,让我对你成为马萨诸塞州首席法官而希望具有的满足感有着强烈共鸣。②

这一否定声明听起来并不真实,因为他经常会抱怨一个据说没有让他感到坐立不安的问题。戴雪在法律界的声望越高,他就越适合成为法官的候选人。布赖斯和霍姆斯一致认为:"若是某位大法官基于一个作家的声望而大胆地任命他当法官,那么戴雪会博得

---

① 戴雪致布赖斯书信,1921 年 10 月 16 日,《布赖斯书信集》。
② 戴雪致霍姆斯书信,1900 年 4 月 3 日,《霍姆斯书信集》。

作为一个法官的良好名声，这在美国是很容易做到的事，虽然在我国也曾有两人做到了这一点，即布莱克斯通和布莱克本（Blackburn）。"[1]不幸的是，戴雪从来没有收到过这样的邀请函，于是他苦闷地总结道："我一直认为我的职业没有达到我的期望。"[2]可见，戴雪接受瓦伊纳教席一职，虽给他提供了很多成功的机会，但他仍然为自己放弃了另外的希望而感到少许遗憾。

　　尽管如此，戴雪一旦上任，便充满了对工作的责任感。他承认，这给他强加了一个他原本不会接受的约束，他曾写信给妻子说，这份教职有助于他发挥其影响力。[3] 他深深地感到肩上的重任，决心回报别人对他的信任。在《宪法》第二版面世以后，戴雪送了一本给索尔兹伯里勋爵，希望"这本书可以证明，我至少已竭尽所能地履行了委任于我的职责"。[4] [50]证明他勤奋工作的最好例子，或许是他投身于写作有关法律冲突的论文。这个主题早就不能引起他的兴趣了，但他最终还是完成了这部著作。"我回到牛津的时候，之所以没有放弃这个已完成大半的书稿，是因为我认为它有价值"，戴雪写道，"我感到，除非我能够在某个重要的法律部门内自称权威，否则我就觉得我无法胜任这个教授职位"。[5] 尽管这本书的出版伴随着诸多问题，但是他仍坚持不懈，因为他必须对这个教席尽职尽责。戴雪作为瓦伊纳教授起初的计划是从法律的视角去研究英国史："它原本可能耗掉我的整个下半生，首先去了解我自己想要做什么，然后将这个设想付诸实施；毫无疑问，这部书稿到现在都还只是零碎的片段。"[6]这部著作暂且不论，《论冲突法》使得戴雪不能充分地参与牛津的公众

---

①　戴雪致霍姆斯书信，1918 年 3 月 15 日，《布赖斯书信集》。

②　戴雪致霍姆斯书信，1921 年 12 月 19 日，《霍姆斯书信集》。

③　戴雪致戴雪夫人，1886 年 11 月 16 日，载雷特编，《戴雪回忆录》，页 100。

④　戴雪致索尔兹伯里，1886 年 4 月 13 日，《索尔兹伯里书信集》。

⑤　戴雪致布赖斯书信，1920 年 8 月 24 日，《布赖斯书信集》。

⑥　同上，1918 年 5 月 3 日，同上。

生活。最终,戴雪的这种牺牲是值得的:"这正是我的目的,我认为这个目的是很好的;我有一个强烈的感受,那就是,我处在布莱克斯通曾经待过的位置上,却无法做出像他那样对英国法进行总结的成就,这确实为我力所不及,既然如此,我就应该尽可能地在英国法的某个分支领域成为一个最高权威,从而赢得名声。然后,在我当选瓦伊纳讲座讲授的时候,《论冲突法》对我而言似乎就差不多实现了这个目的。在这点上,我错了。但是,我认为,它在某种程度上给我带来了一些我极想得到的法律声誉,尽管真实情况也许并非如此。"①对戴雪投身于瓦伊纳教席这点,最好的总结可见于他的这句话:"我不想与凯尼恩一起被载入史册。"②不论戴雪私下可能对这个教席持何种保留意见,他一旦就职之后,就在全力恢复它的声望。

　　虽然戴雪不太喜欢某些英国法部门,但对法律本身却是极为热爱的。戴雪认为普通法是"英国天才人物最富创造性的产物"。③ 他[51]还预言,英国法"将会是英国之伟大的不巧丰碑"。④但对于法律教育,戴雪认为现有体制没有公正地对待法律本身。法律教育就是法律自身的杂乱无序的一个例证,于是,戴雪希望纠正法律问题中他所厌恶的混乱。戴雪对于法律教育状态的不满由来已久,因此,牛津的法律教育改革就成为了戴雪出任瓦伊纳讲座教授的一个主要目标。

　　1871 年,戴雪发表了第一篇以法律教育为主题的文章,这为他之后为改革做出努力确立了框架。⑤ 戴雪认为律师培训糟糕到令人尴尬;虽然有许多人强调过,应该对普通法进行系统的学习,

---

① 同上,1921 年 10 月 16 日,同上。
② 同上,1894 年 10 月 20 日,同上。
③ 戴雪,《迪格比论英国法律史》,载《民族》,第 21 期(1875 年 12 月 9 日),页 373。
④ 戴雪,《梅兰特教授》,载《民族》,第 91 期(1910 年 9 月 29 日),页 293。
⑤ 戴雪,《法律教育》,页 115—127。

但是从来没有一个法律教授对它的原则进行富有逻辑的解释。结果,律师受到的都是零散的不完备的教育;在律师公会中学习法律的人,没有一个得到周密安排的法律学习课程的训练。他认为在律师公会学习法律尤其无益,训练出来的学徒只是昂贵的赝品。这种教育方式给学生们施加了大量无用的负担,对于胸怀大志的律师而言,他们必须在刚开始的时候,就要从其不熟悉的大量细节中提炼出法律原则。此外,这种教育方式破坏了"观察行动中的法"的价值,因为这些学生不具备对所看到的不同情形作出判断的经验。最后,律师公会的教育太过狭隘,随后的执业不会扩大律师的眼界,而通常只会使他们更加专业。法律教育作为人文教育的内在组成部分,却没有得到这种教育体系的支持。在如此早的时候,戴雪就仔细诊断出了法律教育体系的弊病,但到目前为止,他还只是模糊地提到教授教学的益处,并没有详细地制定出一个可行的替代方案。在 19 世纪 70 年代,戴雪还只限于通过加入法律教育协会来从实践上努力改善法律教育的不良状况。

到 1883 年发表就职演讲的时候,戴雪就已经展开了他有关法律教学改革的基本思路。他强调,教授教学是法律系应该为法律教育作出的主要贡献。教授教学"突出[52]原则,正如判决突出异议一样,而且我深信,教授的讲稿和著述会迅速对法官产生显著影响"。① 这个理念体现了戴雪在他最早的两篇法律论文中就已运用过的方法。教授教学应该补充律师公会中实践训练之不足,让律师掌握法律原则。要使得与数世纪的传统相对立的教授教学方法得到认可,是一项极为艰难的任务,因此,戴雪便从作为瓦伊纳教授的第一个职务行为开始着手。

在以"英国法能够在大学教授吗"为题的就职演讲中,戴雪对这一问题作出了肯定回答,并勾画出了他将对牛津作出最大贡献

① 戴雪致霍姆斯书信,1881 年 9 月 28 日,《霍姆斯书信集》。

的领域。① 对当时的教育传统提出了类似于 1871 年的控诉之后，戴雪指出现在的情形已经恶化了，原因是 1873 年的《司法组织法》消除了状师（pleaders），戴雪认为他们是处理法律原则问题的唯一职业人士。现在的不幸（正如他在 1871 年所写的那样）在于，"正当大学教授的教学被认为是律师教育的必备要素之时，英国律师界所曾拥有的唯一法律教授将会因此而不复存在"。② 在 1873 年到 1883 年这 10 年间，见习律师失去了认识法律原则的唯一真正领路人。这一空缺必须要由教授来填补，他们会把法律当作一个连贯的整体来阐述，会将大量的法律规则归纳成一系列有条理的原则，同时还为法律教育提供一个科学的基础。教授能够促进法律文献的革新，从而让这一目标得到最好的实现。

据戴雪判断，教授教学给法律教育提供了四种要素，而这是律师公会由于其本身的性质所提供不了的。首先，在大学里，学生学习的是作为整体的法律，以及法体系内一个法律分支与另一个分支之间的关联。其次，教授应当反复教导学生养成对法律概念进行分析与分类的习惯，因戴雪自己所继承的奥斯丁传统，他认为这是教授的基本职责所在。再次，大学强调作为一系列规则和例外之法律的重要性，[53]并仔细地划定那些确定的原则的界限。最后，教授必须创作一部迫切需要的法律著作。戴雪认为，惟有教授才能拿出那种展示法律理性、风格明晰、以法律的基本原则为出发点的著作。

戴雪在其 27 年的瓦伊纳教授任期内，竭尽全力地遵循他自己的方案。因此，他在这期间出版了 3 部重要的法律著作并非偶然。事实上，19 世纪 80 年代被评为最重要的 10 年，其间，牛津的法律

---

① 戴雪，"英国法能够在大学讲授吗？"（Can English Law be Taught at Universities?），此次讲演于 1883 年 4 月 21 日在万灵学院发表。
② 戴雪，《法学教育》，页 123。

教授们出版了大量著作,"其中一些产生了显著的影响,并且具有持久价值"。① 戴雪虽然着重写作,但也从未忽视教学职责,支持万灵学院将教学活动拓展到其他领域的一切努力。② 他引以为傲的公众演讲能力为他的课堂教学增色不少,也使他在牛津赢得了名声,但当他逐渐认识清楚之后,他发现教授的讲课并没有实现他就职时的期望。

直到 1909 年,教授教学改善了牛津的法律教育状况,但是没有达到戴雪所预期的标准。多年以来,戴雪认识到演讲技巧娴熟并不等于教学技巧高超,尤其是在牛津大学。真正的问题出在教授教学与导师辅导的结合上;每位教授不仅要讲大课,还要在他们拿薪水的学院进行小组辅导。③ 戴雪认为,教授讲课应当点燃学生的激情,并让学生相信法律的基本原则是可以弄清楚的。授课者必须目的明确,那就是引导学生产生共鸣,并且让学生知道,学习英国法与学习任何其他学科一样有趣。即便最优秀的授课者,不论这些目标实现得多么成功,可能还是无法将其所掌握的知识全部表达出来。④

戴雪最终承认,牛津导师制[54]具有大课教学(set lectures)所不具有的优势:"教授讲课制倾向于产生好的讲稿,这多半体现于著作之中;而导师辅导制则倾向于对学生进行单独教学,以便让他们在思想上掌握导师们希望他们铭记的真理、或者至少是学说。"⑤因此,戴雪认为,牛津导师之活力正在于他对学生的感情。教授的激情是有益于其整个班级,而导师的激情则有益于其个别

① 劳森(F. H. Lawson),《1850 年至 1965 年的牛津法学教育》(*The Oxford Law School*, 1850—1965),页 85。

② 查尔斯 · 阿曼(Charles Oman),载雷特编,《戴雪回忆录》,页 96。

③ 戴雪致布赖斯书信,1992 年 5 月 27 日,《布赖斯书信集》。

④ 戴雪,《口头与书面的法律教育》,载亨森(H. H. Henson)编,《威廉 · 安森爵士阁下回忆录》(*A Memoir of Right Honorable Sir William Anson*),页 84—101。

⑤ 同上,页 88。

学生。最后，戴雪坦言，他也不知道该如何将导师制的优点与教授教学的长处结合起来。①

最终，戴雪承认法律训练可能需要从不同的方面进行，因为他于1898年在哈佛大学举行讲座之后，认为哈佛法学院对英国法基本原则的讲授要好于其他任何一个机构。② 朗德尔（C. C. Langdell）在哈佛所倡导的辅之以问答式课堂讨论的大课教学，标志着法律教学的一大改进。哈佛法学院留给戴雪的印象如此之深，以至于他总结说："它是目前现有的讲授英国法的最好机构。"③戴雪从来没有对大课教学方法失去信心，但是他承认，该方法本身还没有证明取得了如他所期望的那般成功。他最终的结论是，牛津方法与哈佛方法之间的某种综合会构成他寻求的"完美教学"。④ 成功的教授教学仍然是一个理想，无法轻易实现。

瓦伊纳教职带给戴雪的压力，与他认为自己负有的其他社会责任相冲突，但他也一直没有解决好合理分配时间这一难题。他清楚地看到了自己对于学生的职责所在，但同时也认识到他对自己的大学同样负有责任。他还强烈的感受到，这一教授职位赋予他为国家的公共生活作出贡献的义务。戴雪并不赞成大学充当当代人讨论公共问题的场所，所以，[55]出于这个原因，戴雪经常拒绝邀请，去牛津辩论社进行政治辩论。因为获得了学术职位，他渴求的政治事业搁置了，但他依然渴望能在国家事务中发挥作用。他把自己对于牛津大学的责任降到次要位置，以便可以将时间投入到另外两个领域，即教授职位与国家事务，他认为这两个领域对他来说更为重要。正如戴雪提到自己时所

---

① 戴雪致布赖斯书信，1913年6月12日，《布赖斯书信集》。
② 戴雪，《哈佛大学的英国法教学》（*The Teaching of English Law at Harvard*），页742—758。
③ 戴雪致埃利奥特书信，1904年4月7日，《埃利奥特书信集》。
④ 戴雪致诺顿书信，1899年1月29日，《诺顿书信集》（*Norton Papers*）。

说的:"我认为,没有人可以指责我完全回避公开表达我的政治信念。"①对这一态度作出最恰当描述的,是他的老朋友、前下议员阿瑟·埃利奥特(Arthur Elliot):

> 他在写给我的所有信件中,都展现出了这一信念所具有的力量:他对公众负有一种表达自己深思熟虑的政治观点的义务。他是最谦逊的人之一;但是,他也知道,自己的法律和宪法著作受到了对它们感兴趣的人的高度重视,而且他也正确地认识到,自己的观点对学习政治学的正直学生很有价值。当他想到国家应该或者已经在很大程度上受到公共舆论的支配,当他看到人们正如他所认为的那样误入歧途,看到政策失误,看到政治家的行为降低了英国政治生活的道德标准,让其不受谴责,他的内心就无法平静。②

对于戴雪瓦伊纳教席职责的这种理解,符合他两个最为深层的动力:第一,他真诚地相信,国家政策遭到了曲解,这个信念是他多年来逐渐形成的;第二点远没有那么崇高,那就是,他直言不讳的政治修辞弥补了没能参与高层政治的缺憾。

因此,在牛津社区中,戴雪既没有时间,也没有精力投身于大学事务,只能有限地参与其中。在需要时间的三件事中——研究、大学事务和国家政治——大学事务有意让位于另外两个方面。他回到牛津的时候,他的一些朋友力劝他去竞争大学的[56]职位。他拒绝了,原因有二:"第一,我没有接受过当教授的训练,因此我发现,要掌握足够的法律知识,并把它转化为效果

---

① 戴雪致雅各布书信,1910 年 2 月 23 日,《工人学院藏手稿》。
② 亚瑟·埃利奥特声明,未注明日期,附于埃利奥特致戴雪系列信件后,《亚瑟·埃利奥特书信集》,《苏格兰国家图书馆》,爱丁堡。

不错的讲座,是一项艰巨的工作。第二,我认为,而且真诚地认为,布莱克斯通的继任者应该证明,他至少能够权威地谈论英国法的其中一个分支。"①戴雪在《论冲突法》一书和政治联合主义的问题上花费了太多的时间,以至于大学里的很多机会都从身边溜走了。戴雪在一次为大学的卓越地位而努力的过程中,以两票之差落选希布多马代尔理事会(Hebdomadel Council)成员。② 等他意识到这是自我强加的孤立所致时,已经太迟了。这次失败让戴雪确信,弃权策略是最佳选择:"对于大学管理事务,我完全不闻不问。我认为,回归我自己是最好的做法,但这也有着无法克服的弊端。"③戴雪从不认为自己是牛津大学的一分子,这一事实增添了他对自身工作的挫败感。

尽管戴雪像这样有意不参与大学活动,但他还是为牛津大学作出了许多令他感到自豪的贡献。第一大贡献关乎他在参与办刊中的作用,他与牛津其他著名的法律学者如布赖斯、安森、波洛克和霍兰等一起创办了《法律季刊》(*Law Quarterly Review*)。戴雪之所以协助他们从事这项冒险事业,是因为他长期对现有的法律期刊感到失望。④ 为了提升法律学术的水准,戴雪热切地参与了"创办新刊的事业,该刊旨在促进法律科学的发展,同时又不忽视实践,它主要致力于普通法研究,但兼顾比较法"。⑤ 戴雪经常为《法律季刊》撰写文章,他应该被归为该刊物的创办者之列,尽管波洛克认为霍兰才是真正的幕后推手。《法律季刊》将编辑部设在伦敦,但是这并没有降低戴雪对于这一事业的热情。期刊是否成功,戴雪一直很关注,即便在它的声誉已经确立起来

---

① 戴雪致雷特书信,1922 年 3 月 7 日,载雷特编,《戴雪回忆录》,页 285。
② 戴雪致布赖斯书信,1896 年 3 月 20 日,《布赖斯书信集》。
③ 同上,1897 年 3 月 11 日,同上。
④ 戴雪致霍姆斯,1880 年 1 月 19 日,《霍姆斯书信集》。
⑤ 弗雷德里克·波洛克,《我们的周年纪念》(Our Jubilee),页 6。

之后也是如此。

妇女教育的促进问题早就引起了戴雪的注意,他在牛津任职期间,自始至终都支持[57]为妇女争取学位的努力。他认为,拒绝授给妇女学位是他所反感的牛津狭隘精神的典型体现。更重要的是,他将教育视为他极为重视的个人自我实现的必备要素。在1896 年至 1897 年全国的激烈辩论中,戴雪积极参与其中。虽然当时为妇女争取学位的努力失败了,但并没有让他感到气馁,因为他相信这一目标终究会实现。他密切注视女性在考试中的优异表现,为她们取得的成绩而自豪。在 1896 年的论战接近尾声的时候,戴雪写道:"我的感受是,在文学士学位这件事情上,我们的行动早了点。但对此我也不确定。情况很可能是,任何时候的第一次尝试都一定是失败的。女性将在接下来的 10 年之内从议会(如果不是从大学的话)获得学位,这是我最大的愿望。"①戴雪把实际需要的时间低估了约 15 年,但是,他努力地增加女性受教育的机会,从未懈怠。

只有这么一个例子,说明戴雪成功地让牛津校方接受了大学改革。他在 1898 年从哈佛回来以后,因为对在哈佛遇到的学生印象非常深刻,所以努力让外国和殖民地大学的大学生有资格获得牛津的民法学士学位(B. C. L.)。② 他邀请布赖斯加入其修改大学章程的计划,他向布赖斯保证,海外留学生的涌入一定会显著促进牛津法学专业。③ 在哈佛演讲一年后,戴雪为了证明他的担忧不是空穴来风,他将活跃的美国学生与当时牛津大学他班里的 20位沉闷的年轻大学生进行了对比。④ 出乎预料地,戴雪没有遇到

① 戴雪致爱德华・凯尔德夫人(Mrs. Edward Caird),1896 年 7 月 22 日,《手稿杂编》,贝利奥尔学院。爱德华・凯尔德是戴雪在修墓者协会的同事,他接替了乔伊特的贝利奥尔学院院长一职。
② 戴雪夫人致戈德金夫人书信,未注明日期,大概是 1899 年初,《戈德金书信集》。
③ 戴雪致布赖斯书信,1899 年 5 月 18 日,《布赖斯书信集》。
④ 戴雪致埃利奥特书信,1899 年 10 月 17 日,《艾洛特书信集》。

多少阻力,毫不费力地克服了牛津的偏狭思想。他高度赞扬哈佛法学院,由此消除了对于改革的反对意见,确保了大学的规章制度进行适当的修改。① 在吸引最优秀的英国学生方面,牛津的法学仍然无法与它的古典语言文学相竞争。[58]戴雪预测说,每年从美国招进 10 位与他在哈佛发现的质量相当的学生,一定会促进牛津状况的改进。② 此后不久,戴雪的这一主张得到了异乎寻常的肯定。

伴随着罗兹奖学金(Rhodes Scholarships)的设立,戴雪保证,这些留学生应当同样可以攻读民法学士学位,如果他们如此选择的话。③ 这些改革收到良好的效果,这可直接归功于戴雪,因此也让他赢得了很高的声誉。罗兹奖学金得主迅速提高了学位申请人的水准,而他们自身则构成法学专业的支柱。④ 戴雪对于自己的计划从来都非常乐观,他断定,罗兹奖学金得主为牛津引进了"一批大学生,他们构成了我们大学生活中一种新的和好的元素"。⑤牛津大学对外国新生力量的开放,是戴雪对法律教育的多元性价值具有远见卓识的永久证明。

尽管戴雪赢得了作为瓦伊纳教授的声誉,但是他在任期之内没有对牛津产生实际的影响,也没有取得真正的成就感。戴雪在1882 年重返牛津之后,对于大学能否致力于实现他的教育理想抱有怀疑,这令他感到苦恼。在这一方面,他从未完全消除年轻时的疑虑,即牛津代表着贵族的特权。唯有彻底的改革才能够补救这一缺陷:"我有时候觉得,牛津在被彻底洗劫之前是不可能兴盛的",⑥大学没有给法学专业投入充足的资源这点,戴雪一直感到

① 戴雪致诺顿书信,1900 年 3 月 20 日,《诺顿书信集》。
② 戴雪致埃利奥特书信,1900 年 12 月 21 日,《埃利奥特书信集》。
③ 同上,1904 年 10 月 18 日,同上。
④ 劳森,《牛津法学教育》,页 110—111。
⑤ 戴雪,《牛津法律教学的扩展》(The Extension of Law Teaching at Oxford),页 1。
⑥ 戴雪致布赖斯书信,1891 年 6 月 13 日,《布赖斯书信集》。

不满意。

　　除了这个抱怨,他对于自己的牛津岁月的主要怀疑在于,他认为他为改革所做的努力没有达到预期。由于他为自己设定的目标太高,对英国法的教学太过重视,因此产生某种无力感在所难免。布赖斯在 1893 年的告别演说上,悲伤地回顾说,他自己对于法律教育的改进所抱的希望未能实现。① 在任职瓦伊纳教授 20 年之后,[59]戴雪也表达了这种情绪,牛津法学专业没有如他所期望的那样向前发展。② 真正的难点并不在于戴雪的成功与否,而在于大学的侧重点不在于法律,大学传统上强调的是远离法律的研究。布赖斯在思考他对于自身学术生涯的失望时,也证实了这一点,即最优秀的大学生对于准备做学术根本不感兴趣。戴雪同意法学专业并没有好转:"让人郁闷的是,学生的质量极为糟糕。"③很久之后,布赖斯写信给戴雪说,结果是"你的经历无疑得到了丰富,但是牛津的法律依然还是从主流中分出的一个小水渠"。④ 戴雪大胆争取牛津法学专业的高标准,但是,尽管付出了巨大的努力,却从来没有获得成就感。

　　对于牛津的这种持续不满,成为他喜爱哈佛法学院的原因,而哈佛和牛津是有密切关联的,这点也是颇为吊诡。哈佛具有一切牛津所没有的东西:更雄厚的财力,更强大的师资,还有渗透于整个大学和赋予法学院以特别活力的精神。⑤ 戴雪欣赏哈佛赋予法学教育的崇高地位,从未让自己接受它在牛津处于次要地位这一事实。戴雪反复表达他对于哈佛法律教学的偏爱,这种行为应该在上述背景下加以理解;他很少让他的朋友明白为什么他

---

① 布莱恩·阿贝尔-史密斯和罗伯特·史蒂文斯(Brian Abel-Smith and Robert Stevens),《律师与法院》(*Lawyers and Courts*),页 166—167。

② 戴雪致埃利奥特书信,1904 年 4 月 7 日,《埃利奥特书信集》。

③ 戴雪致布赖斯书信,1897 年 11 月 24 日,《布赖斯书信集》。

④ 布赖斯致戴雪书信,1918 年 5 月 29 日,同上。

⑤ 戴雪,《英国法的讲授》,页 743。

的愿望与一个其中法律充满着活力的机构联系在一起。^① 在两个"法学院"之间定期交换教员和学生，就是他推动的项目之一："就两个'法学院'各自的发展而言——关于它们本身，我是真的能够作出判断，对我们的好处是巨大的，确切无疑的，因为你们的法学院在有利条件下获得的发展，我们在不利的条件下是无法实现的。我想，你们这边也能从中受益。事实上，有一个想法一直出现在我的脑际，那就是不妨作出必要的安排，让两所大学各自的'法学院'互通有无。但这仅仅是一个[60]梦想，我一生中都将无法实现。"^②认为没有人能够将戴雪的目标完全实现，似乎是有些道理的，尽管如此，没有实现他为自己设定的一切目标，这个想法让他备受折磨，也是他对自己的牛津生涯感到失败的原因之一。戴雪是其自身最严苛的判官，从不为自身真实的或想象的不足寻找理由。

对于牛津的生活，在个人方面和职业方面都有令人失望的事。尽管戴雪在牛津读大学期间结识了不少朋友，但他发现在 1882 年之后这个过程难以重复，因为那时"已太老而无法结交新友"。^③关于戴雪对于牛津的矛盾心态，戴雪夫人作出了最好的概括，她写道："我常常感到我们现在在牛津是多么的孤独，我希望我们回到伦敦，但为时已晚。这个教授职位非常适合阿尔伯特，所以他沉浸其中，专心写作，以至于在这里都没有结交新的真正的朋友，我们都错过了机会，虽然所有人对我们都极为友好。我们两个的年龄都太大了，无法扎根于一个新地方。"^④

出于对教授职位的名声的深切关注，戴雪在 1907 年首次产生

---

① 戴雪致布赖斯书信，1910 年 1 月 16 日，《布赖斯书信集》。
② 戴雪致威廉·詹姆斯，1898 年 11 月 20 日，《威廉·詹姆斯书信集》，哈佛大学霍顿图书馆。
③ 戴雪致凯尔德，1893 年 11 月 20 日，《手稿杂编》，贝利奥尔学院。
④ 戴雪夫人，1917 年 5 月 18 日，《布赖斯书信集》。重点为原作者所加。

了退职的想法，当时，他已经任职25年，那个时候，朋友们都劝他留下。或去或留，他一直心存疑虑，直到1908年底才作出最终决定。① 再多的劝说也阻止不了他，因此他于1909年迈出"悲伤的一步"，放弃了他的教授职位。② 听力日趋下降，加之年岁渐长，让戴雪别无选择。正如戴雪自己所言："我已74岁多了。我深信，将瓦伊纳教席让位给年轻人更好。"③他向妻子作出了更详细的解释：

> 最后，我有一种形容不出的渴望，那就是保持一个教授的良好名声，为教授的行为树立一个好榜样。[61]作为一个教师，我取得的成功与自己所期望的相去甚远。这一相对的失败部分源于我自身的过错，或者至少是缺陷。但是，我尽力维护我的教席的声誉，并且比追求其他好东西更坚持不懈。倘若我没有取得部分成功，我可能觉得自己的生活是失败的。我见过许多的教授因为占据教职时间太长从而损害了自己的名声，也给大学带来了伤害。④

戴雪是带着忧虑看待退职的，认为退职会破坏生活留给他的一切，因为55年来，从他入读牛津开始，就有某种欲念驱使着他基本上一直充满着活力地工作。⑤ 不管怎样，这种忧虑完全是不必要的，因为万灵学院已决定给他一个研究员职位，他可以继续教学，而且在1909年之前，让他充满激情的公众事务占据了他的时

---

① 戴雪致埃利奥特书信，1908年11月22日，《埃利奥特书信集》。
② 同上，1909年5月28日，同上。
③ 戴雪致斯特罗恩·戴维森(Strachan-Davidson)，1909年5月20日，《手稿杂编》，贝利奥尔学院。
④ 戴雪致戴雪夫人，1909年夏，载雷特编，《戴雪回忆录》，页201。
⑤ 戴雪致埃利奥特，1909年5月28日，《埃利奥特书信集》。

间。然而，戴雪尽管承认正式退职是必要的，但仍然为此感到难过："不得不决定该何时做损害自己利益的事，令人感到不快。但出于我自己名声的考虑，我不怀疑迈出辞职这一步是明智的，我也不怀疑从长远来看这对瓦伊纳教席也是最有利的。"[①]为了缓解这一变化所带来的痛苦，戴雪决定让自己保持忙碌的状态："我已经做好充分的准备继续在这里工作，如果像我期待的那样继续在这里生活的话。我希望我的朋友赞成我所做的事情。辞职，无论怎样，总是一件让人有些悲伤的事情。"[②]对于一个很可能非常糟糕的个人决定，戴雪挽回了不利局面。

　　关于告别瓦伊纳教席的演讲主题，戴雪选择了布莱克斯通的《英国法释义》。作为一个坚定的新奥斯丁主义者，他从未接受布莱克斯通的自然权利理论，但是这一分歧并没有让戴雪丧失对于布莱克斯通这位前任瓦伊纳教授所具优点的判断力。"《英国法释义》凭其文风存留下来。布莱克斯通表达力强，目标明确，富有文学鉴赏力和技巧"；[③]这些特点让布莱克斯通赢得了[62]他应得的名声。正如他曾经在写给布赖斯的信中所强调的，布莱克斯通"是一位了不起的律师，也是一位造诣非凡的文学家，他第一次让英国法成为了英国文学的一部分"。[④] 这种认为法律写作必须与文学表达相结合的信念影响了戴雪自身的著作，也是戴雪在同意出版之前对其不断修订的原因。

　　赞颂布莱克斯通并不是戴雪演讲的唯一目的。戴雪曾对《国民评论》杂志的编辑列奥·麦克斯（Leo Maxse）表示："这个演讲

① 戴雪致布赖斯书信，1909 年 6 月 13 日，载雷特编，《戴雪回忆录》，页 202—203。
② 戴雪致戈德温·史密斯（Godwin Smith），1909 年 5 月 26 日，《戈德温·史密斯书信集》，纽约伊萨卡康奈尔大学图书馆。
③ 戴雪，《布莱克斯通的〈英国法释义〉》，页 661。戴雪于 1909 年 6 月 12 日发表了告别演讲。
④ 戴雪致布赖斯书信，1909 年 6 月 13 日，载雷特编，《戴雪回忆录》，页 202。

中关于过去 50 年来法律文学领域发生的革命的表述,是很新颖和重要的。"①戴雪自身也对这场革命作出了不小的贡献。最重要的是,这次告别演讲应该"让普通读者深刻地认识到"之前数十年在法律写作中所发生的重大革新。② 因此,戴雪特别高兴地看到布莱克斯通的一些片段出现在大众期刊上——他最初认为,外行对这个主题是不怎么感兴趣的。③ 他使读者了解了在他任教职期间第一次出现的大量经典教科书。

戴雪在职业生涯中得到了许多同代人的称赞,辞去瓦伊纳教职之后,也赢得了后来学者的赞美。戴雪的继任者是吉尔达特(W. M. Geldart)教授,被戴雪称之为"是长期以来我们牛津最好的法学家",④他也对戴雪的成就表示赞赏:"论风格,其影响力、说服力和清晰度均不亚于布莱克斯通,甚至更为简练;论学识,他的论述也同样深入而详尽,而且还有着一种连布莱克斯通都不敢声称具有的批判眼光和分析能力。"⑤在 1917 年的一篇匿名的证明信中,作者明确肯定:"牛津法学院从一个小规模的、备受忽略的机构成长为牛津大学最重要和最繁荣的学院之一,这在很大程度上要归功于戴雪。戴雪支持法学院的一切改革与发展运动。"⑥[63]汉伯里把戴雪当选为瓦伊纳讲座教授称之为该教席的第二次创建,以对比于最初对伟大的布莱克斯通的任命。汉伯里最后评价

---

① 戴雪致列奥·马克西书信,1909 年 9 月 25 日,《列奥·马克西书信集》(*Leo Maxse Papers*),西苏塞克斯郡档案局(West Sussex County Record Office),奇切斯特(Chichester)。
② 同上,1909 年 10 月 12 日,同上。
③ 同上,1909 年 10 月 14 日,同上。
④ 戴雪致布赖斯书信,1910 年 1 月 16 日,《布赖斯书信集》。
⑤ 吉尔达特(W. M. Geldart),《法律人格》(*Legal Personality*),页 4。
⑥ 安森(Anson),《戴雪教授:肖像与素描》,页 1—2。戴雪怀疑这篇颂词是布赖斯所写,但后者否认此事。戴雪也遭到了霍兰和波洛克的否认。伊尔伯特(C. P. Ilbert)遂成为最可能的作者;参见戴雪致布赖斯书信,1917 年 1 月 31 日,《布赖斯书信集》。

说，戴雪"恢复了一个传统，这始终是一项比开创传统更艰难的成就。戴雪上任之时，它的处境几乎让人看不到希望；他一到来，就为该教职注入了'潘多拉之盒'中最珍贵的元素。他在任时，它的影响力越来越大；而到他离任之际，该教职已成为一个备受尊重、举世闻名的职位"。① 最近，劳森也坚持认为，"戴雪的杰出形象依然无损，他是牛津法学专业乃至整个英国法律界引以为傲的人物之一"。② 这种对于戴雪教授职业生涯的普遍称赞，必须对照戴雪的自我评价来理解。

戴雪对于他作为瓦伊纳教授的表现的自我评价，表明他对自己的法律工作一直缺乏自信。比如，戴雪在 1894 年写给布赖斯的信中说，他确信一个人必须始终觉得自己没有达到理应达成的目标，还说"没有人能够了解我的这种感受有多强烈"。③ 他从未消除这种无处不在的挫败感，尽管他具备了成功的一切外在特征："当我向你谈到我对这里工作的结果感到真正的和深深的失望之时，我还应该补充一点，那就是，在这一点上，除了我自己，我并不责怪任何人，即便对于我自己，也是为过错感到遗憾，而不是自责。错误大多是可指责的，但也不是针对错误本身，而是针对导致这些错误的人格缺陷。为失败而遗憾这点，请勿对任何人说起。"④ 戴雪并没有将他的学术成就与政治或司法影响力放在同一个层面上进行评价，因此，他将自己置于一种困境，即对自身所谓的缺乏成就而不断地自我指责。很显然，其他人并不同意他的这种悲观看法。[64]最后再举一个例子，就能充分说明这一点；在 1909 年戴雪退职之际，当时牛津大学的名誉校长柯曾勋爵（Lord Curzon）对

---

① 汉伯里，《瓦伊纳教席》，页 163。
② 劳森，《牛津法学教育》，页 71。
③ 戴雪致布赖斯书信，1894 年 10 月 11 日，《布赖斯书信集》。这封流露真情的书信以不寻常的告诫结尾：把它烧了。
④ 同上，1904 年 3 月 6 日，同上。

戴雪表达了如下感谢:"请允许我用简短的几句话对你在25年多的时间里对于牛津大学的生活、学术以及公共地位所作的卓越贡献表示诚挚的感谢和赞誉。你的名字与著作让牛津增光,对此,后继者中无人能够希望再现,在你退职之际,我们希望牛津依然能够仰仗牛津之子中最博学大度的人之一的意见与才智。"[1]柯曾的这番赞美让他感到极为愉悦和惊喜,因为他承认,之前低估了同事对他的尊重与友善。[2] 只是到了教授职业生涯末期,他才认识到他这些年的工作给别人留下了好印象。

那么,究竟谁的评价更贴近事实:是戴雪的自我贬低,还是同代人和后来学者的称赞? 尽管戴雪一直抱有怀疑,但是他作为瓦伊纳教授的影响力证明是持久的。按其他瓦伊纳教授的标准来衡量,戴雪是最接近于布莱克斯通的:"在他对于人与物评价的公正性方面,在他对时事潮流判断的敏锐性方面,以及在他文学风格的无穷魅力方面,戴雪都与布莱克斯通旗鼓相当。"[3]戴雪为法律学者树立了一个有关卓越的新标准,有助于让做学术成为了一个有价值的职业。他让法律学术免于冷遇,将它变成一个对最优秀的大学生富有吸引力的职业,为法律学者开辟了新的有影响的领域。他尽其所能地履行了一个牛津教授的主要职责:在其能胜任的领域出版了几部重要著作。正如我们即将看到的,这些著作促使法官养成了向法学者寻求帮助乃至于指引的习惯。最后,他将牛津法学的专业水准提升到了一个更高的层次,确立了一个至今依然存在的传统。因为所有这些贡献,戴雪配得上后人授予的荣誉。

此前描写戴雪的作家们都自然地聚焦于他的学术角色,[65]

---

① 柯曾勋爵致戴雪书信,1909年5月28日,《手稿全编》,508(55),格拉斯哥大学图书馆。
② 雷特编,《戴雪回忆录》,页204。
③ 汉伯里,《瓦伊纳教席》,页104。

因为他在学术界的声誉最大。戴雪离世之后,霍姆斯写道:"他是一个多么可爱、天真、单纯的人,但是关于他自身的能力,他又是那么的谦逊。"①这时霍姆斯提到的只是他的法学者职业。关于这些能力,正如他担任瓦伊纳教职所表现出来的,他甚至已经谦逊到了缺乏自信的程度。但是,在其他一些他极为关注的领域,尤其是在政治上,他又毫不犹豫地表达了一些令人震惊的武断看法。戴雪的这一面从来没有人探究过:他表达观点时的那种激情,与他在某个主题上所具有的资格成反比。在法律和宪法问题上,即便是法官也承认他的权威,但他却极不情愿地提出建议。可这种犹豫从未影响到他的政治声明,他卷入政治争论的程度越深,就越发变得固执己见。因此,戴雪作为瓦伊纳教授的名声很大程度上源于他必须处理那些他最有资格探讨的问题。尽管如此,他在瓦伊纳教席上的工作确保凡在讲授英国法的地方,他的名字都受到称赞;他生平中的其他任何方面都难以掩盖这一成就。戴雪为自己准备的墓志铭是:"我对这个世界没什么贡献,但在教授职位上尽了全力。"②

---

① 霍姆斯致波洛克,1925 年 2 月 20 日,《霍姆斯与波洛克通信集》,卷 2,页 156。
② 戴雪致戴雪夫人,1908 年 4 月 12 日,载雷特编,《戴雪回忆录》,页 197。

第四章 宪法专家:《宪法》

[66]在接受瓦伊纳教授职位不久,戴雪就以《宪法》的出版(1885 年)回馈了牛津大学对他的信任。这是他最有影响的一本著作,他也由此一跃成为第一流的宪法权威。[①] 我们将用大量篇幅来回顾戴雪的学说,这是因为,就像我们通常在最优秀的著作中所见到的那样,戴雪的这本书经常被引用,实际上却没有对它从整体上来进行解读。正如汉伯里所指出的那样,戴雪遭受了与约翰·奥斯丁相同的命运:"他的评论者误引了他,继而又批评他们自身的错误引文。"[②]因此,在下面两章解释戴雪的主要结论时,我们会尽可能地让戴雪发表他本人的意见。

在《宪法》中,戴雪将他此前法律著作中的方法论加以沿用,那就是对有助于系统阐述宪法基本原则的现有证据进行缜密地分析。劳森(F. H. Lawson),这位对戴雪怀有同情的批评者,就着重指出了这一任务所具有的困难,一个为戴雪本人所清楚地意识到

---

① 戴雪,《英国宪法研究导论》(*Introduction to the Study of the Law of the Constitution*)。戴雪编写了该书的前七版内容,直到 1908 年;1915 年的第八版,他只是加了一篇很长的导言,而没有对正文进行修订。本书所引用的是 1959 年第十版,韦德为这一版撰写了一篇内容丰富的导论。

② 汉伯里,《瓦伊纳教席和法律教育》,页 137。

的困难。① 宪法学术中的混乱状态让倾向于条理分明的戴雪感到不快。他一直对同时代的宪法著作表示不满,因而就像奥斯丁一样,希望把这一主题简化成几个真正有效的基本概念。戴雪写到,该书的目的在于"确定作为英宪之组成部分的法律是什么,[67]其次是整理它们的门类,解释它们的含义,然后,可能的话,还要阐明它们的逻辑关系"。② 戴雪从大量的案例、司法意见以及关乎宪法安排的制定法中,提炼出了他认为足以体现英国发展之显著特征的三个原则:议会主权、法治和宪法惯例。

自本科阶段开始,戴雪就对宪法思考充满浓厚兴趣,这一点以及他游览美洲和欧陆的经历,让他转向比较的方法,一种他在整部《宪法》中所广泛使用的方法。该书基本思想的形成,经过了很长一段时间,这一点似乎是必然的。早在1868年,他就对自由概念进行了详细阐述,这些内容最后扩展成了《宪法》的第五章。③ 他第一次使用"法治"这一短语是在1875年,以此来描述英宪的一个显著特征,正如同他在10年之后所做的那样。④ 对法治的这一系统阐述,很大程度上要归功于赫恩(W. E. Hearn)在1867年的表述,这是戴雪所公开承认的知识上的一个恩情。⑤ 这些例子说明,戴雪思想的逐渐发展,使得他在瓦伊纳教授职位向他发出召唤的时候,能够抓住机会。

1884年6月,戴雪向麦克米伦公司(Macmillan Company)提交了完整的手稿,以供出版。⑥ 但该书实际上是在过去两年之内

---

① 劳森,《戴雪再思考》(*Dicey Revisited*),页113。

② 《宪法》,页32。

③ 戴雪,《自由的法律边界》(*The Legal Boundaries of Liberty*),页1—13。

④ 戴雪,《斯塔布斯的大不列颠宪法史》(Stubbs' Constitutional History of Great Britain),载《民族》,第20期(1875年3月4日),页154。

⑤ 阿恩特(H. W. Arndt),《戴雪法治概念的起源》(*The Origin of Dicey's Concept of the Rule of Law*),页117—123。

⑥ 戴雪致麦克米伦公司书信,1884年6月9日,《麦克米伦公司文件汇编》(B. M. Add. Mss. 55084)。

写成的,源于他教授职位上的讲座。这一过程使得他能够对自己的思想进行整理并不断调整,直到他认为结构合理,感到满意为止。戴雪急于见到书的出版,所以他把初版 750 本销售所得利润全部归于麦克米伦公司。他估计,少量的第一版会很快售罄,这样就需要迅速发行第二版。① [68]当 1885 年此书正在印刷的时候,他敦促出版商在学生和学院的秋季学期到来之前,把书放在牛津大学书店销售。如此认真的督促,结果没有让他失望,因为书面世不到 6 个月,他就告知布赖斯说,第一版真的已经卖完了。② 此后不久,戴雪就第二版事宜写信给麦克米伦公司,鉴于第一版十分成功,所以建议双方执行公平合理的财务方案。③ 接下来的几版,都有很稳定的销售,这让戴雪在财务上有了保障,从此,金钱不再成为一个令人担忧的问题。

对出版细节的监督,与戴雪对自己学术事业缺乏自信并不矛盾。在《宪法》问世之前,戴雪对这本书的价值没有抱任何幻想:"书中的某些内容(很少属于我自己的)如果说成是原创,那是很荒谬的,但我认为此前几乎没有谁明确地表达出来。"④同时,戴雪请求布赖斯说,万一自己突然离世的话,请他在霍兰的协助下,把自己的手稿整理出来,并把看起来有价值的部分出版。戴雪写道:如果真的遭遇这种不幸,"我想让世人知晓,我已经尽力工作了,尽管其结果没有什么了不起,也不引人注目"。⑤ 其雄心壮志和他时常经历的那种对于失败的恐惧再一次发生了冲突。

戴雪对于这本书的外界反应感到忧虑是不合情理的。他在牛

---

① 同上,1884 年 7 月 1 日,同上。
② 戴雪致布赖斯书信,1886 年 2 月 11 日,《布赖斯书信集》。
③ 戴雪致麦克米伦公司书信,1886 年 2 月 14 日,《麦克米伦公司文件汇编》(B. M. Add. Mss. 55084)。第二版共印刷了 1250 册,戴雪获得了定价的 4% 的稿费(4/ of the 12/6 price)。
④ 戴雪致布赖斯书信,1884 年 12 月 9 日,《布赖斯书信集》。
⑤ 同上。

津的同事不失时机地对该书予以公开赞扬;比如,布赖斯就把戴雪的书寄了一本给格拉斯顿,并表示自己对它的认可:

> 昨日,我胆敢给您寄了一本戴雪先生的大作:《宪法》。我们这的许多人都倾向于认为,这本书是自白芝浩先生那本极出色的著作出版以来,对英国宪法的科学研究作出的最为重大的贡献。在牛津,戴雪先生目前担任的是布莱克斯通首次担任的那个教授职位,他非常希望[69]把他的书送给您,请您收下,但由于他本人对您不甚了解——1877年您在我家就餐时他见过您一面——所以请我把书转送给您这位最权威的宪法专家。①

自问世起,这本书就深得好评,而且在戴雪的一生中,一直都得到了公众和学术界的认可。书里没有行话,由此,戴雪要写一本连非专业人士都能看懂的书的初衷得以实现。它之所以具有如此重大的影响力,部分原因在于,它既对专家有吸引力,也能引起普通公民的兴趣。

在考察戴雪所描述的三个宪法原则之前,还有一个有关《宪法》的问题必须回答。那就是,戴雪的政治观点在何种程度上影响了他在宪法问题上得出的结论? 对戴雪批评最为尖锐的人,詹宁斯爵士就曾认为,戴雪的宪法观念,即宪法原则源于个人权利的这种看法,直接源于他辉格党的政治信念:"戴雪是以辉格党的观点来看待1885年宪法的。"②戴雪描述的宪法无疑反映了他坚定的政治主张。但真正的问题却在于,1885年的宪法是否事实上的确建立在辉格党的原则之上? 这一点是詹宁斯所忽视的。戴雪本人

---

① 布赖斯致威廉·E. 格拉斯顿,1884年10月31日,《布赖斯书信集》。
② 艾弗·詹宁斯爵士,《戴雪礼赞》,页128。

写道:"在一切宪法问题上,我所阅读的四位作家,而且让我长期受益并始终感到愉快的四位作家是:柏克、佩利(Paley)、麦考莱和白芝浩。"[1]戴雪对宪法的解释,首先是建立在公认的权威著作基础之上的,所以如果对他的评论含有这样一层意思的话,即《宪法》纯粹是作者政治主张的泛滥,那是相当不公正的。宁可牺牲公权利,也要强调私权利的重要性,这是19世纪宪法思想的特征所在,所以就像戴雪所通常承认的那样,他并未开辟什么新领域。公法日渐重要,这个事实戴雪没有看到,至少在1885年,他低估了这一点。

解读《宪法》的关键点,在于奥斯丁式的法律分析传统:为了找出基本原理,需要对一个法律问题在形式上予以剖析。[70]韦德(E. C. S. Wade)曾试探性地指出了这一点,他认为戴雪对宪法进行科学研究,效仿的是奥斯丁的做法。[2] 正如奥斯丁曾试图界定法理学的范围那样,戴雪也力图划出宪法的边界。我们乐于承认,政治观点对这本书的文字产生了影响,一如詹宁斯所言,但它的主要成分却是法律家的看法(legalistic attitude),即通过发现宪法基本原则来寻求真理。实质上,是他的奥斯丁传统,而非其辉格党的观点,对《宪法》中的结论产生了决定性影响。

对历史学家和政治科学家而言,戴雪为自己的研究划定范围,这直接给他带来了难题。他的如下主张,即宪法包括"直接或间接影响国家主权权力之分配或行使的所有规则",反映出他关注的法律完全是奥斯丁式的,即法律首先是一个主权问题。[3] 他把这类规则细分为两类:一类是真正的法律,也就是制定法或普通法;另一类并非严格意义上的法律,也就是惯例。许多批评者,尤其是詹

---

① 戴雪致戈德金书信,1900年6月26日,《戈德金书信集》。
② 韦德,《导论》,载《宪法》,第 clxxxviii 页。
③ 《宪法》,页23。

宁斯,认为这种归类即便不是完全错误的话,也是非常有局限性的。① 把法律界定为仅仅是那些可由法院实施的规则(这本身就提示我们,戴雪受惠于奥斯丁),就把大量的通常被视为具有宪法性质的活动给排除出去了。这一区分是十分必要的,因为戴雪需要为他的研究划界,以免被证据材料所淹没,而不能找出他所探求的少数几个原理。实际上,戴雪对问题的这种概念化,在遭到几十年的反对之后,又得到了某些学者的赞扬,他们所称赞的是,随着20世纪政府职能的转变,他在可谓爆炸式增长的材料中进行了细致地辨别。② 《宪法》集中于阐述三个主要宪法思想,从而[71]比那些更为详尽的著作更富思想的力量,也更具一致性。现在有必要对这三个原则来进行分析了。

戴雪以毫不含糊的术语来论断议会主权,从法律的角度将其称之为"我国政治制度的主要特征"。③ 这部分的目的是"解释议会主权的性质,并阐明它的存在是一个法律事实,完全为英国法所承认;……证明对议会主权的那些所谓的法律限制,没有一个是成立的;……指出并解决某些理论上的难题,这些难题有碍人们欣然承认以下原则,即根据英国宪法,议会是绝对的最高立法机关"。④ 他把议会主权界定为"有权制定或者废除任何法律;而且英国法不承认任何个人或者团体享有推翻或者废止议会立法的权力"。⑤ 他把法律界定为"任何将由法院实施的规则",⑥这在语言上完全

---

① 艾弗·詹宁斯爵士,《法与宪法》,页33—41。他认为戴雪过于强调私权利的重要性,而使宪法的其他方面受到损害。

② 杰弗里·马歇尔,《宪法理论》,页7—12。马歇尔认为,适宜的做法是修正,而不是淘汰戴雪的宪法著作,可见马歇尔并没有彻底地捍卫戴雪为宪法划界的做法。

③ 《宪法》,页39。

④ 同上。

⑤ 《宪法》,页39—40。

⑥ 同上,页40。

是奥斯丁式的表述。为读者具体说明议会主权和法律的含义之后，戴雪接着开始对原则本身进行阐述。

戴雪把议会的无限立法权说成是议会至上的正面。他的根据首先是来自以前的宪法权威，如柏克和布莱克斯通。其他的证据则来自于立法：如《王位继承法》、各《联合法》和 1716 年的《七年任期法》等意义深远的制定法。戴雪还强调了豁免法的传统，这种法律使得各种受他人委托而做出的非法行为合法化。在 1885 年的时候，他尚不能拿出一个案例来证明其观点。对这一遗漏，有人给出了恰当的描述："戴雪声称，议会享有全权，这就是法律；他解释了这一命题的含义，但他没有像自己所说的那样，对这一点进行证明，丝毫没有。"①他的批评者经常以此来批驳他，因为只有历史而非法律本身才站在他那一边。

[72]戴雪把议会主权的反面说成是不存在任何对立的立法权。他引用奥斯丁以及密友霍兰的观点来证实自己的如下主张：主权必须是不可分的，真正的主权其本质在于不受任何限制，多元性的主权完全是一种自相矛盾。他再次援引奥斯丁的论述，而对以下观点表示赞同：主权必定存在于一切文明国家。② 在提出他自己的理由之后，他着手分析针对议会至上原则的三个具体反对意见。

这些异议中的第一个是，议会法如果与道德原则或者国际法规则相抵触，即为无效。他很轻易地就解决了这一问题。奥斯丁法理学的主要目标在于将实证法与道德考量分离开来，所以戴雪只是简单地指出：一部法律因不道德而无效，这种抗辩在英国的任何法院里从未获得成功。法律对每一个人都具有约束力，不论他

---

① 辛普森(A. W. B. Simpson)，《普通法与法律理论》(The Common Law and Legal Theory)，载辛普森编《牛津法理学论集》(Oxford Essays in Jurisprudence)，页 96。
② 《宪法》，页 61。

对该法的道德内容持何种保留意见。议会主权的性质就在于,任何法律,不论你宣称它在道德上如何邪恶,都是一部可由法院强制实施的有效的法。

在反驳第二个异议时,戴雪否认了议会无权减损君主特权的学说。这个异议从根本上讲,历史已经作出了决断,因为17世纪的各大事件已为后世回答了这个问题。宪法演进到1885年,要求行政部门行使所有保留于君主手中的权力。但问题是,只要议会愿意,它就有权对君主特权进行规制,甚至于废除。在确立议会至上的过程中,对王权的控制是一个主要因素。

最后,戴雪分析了这个问题:即本届议会的立法权是否可以受到前届议会法的限制,或者说,议会能否约束下届议会的行为? 各《联合法》的更改,如爱尔兰的政教分离,或者为苏格兰大学规定的宗教信仰考查条款的修改,证明企图制定一部永久性法律的努力只是徒劳。一个主权机构企图约束另一个同样的主权机构,[73]总是以失败告终。① 戴雪在1885年总结道:议会主权是一个毋庸置疑的法律事实,从正反两方面来讲,它都是绝对的。只要它愿意,便可以就任何一个议题进行立法,英宪中没有任何一个机构可与之相抗衡,法院也无权作出裁决,说它的行为属于越权。议会主权原则属于"宪法的根本原则"。②

鉴于自己对政治所具有的浓厚兴趣,戴雪承认他对主权的这种严格法律分析不足以完全让人信服(奥斯丁并不承认这一点)。议会主权同样也具有政治上的含义。所以,他作出了一个很著名

---

① 必须指出的是,尽管戴雪的观点在20世纪早期风行一时,但法院已经使他在这个问题上的权威有所动摇。1953年的"麦考密克诉总检察长案"(MacCormick v. Lord Advocate)指出了这样一种可能性,即某些刚性条款不能被废除,至少是不能以普通的议会法来废除。参见杰弗里·马歇尔,《议会主权与英联邦》(*Parliamentary Sovereignty and the Commonwealth*),页72—75。

② 《宪法》,页70。

的区分,即法律主权与政治主权的区分,目的是为了解释这一显而易见的事实:选民在政治体系中起到支配性的作用。他不得不对议会主权理论和选民对这种权力的限制进行调和。

戴雪的这一目标是通过如下主张来实现的:议会主权在实际行使过程中,受到外在和内在的双重限制,但这些限制与他对主权的界定是不矛盾的。① 主权权力的外在限制,在于这样一种可能性之中,即公民可能会对任何为大多数人所厌恶的法律不予服从。议会在理论上可以做任何事情,但政治环境决定了它事实上哪些事情能做成而哪些不能。普遍的抵抗会让立法作废——它们尽管在法律上依然有效,但议会却没有力量来执行。大众的反对从各个方面限制了议会的主权;一部不能得到执行的法律其实根本就不是法律。内在限制产生于主权者的性质自身,因为即便最为暴虐的专制者也是根据他所在时代的状况来统治的,包括他所统治社会的道德情感。一个由绅士组成的英国议会,是不会通过道德上应受谴责的法律的。

[74]代议制政府防止了主权者的意愿和臣民的愿望之间出现可怕的分裂。它打开了沟通的渠道,使双方的潜在冲突得以消弭。选民和议会之前的区分曾受到批评,因为它遮掩了一个事实,那就是,在大不列颠,主权者和选民实际上是同一个。② 戴雪强调,在让主权的实际限制与议会至上的法律教义相一致上,代议制政府提供了最佳的手段。

戴雪接下来对主权者议会和非主权者立法机构的特点进行了比较。议会主权有三大特点:"一、立法机关有权变更包括根本法在内的任何法律,而且变更的方式与权限对于一切法律完

---

① 《宪法》,页76—85。

② 杰弗里·马歇尔(Geoffrey Marshall)、格雷姆·穆迪(Graeme C. Moodie),《宪法诸问题》(*Some Problems of the Constitution*),页17—18。

全相同;二、宪法性的法律和其他法律之间没有法律上的区别;三、不论司法的或其他机构,均无权废除议会法、宣布它无效或者违宪。"①戴雪采用布赖斯的术语,将英国宪法的这些特征称之为其"柔性"的例证,所谓"柔性",他的意思是指英国宪法可以随时改变。② 他每次都要强调英国宪法发展的独特性,因为它改变起来是如此容易,以致没有必要简化成任何一种成文的形式。戴雪将殖民地的立法机关称为非主权机构,此时,他强调的是帝国议会的法律主权。承认这一法律事实,为实施赋予殖民地立法自由的政治政策铺平了道路。对殖民地的立法机关随时进行监督是没必要的,因为君主否决权的保留就象征着(帝国议会)拥有最终的法律主权。因帝国奉行不干涉政策,殖民地议会很少经历被帝国议会侵犯的情形,因为后者没有理由去显示法律主权是存在的这个事实。不论之于海内,还是海外,议会主权都是毋庸置疑的。

[75]戴雪对议会主权的这一阐释,一生中未曾遭受任何反对意见。正如 A. W. B. 辛普森所言:"最基础、也写得最好的书,是戴雪的;几乎所有律师都是围绕戴雪来研习宪法。这种情况到现在,已经很长时间了……他讲出了真理,真理也最终被大家所接受。"③罕有一本关于宪法的书,获得如此高度评价,如此全面地主宰着这一领域。说它立即成为经典,都还不足以描述它在戴雪一生中所享有的权威。英国政治生活的事实,似乎就是为了表明他的教义处处都是正确的。即便是在一个像内部自治这样易受情感影响的议题上,无论敌友,都接受了戴雪论证的主要前提,从他的宪法原则中推断出不同的结论。

---

① 《宪法》,页 91。
② 戴雪使用"柔性"和"刚性"两个词,是要强调宪法是否通过常规的或非常规的方式进行改变。参见戴雪致布赖斯书信,1884 年 12 月 9 日,《布赖斯书信集》。
③ 辛普森,《普通法与法律理论》,页 96。

　　首次彻底地对戴雪议会至上的学说进行重新审视,那是他去世之后才发生的事。质疑其结论的最重要的人物是詹宁斯,他认为戴雪的解释很成问题。[①] 尤其是,詹宁斯基于法律主权是拟制的这一点,批评他在法律主权和政治主权之间作出区分。詹宁斯认为,主权根本不是最高权力,它只不过是一个律师们借此表达议会和法院之关系的法律概念。为了讨论主权,詹宁斯引入了任一法律体系中的规则及其作用的观念。任何一个议会实际上都可以通过修改有关立法自身的程序规则来限制其继任者。[②] 在辩论中引入规则理论,反映出 20 世纪的法学家们日益关注通过研究支配一个体系的规则来分析法律体系的做法。然而,较之于对戴雪其他主要原则的批评,詹宁斯在这一领域非常不成功。很少有其他学者否认曾一直涵养他们的戴雪式的正统学说。

　　二战之后,一场名副其实的猛烈抨击降临到了戴雪头上,其结果是,他的主权学说开始朝很多方向进行修正和限定。沿着詹宁斯指引的方向,其他批评者将戴雪的无限议会至上理论与如下理论综合起来,即主权的行使实际上会受到有关[76]该权力之行使方式的法律的限制。休斯顿(R. F. V. Heuston)是如此来概括这个议会主权的"新观点"的:

　　　　(1)主权是一个法律概念:确认主权者和规定其构成与职责的规则在逻辑上先于它;(2)下列规则之间是有区分的:(a)支配一个主权立法机关之构成的规则和(b)支配其程序的规则,以及(c)支配其权力范围的规则;(3)法院有权根据 2(a)和 2(b)之理由,质疑一部所谓的议会法的有效性,但是却不

①　詹宁斯(Jennings),《法与宪法》(Law and the Constitution),页 144—192。
②　同上,页 152—153。

能基于 2(c)之理由来这样做;(4)法院的这一权力,既可在君主表示同意之前行使,也可在其后行使——之前用禁止令,之后则用确认判决。

这一主权概念的关键在于,权力的范围与程序的范围是不同的,而这一点戴雪显然没有考虑过。① 新的解释认为,支配权力行使的规则同样是法律规则,因此只能根据其本身的条款来加以修改。

戴雪对议会权力的正统(也即旧的)解释,在现代从来就不缺少坚定的支持者。H. W. R. 韦德就论证过,为什么法院会不加质疑地实施所有的议会法,由此为戴雪的解释作了辩护。② 答案就在于,法院之所以这样实施议会法,是因为法院受制于一条独特的规则,该规则本身是连议会都不可改变的:"司法服从的规则在某种意义上是一条普通法规则,但在另一种意义上,它却是整个立法体制赖以存在的一个基本的政治事实——这一点并不适用于任何其他普通法规则。"③法院对议会法完全实施的规则是一个历史事实,惟有发生政治革命后,才会引起它的改变。韦德也承认,戴雪对议会主权的这种具有迷惑性的浅白陈述,对粗枝大叶的人而言,存在一些潜在的思想陷阱。韦德的这种新戴雪式的观点,得到了其他宪法权威的支持,因此,认为替戴雪的辩护只是少数人对司法反常现象的叙述,那就错了。④

[77]有学者试图对主权的理论分歧进行调和,从而产生了刚性程序或法定程序的概念:一部议会法可能含有一些有关自身之废止的特别条款。杰弗里·马歇尔极力主张以另外一种方式来表

---

① 古德哈特(A. L. Goodhart),《法治与绝对主权》,页 951。
② 韦德,《主权的法律基础》,页 172—197。
③ 同上,页 188。原文即有强调(即斜体字,译文改为楷体字——译者)。
④ 韦德(E. C. S. Wade)和布拉德利(A. W. Bradley),《宪法》,页 60。

述议会主权:"议会不能对它的未来行动加诸任何总括性的禁令,但是却可以对这些行动施加程序上的限制。"①一方面,我们不再说戴雪经受住了上述批评,但同时可以确定的是,他也尚未被完全证明不可信。现代关于主权的主张,通常都是从戴雪结束的地方开始的。

　　对戴雪结论准确性的辩论还会继续下去,鉴于此,我们该如何来评价戴雪呢? 其中一个方案是,从戴雪和他的评价者们所采取的相反方向角度来评价。戴雪以大量的宪法材料为基础,高度概括出了一个能够予以准确陈述的程式化规则。而批评者的目的则一直是对他的著作进行技术化的评论。换言之,戴雪的工作是遵循奥斯丁法理学的指引,从复杂到简单;而批评者则是从简单到复杂。批评者的结论却一直是不一致的,对此,几乎没有人表示惊讶。现代学者对规则理论的专注,使得对议会主权的阐述更加系统而复杂,但这是否导致对议会主权的描述更为准确,则是一个尚有争议的问题。从戴雪自身的目的来衡量的话,他相当成功,因为他普及了一个原则,为一代代的普通民众所接受。事实证明,该原则即使对某些法律学者而言不够好,对法官而言也是令人满意的。

　　对于戴雪在主权讨论中作用的评价,另一个方案取决于对问题本身如何界定。正如马歇尔所言:"问题很复杂,因为它既包含一个有关英格兰法律体系的事实不确定的问题,又和有关一般法律体系的理论问题缠在一起。"②如果主权根本上是一个法律问题,那么可以肯定,戴雪的批评者是正确的。但是,正如戴雪所看到的那样,如果主权的法律意义和政治意义都必须得到解释,那么也可以肯定,他的著作含有一些有关法律和政治的基本实情,尽管后来的法学家们不愿意面对。即便是戴雪最热心的捍卫者也承

---

① 　马歇尔,《宪法理论》,页52。原文即有强调。
② 　同上,页44。

认，他有关议会在帝国事务中的至上性思想[78]与其所适用的帝国一同消亡了。然而，议会主权对于英国宪法而言具有根本意义的这种观念，不管对其准确性质作何种延伸性的讨论，似乎都一定会得到各学科学者持续不断的支持。

至于戴雪的学说究竟具有怎样的影响，倒是更容易回答得多。即便是詹宁斯也承认，戴雪成为了这一学科公认的权威，在这点上，他是成功的。① 其地位无可撼动。他的表达天赋让他的学说充满活力。在学术讨论中，戴雪的学说占据主导地位，其程度甚至高于其"导师"奥斯丁。完全可以说，戴雪对主权作出了经典注释；其后所有的讨论都在他划定的界限内进行。戴雪在这一领域的贡献，可以用劳森的结论来表述：戴雪之后的大量优秀研究，都是对其著作的批判性评价。② 现代对戴雪学说的修正，并没有对其坚实基础有所侵蚀。

戴雪所阐释的英国宪法的第二个特征是法治。他所谓法治，包含着三个方面的意思。首先，"与专断权力的支配形成对照，'法治'意指普通法律的绝对至上或者绝对支配，因而排除恣意、特权甚或政府宽泛的裁量权的存在。英国人受且只受法律的统治；在我们的观念中，任何人都可以因违法而受到惩罚，但不能因其他任何事情而受到惩罚。"戴雪赋予法治的第二层含义，是指"法律面前的平等，或者各个阶层都平等地服从于普通法院所实施的普通法律；在这个意义上，'法治'排除以下思想的存在，即官员或其他人，可免于服从统治普通公民的法律，或者免于普通法院的管辖"。最后，他用这个短语是为了表达："宪法，即在外国必然组成宪法典的那些规则，非但不是个人权利的来源，而是由法院所界定和实施的个人权利的结果；简言之，[79]在我们看来，通过法院和议会的行

---

① 詹宁斯，《法与宪法》，页 320。
② 劳森，《牛津法学教育》，页 72。

动,私法的各个原则得以扩展,以便确定君主及其雇员的法律地位;故宪法是英格兰普通法律运行的结果。"①上述三个不同的含义,每一个都需要作进一步的解释。

首先,在1885年初版之时,戴雪强调的是,大不列颠因不存在公私法之区分而享有优越地位,一个为其他欧洲国家所难以企及的优势。普通法律的至上性——其背后有统一管辖权作为支撑,在其他法律体系的映衬下显得格外突出。他以一种毫不含糊的语言所表达出来的对行政裁量权的恐惧,就是法治的这第一层含义最重要、也最自然的结果。戴雪将裁量权等同于恣意,断言"政府享有裁量权,就一定意味着臣民的法律自由没有保障"。② 裁量权不必是压制性的;任性,不论专制与否,必然导致不受法律约束之政府的统治。

其次,他还说,不仅没有人能凌驾于法律之上,而且每一个人,不论其地位或身份怎样,都必须遵守普通法律;由此,他进一步澄清了前述第一层含义。每一位政府公职人员,都像所有普通公民那样对其行为承担责任;英国法不认可其他任何由特别法庭所实施的法律体系。尽管某些公职人员因其职位而承担了一些其他公民不用承担的法律责任,但他们不能因为这一事实而逃避所有公民都负有的法律义务。

最后,戴雪还赋予法治另一层含义,即他所谓显著的法律精神。这就涉及到宪法数个世纪以来的演进过程——其原则源于世代相传的个别的司法判决。在外国,公民权利源于宪法的一般原则,而且往往用理想主义的语言来表达受保障之权利的性质。英国宪法中没有任何抽象的权利表述,但确实反映出它的根基在于法律先例。戴雪举出的最重要的一个例子是[80]《人身保护法》,

① 　三处引文均出自《宪法》,页202—203。

② 　《宪法》,页188。

该法没有宣告任何原则,也没有界定任何权利,但抵得上一百个宪法保证。

戴雪并未满足于只通过英国的例证来阐释法治。他还特别将法治与盛行于法国的行政法体系进行对比,以此来阐明法治。戴雪对宪法的比较研究感兴趣,但可以肯定的是,他对英国法治与法国行政法的比较,在下一章我们会看到,就不那么幸运了。但是,在辩护过程中,我们必须记住,他开创了一种我们现在视为理所当然的法律分析方法:"宪法之所以没有得到很好地理解,有一个原因就是,我们很少把它与其他国家的宪法条文进行对比。在此处一如在别处,比较对于认识而言是必要的。"①戴雪在实行这一比较方法时所犯的错误,和他在这个问题上所受的那些应受的批评,在评价上应该有一个综合的考量,也就是应该对他的首次尝试表示赞赏。

在他自认为满意地界定了法治之后,戴雪接下来用了七章的篇幅来考察几个主要的宪法主题,以详细阐述法治是如何实行的。首先讨论的便是人身自由权,这一章中,戴雪将比利时宪法第七条与英国的法律原则进行对比,认为前者包含的思想是:人身自由是宪法赋予公民的一种高于普通法律之上的特权;而后者则是:人身自由是由法律所实施的英格兰普通法律的产物。② 在英国,对自由的剥夺,只有在提出犯罪指控且被指控者享有被审判权的时候才会发生。一旦被证明有罪,该公民就会因其罪行而受到法定的惩罚。这一点使得戴雪得出两个附带的结论。其一,任何一个非法干预公民自由的公职人员,没有谁能够以仅仅是在服从上级命令为由来抗辩,因为每一位官僚都是以个人身份对自己的行为负责。其二,法院为这种非法干预(不论持续时间之长短)提供了一

---

① 《宪法》,页205。

② 同上,页206—237。

个救济。这里,戴雪再次引用《人身保护法》,说它是维护人身自由权的一个程序保障。他补充说,国家能惩罚犯罪,但不太可能阻止犯罪。除非[81]有相反的证据存在,否则每一位公民都享有特定的人身自由权,不受公权或私权的干预。

关于讨论自由,戴雪认为,英国法不承认任何代表思想自由权或言论自由权的抽象主张。① 在英国,讨论自由不过就是写出或说出任何在陪审团看来有益的东西。国家将自身的行动局限在对诸如书面或口头诽谤一类的明显违法行为进行惩罚,从而确保不存在事前审查制度。在这一领域,政府同样只能在犯罪发生之后有所行动,任何言词上或行为上的违法行为都可以在普通法院通过惯常法律程序进行惩罚。这里,戴雪再次强调,出版自由和讨论自由权源于普通法律的支配地位。自由裁量的政府权力在这一领域不存在,展示了英国法治的又一个面向。

关于公众集会权,戴雪提出了同样的主张,他坚持说:法院就不曾承认过任何一般集会权。② 公众集会权源于如下事实,即对一个公民而言是合法的事情,对成千上万的一群公民而言,也是合法的。任何一个合法的公共活动,都不会仅仅因为它会激起非法的反对和间接导致对秩序的破坏而变成非法的。其他人因对一个公众集会的反应而犯罪,治安法官无权因此而禁止集会的举行。在著名的"邓肯诉琼斯案"(Duncan v. Jones)中,休伊特法官赞同并引用了戴雪式的学说,重申了以下原则:任何出于非法活动之目的的集会,如果官方有合理的根据认为可能是这种情况,就会被阻止。③ 戴雪知道,这一自由并非是绝对的,他的主要目的是解释

---

① 《宪法》,页 238—269。

② 同上,页 270—283。

③ "邓肯诉琼斯案"(1936),见《英格兰王座法院判例汇编》,卷 1,页 218,引自凯伊尔(D. L. Keir)和劳森(F. H. Lawson),《宪法案例》(*Cases in Constitutional Law*),页 203—207。

"法院是如何通过对个人权利的判决而实际上使得公众集会权成为宪法的组成部分"。①

在接下来的两章中,戴雪将法治应用于戒严法和陆军的主题上。② 有序的政府有时需要诉诸戒严法,这点戴雪是承认的。但他此前有关法治的论述讲得很清楚,即有必要限定戒严法的范围。他担心,戒严法之宣告会变成一个对法治而言具有致命性的其他专制法律体系。所以,他的结论是,根据戒严法,武力可用以恢复秩序,但不允许给予随意的惩罚。如果出现任何的管辖权冲突,民用法庭的权力优于军事法庭。戴雪坚定地认为,对上级命令的服从,不能作为对一个军人刑事指控的抗辩理由。在这一背景下,他无疑低估了一个军人出于自身利益而判定何种命令是一个合法的命令时所具有的困难;但戴雪的重点在于强调,即便是军人,也仍然负有作为一个普通公民的义务。作为军队成员的身份,并没有免除军人的那些责任。

戴雪选择岁入作为法治的一个例证,简要地说明了,政府的所有开支都需要得到议会法的批准。③ 有效的审计体系保证了所花费的每一分钱都符合法律。在这个问题上,戴雪在国内税收署的经历很有帮助,让他能洞察到相关的法律问题。顺着这个思路界定大臣责任的时候,他并非是从普通政治意义上来进行的,而是在一个严格法律的意义上来讨论,那就是,每位大臣在法律上都要为他代表君主所从事的一切行为负责。通过这个机制,即便是君主也遵守了王国的法律。法律责任加强了议会责任,也确保内阁官员尊重了法律。在对宪法的这几个方面进行考察之后,戴雪总结说,法治构成了宪法的一个基本原则。

---

① 《宪法》,页283。
② 同上,页284—311。
③ 同上,页312—324。

后来对戴雪法治的评价,与他有关议会主权学说的命运形成鲜明对比。我们记得,后者在他生前即所向披靡,只是自二战以来才受到抨击。但法治在他生前就已受到学者的批评;哈罗德·拉斯基在 1917 年写到,法治"在今日完全限于理论,而且总[83]伴随着各种例外,以至于根本不可用了"。① 此外,两次世界大战之间的极权政体的例子,让人们将注意力转向法律制度是如何被破坏从而用于非法之目的的。自 1945 年以来,法治逐渐被赋予非常不同的含义,现代的这一趋势是评价戴雪之创造性思想时所面临的最大问题。

在批评戴雪的这个学说时,詹宁斯再次扮演了主要角色。② 詹宁斯找出了戴雪学说的一个根本错误,即他并未推理得出一个法律原则,而只是在法治的掩盖下将他自己的政治哲学加以神圣化。詹宁斯总结说,法治"是一匹相当桀骜不驯的烈马"。如果它仅仅是法律与秩序的同义词,那么它肯定并无特别之处,还可能变成一个为法治所反对的那些非常专制的原则的委婉说法。如果不是,这个短语则要么太过主观,要么在外延上太过宽泛。无论如何,詹宁斯认为,法治不仅仅表示戴雪所希望表示的有关法律至上的意思。

反讽的是,詹宁斯对戴雪的那些批评,也同样适用于他自己。戴雪是在否定的意义上来界定自由的,即免于政府干预的自由,这一点不容否认;他整个一生都见证了这一理想信念所具有的力量。③ 对于戴雪而言,法治体现了一种传统的观念,即人在生活的

---

① 拉斯基致霍姆斯书信,1917 年 11 月 28 日,载马克·德沃尔夫·豪编,《霍姆斯与拉斯基通信集》,第 1 册,页 113。

② 詹宁斯,《法与宪法》,页 54—62,305—317。

③ 对于英国语境下的消极自由和积极自由的分析,参见大卫·尼克尔斯(David Nicholls),《1880 年至 1914 年间的积极自由》(*Positive Liberty*,1880—1914),页 114—128。

每一个领域都享有不受专断政府干预的自由。詹宁斯所考虑的是一种积极自由,一种支持政府为解决社会问题而进行干预的自由,所以詹宁斯在批评戴雪的时候,明确表达的是他自己的政治哲学。因此,詹宁斯提到的法治的若干例外,实际上最后证明了法治自身的统治,而非有害于法治的例证。[1] 真正的问题是,戴雪的用语是否阐明了一个可以在不同时代予以重新解释的原则。在法治问题上,詹宁斯并未做到像在议会主权上那样,对戴雪的法治理论进行有效质疑。

[84]自1945年以来,宪法学者使法治适应了现代社会环境。现在,许多学者承认,戴雪关于法律面前绝对平等的图景,即便在1885年也是错误的,因为君主豁免于通常的法律程序。[2] 自那以后,赋予工会这样的团体以豁免权,以及对授予警察的特别权力予以解释,这些情况都说明宪法中是存在特殊权利和义务的。但是,戴雪法治所具有的持久价值,并非在于他用以表示一个宪法原则的狭隘意义上;作为更具一般性的权利表述,它现在所表达的是世界各地从未听过戴雪名字的大众对于正义的渴望。批评者们现在把法治看作是对恣意的国家行为的一种防御,随着政府在公民的许多日常生活领域干预增多,这种恣意是很可能发生的。法治概念的这种用法,适用于任何法律体系,不论其意识形态基础为何。

实际上,如果法治仍要面临批评,那是因为现代的权威们赋予其种种戴雪不曾想过的含义。杰克逊因此总结说:"法治现在应当被视为一个雄浑而响亮的用语,将它与'人皆兄弟'、'人权'和人类前行中的所有其他口号并列。"[3]其他人虽然赞同法治适于全球这

---

① 韦德,《"准司法"及其背景》("Quasi-Judicial" and Its Background),页225。

② 亚德利(D. C. M. Yardley),《英国宪法导论》(*Introduction to British Constitutional Law*),页61。直到《1947年王权诉讼》,豁免权才被废除。

③ 杰克逊(R. M. Jackson),《英格兰的司法体系》(*The Machinery of Justice in England*),页341。

一目标,但却建议用别的东西来进行表述,而不是用其含义已被实质性更改的法治。① 试图为法治确立普遍的效力,在某些方面因为不精确而削弱了法治的力量。

相反,晚近的一些批评者对这一发展感到满意,认为含义扩展之后的法治可能有益于所有法律体系。一个典型的主张就是:法治明确表达了"一个基本思想,可用来联合不同制度下的法律人士,那些制度虽有所不同,但都旨在保护个人免受恣意政府的侵害"。② 或者换个视角来看,国家行为[85]"必须建基于和可追溯至一个最终的法律根据"。③ 说到底,戴雪所想要当作一个长期不可改变的静态信条的东西,已经获得了一种有助于它适应许多不同社会的动力。个人自由、免于恣意政府行为的自由和向法院求助,是戴雪高度赞扬的持久理想,即便它们最终源于其自身狭隘的政治哲学。比如,古德哈特在赞扬"依法而治"(rule under the law)的时候,列举了它得以存在的三个必要条件,每一个都或明或暗地体现在戴雪的学说中。④ 戴雪的表达所具有的简明性,使得他的表达方式对于后来对这一术语的任何再评价都是必不可少的。

或许最具反讽意味的发展是加纳的这样一种看法,即法治已经成为新的自然法,一个所有法律制度都应力争达到的规范性的理想。⑤ 戴雪在思想上深受奥斯丁的影响,但他最后处在一个奥斯丁会反对的立场上,这意味着分析法学兜了一圈又回到了原处。加纳承认,法治决不能使一个国家的实证法失效,一个名副其实的

---

① 施赖纳(O. D. Schreiner),《英国法对南非法的贡献以及南非的法治》(*The Contribution of English Law to South African Law, and the Rule of Law in South Africa*),页 84。

② 韦德和布拉德利(Wade and Bradley),《宪法》,页 74。

③ 诺曼·S. 马什(Norman S. Marsh),《作为一个超国家概念的法治》,载格斯特(A. G. Guest)编,《牛津法理学论集》(*Oxford Essays in Jurisprudence*),页 248。

④ 古德哈特,《法治》(*Rule of Law*),页 947,961。

⑤ 加纳(J. F. Garner),《行政法》(*Administrative Law*),页 17。

奥斯丁立场,但是戴雪的作为法律制度之理想的法治,其作用看起来仍然是可靠的。在这一表象下,法治在现代世界所施加的影响,比在戴雪的一生中所施加的都要大。

现在,很少有人会批判法治的基本前提:一个公民,适当地遵守法律即享有自由,只有当他犯下了法律所规定的罪行,且通过专门的法律程序,这种自由才能被剥夺。1885 年以来,社会发生了很多改变,但这些基本要素仍然是宪法的核心。在辉格党信念问题上,戴雪无疑是错误的:自由裁量的政府权力必然导致个人自由的减损。裁量权,有法律限制的时候,不一定是恣意的。自《宪法》出版以来,英国的历史就展示了,对国家服务的日益增长的需求与源于不同政治哲学的种种自由理想是如何协调起来的。公权和私权的逐渐融合,为政府往新领域大幅扩张提供了机会,[86]与此同时,法治所解释的对个人的持久关注也为这一过程增添了活力。戴雪再一次提供了一个实践性的原则,以引导这一日渐重要的领域的发展,同时也为法学家们留下了一个仍然值得思考的理想。①尽管戴雪没有考虑后世的问题,但他的法治确立了一个后代认为有价值的宪法准则。

必须从两个层面来看法治的影响:实践上的和理论上的。自1885 年以来,律师们就接受了这个学说,将它视为宪法的一个基本组成部分。法治"具有如此深远的影响",其重要性再怎么强调也不过分。② 布莱克斯通之后,没有人像戴雪那样对于宪法发展有如此大的影响。法治之所以具有如此直接的影响,是因为它[87]"表达了一个人们普遍接受的观念,不管他们的个人政治观点为何"。③ 以浅显的语言对这一学说进行简明扼要的解释,使得戴

---

① 　亚德利,《英国宪法导论》,页 62。
② 　胡德·菲利普斯(O. Hood Phillips),《宪法与行政法》,页 41。
③ 　哈维(J. Harvey)和巴瑟(L. Bather),《英国宪法》(*The British Constitution*),页 405。

雪成为公众舆论公认的权威。作为一个理论上的目标,法治在宪
法思考中扮演了十分重要的作用。① 戴雪描绘了一个正义标准,
它不仅超越了他自身的时代,还能作为一个其他法律制度的规范
而继续存在。正如劳森所总结的那样:"你无法绕开戴雪。他引以
为豪的成就就是创造(coined)了'法治'概念。"②

当戴雪转向对宪法惯例的解释时,他发现面临着一些主要是
由他自己造成的问题。他业已指出,宪法学者只应当考虑严格意
义上的法律,但他现在却提议要研究宪法道德,其实对奥斯丁的信
徒来说,这是一个陌生的领域。如此处理,他的目的是"界定英宪
中法律和惯例这两部分的关系,并指出正确地评价这种关系如何
让宪法中的若干次要问题得以理解"。③ 戴雪面临的问题是,如何
将他的宪法定义与所谓的惯例的重要性调和起来。

对戴雪而言,关键问题在于解释对惯例的服从。在考虑奥斯丁
法理学的时候,法律实施(enforcement)就显得极为重要。这就提
出了惯例的约束力问题:为什么它们会得到服从?④ 戴雪承认,惯例
不是法律,因为法院不会实施它们。戴雪认为,没有约束力,惯例就
根本没有理论基础。恐于被弹劾,是一种约束,但这一武器早已生
锈。将公众舆论作为最终的约束力,戴雪也基于奥斯丁式的理由予
以拒斥了。他认为这种论证就像是在断言,道德力量,而非军事力
量,是国际法的基础;这不是对实际情况的描述,因此不能接受。

他得出一个结论来逃避这一困境,即事实上是法律的力量[88]
来迫使惯例得到服从。惯例根据定义不应包含在宪法之中,但按照
这种解释方式,现在即属于他所解释的范围。戴雪的结论建立在这
个信念上:对一个宪法惯例的违背,最终会导致对法律的违反。这

---

① 杰克逊,《司法体系》,页339。
② 劳森,《牛津法学教育》,页72。说是"创造"言过其实了;"普及"乃更正确的描述。
③ 《宪法》,页418。
④ 米切尔(J. D. B. Mitchell),《宪法》(*Constitutional Law*),页28。

个解决方案源于他的一种确信,那就是法院对宪法而言至关重要;惯例尽管在直接的意义上不是法律,但最终源自实证法。精确规制惯例的规则是没有的,因为每个惯例都以自身的方式来试图确保"所有人首先都服从下院的审议意见,从而最终服从经议会表达的国民意见"。[①] 因此,宪法惯例保证选民永久享有政治主权。

　　戴雪对宪法惯例的分析并非原创。他经常承认,在《宪法》中出于为读者考虑,他只是简单地指出了这一点。胡德·菲利普斯详细列举了一长串的名单,这些法律前辈构成戴雪之前的一个传统。[②] 其中,对戴雪影响最大的是历史学家爱德华·A. 弗里曼。[③] 戴雪和弗里曼是牛津时的好友,但在戴雪生活于伦敦的那 20 年里,他们的关系依然很好。他从不掩饰他对弗里曼历史著作的赞美之情,即便他们在政治上分道扬镳之后也是如此。[④] 从弗里曼、斯塔布斯和其他历史学家的著作中,戴雪获得了他认为足以证明其观点的历史背景,得出有关惯例背后的法律约束力的主张。如同菲利普斯总结的那样,历史和法律知识的结合,使得戴雪具备了前辈所没有的优势;戴雪对这个问题作出了一个"更清晰、更精确的表达",因为他"更能理解法律实际上如何运作"。[⑤] 戴雪又一次[89]做得很成功,他从之前的至少 12 位权威的著作中概括出了一个一般性原则,进而通过简洁清晰的表达而打上了他自己的烙印。

　　对于戴雪有关惯例的结论,詹宁斯再一次显现出是其最全面彻底的批评者,即便他也承认戴雪对惯例的分析是"对英国公法的

---

① 《宪法》,页 456。

② 胡德·菲利普斯,《宪法惯例:戴雪的前辈》,页 137—148。

③ 威廉·S. 霍兹沃斯爵士(Sir William S. Holdsworth),《18 世纪的宪法惯例》(*The Convention of the Eighteenth Century Constitution*),页 161。

④ 参见戴雪的评论,《弗里曼的〈大不列颠宪法的生长〉》(*Freeman's Growth of the Constitution of Great Britain*),载《民族》,第 15 期(1872 年 9 月 12 日和 19 日),页 169、188;也可参见戴雪的回忆文章《爱德华·A. 弗里曼》,页 86—88。

⑤ 胡德·菲利普斯,《宪法惯例》,页 148。

一个巨大的贡献"。① 詹宁斯主要不满的是,戴雪视法律与非法律规则的区分为当然。詹宁斯轻易就举出了几个公认的惯例,证明对它们的违背并不必然导致对法律的违反。② 他着重指出,戴雪的错误源自奥斯丁,即以为法律的本质在于它的实施;詹宁斯的主张与之相反,认为法院从未实施一个法律——宁可说其作出一个裁决或下达一个命令。戴雪在这个问题上的模棱两可,只能怪他自己,因为他先是把惯例定义成非法律的规则,然后又坚决主张,服从惯例是由于害怕一旦不服从就会违反法律。③ 戴雪之所以陷入困境,是因为他把奥斯丁的偏见带到了惯例问题上来。

　　詹宁斯对戴雪学说这一方面的重点关注,即法律与惯例相分离但最终又互相联系,并未得到后来批评者的支持。④ 詹宁斯的根据是,惯例的真正约束力以及随后对它们的服从,是源于害怕不服从会带来政治后果,而非法律后果,这个理由某种意义上是正确的。但是,如果惯例仅仅在政治上具有约束力,那么任何政党的绝对多数大概都能对任何惯例不屑一顾,任意违反,而不受到惩罚。宪法惯例中的约束力问题(obligation factor)仍未得到解决。这种情况下,戴雪所坚持的要在法律、惯例和政治活动之间进行仔细区分的主张,倒是使问题分析起来更为简单。非常充分地讨论戴雪和詹宁斯的立场表明,两者都不完全令人信服。⑤ 但是,如果有什么区别的话,杰弗里·马歇尔和格雷姆·穆迪支持戴雪的观点,但有所修正。他们将惯例定义为[90]"某些法律权力的行使方式,即它们必须按某种方式行使,才能让受其影响的人忍受之"。⑥ 与戴

---

① 詹宁斯,《戴雪礼赞》,页130。

② 詹宁斯,《法与宪法》,页148。

③ 《宪法》,页24,445—446。

④ 马歇尔,《宪法理论》,页10—12。

⑤ 马歇尔和穆迪,《宪法诸问题》,页35—41。

⑥ 同上,页40。

雪相反,他们还说,对一个惯例的违背不太可能导致对法律的违反,而是会导致法律甚或宪法结构本身的改变。詹宁斯提到的政治后果会很快见效,而且比司法程序的效果快得多。这种对宪法惯例之不同解释的综合,确证了戴雪理论的有效性,尤其是他的这个论点:这些惯例对宪法来说至关重要。

不管现代的宪法权威在戴雪的惯例解释问题上持何种保留态度,他们都同意戴雪在这一主题上给出了"经典阐释"。[1] 将戴雪与惯例联系起来的做法仍在延续。鉴于前面的那些批评,他的学说不应视为是错误的,只是不完备而已。他的定义仍然适用于1885 年以来现有的许多议会惯例,但不完全适合某些现代惯例。法律和惯例之间的基本区分虽然产生了一些问题,但解决的问题更多,至今亦然。[2] 尽管戴雪承认惯例的政治性质,但他的奥斯丁式的假定导致他更强调法律标准,而轻视政治因素。韦德说这一部分是戴雪著作中最有价值的内容,在谈到这一问题的时候,他总结道:戴雪的不足并"未减少戴雪因对惯例的性质作出精彩阐释而具有的贡献"。[3]

要对戴雪在议会主权、法治和宪法惯例这三个领域的影响进行出比较,会有些让人不快,因为他在所有这三个领域中都极大地影响了我们对宪法的理解。除了这三个原则之外,《宪法》还对一些重要的问题进行了发人深省的讨论,所以它的影响并不仅仅限于上述原则。这本书在其他的宪法问题上,也同样引发了持续的争论。现在,我们必须转向《宪法》提出的这些其他问题。

---

[1]　惠尔(Keneth C. Wheare),《现代宪法》(Modern Constitutions),页 122。

[2]　米切尔,《宪法》,页 29。

[3]　韦德,《导论》,载《宪法》,页 191。

第五章 政治专家:《宪法》

[91]戴雪有关法国行政法的性质和英国没有任何一个与之对应的行政法体系的论断,从此书首次出版以来就引起了激烈的争论。宪法学者就这一主题对他的著作提出了各种质疑。戴雪犯了一个最能滋生(fertile)讨论的错误,因为不管是好是坏,他都已主导了英国行政法的研究,任何其他人都没能做到这点。他将有关行政法的讨论置于法治的标题之下,但是对其学说的批评已经变得非常广泛,因而有必要加以专门探讨。

在讨论行政法的过程中,戴雪沿用了他惯常的方法,即先从他的证据中提炼出一些基本概念,然后从他对于这些概念的阐述中得出结论。他对行政法作了如下界定:"法国法中的这部分法律规定三方面的内容:其一,所有国家公职人员的地位和责任;第二,私人与作为国家代表的公职人员发生关系时所具有的民事权利和义务;第三,这些权利和义务得以行使和履行的程序。"①接下来,他解释了法国行政法所依赖的两个主要原则。他尤其关注这些理论,因为正如他所判断的,它们对于现代英国人而言完全是陌生的。第一个原则认为,政府及其所有公职人员享有针对普通公民

---

① 《宪法》,页333。

(private citizens)的特别权利,这些权利的范围不同于调整普通公民之间关系的权利范围。第二个原则涉及权力分立,戴雪认为,政府及其公职人员在很大程度上免于普通法院的管辖。[①] 每一个[92]政府分支都禁止侵犯其他分支的职能,戴雪将这个观点归咎于孟德斯鸠误解了英国宪法的运行方式。

　　戴雪进而区分了行政法的四个特征,每一个特征都需要特别强调。首先是法国法中普通法律与行政法的区别,这对戴雪来说意味着,监督政府及其公职人员与普通公民之间关系的法律,与适用于普通公民之间的法律几乎不具有相似性。其次,他证明了一个观点,即普通法院丝毫不关乎公民与国家之间的纠纷,因为这些事项由行政法庭来管辖。再次,法国法借助于行政机构不应受到普通法院的干涉这一学说限制了司法权力。最后是法国法中最有害的一个特征,因为行政法保护每一个不论其做出何种违法行为的政府公职人员不受普通法院的审判,戴雪赋予这种保护以专制的特征。履行政府职责中的违法行为,不论它是否在服从上级的命令,都脱离了普通法院的控制。[②]

　　戴雪对法国行政法的这种叙述,与他的法律和政治哲学是一致的,之所以会形成这种看法,是因为他将实施(enforcement)看成是判断法律有效性的一个主要标准,戴雪认为,一个依赖于专断法庭的法律体系对于私人权利的保护毫无价值。由于他一直将自由视为从根本上免受政府的干预,所以行政法似乎就是在公开地鼓励政府来干预公民的私人事务。在这两点上,法国体系为英国的法治做了最好的衬托。对两个法律体系的比较使得戴雪能够强调英国法的积极价值。

　　他称行政法所依据的思想完全外在于英国法;在这一语境下,

---

① 《宪法》,页 336—398。
② 同上,页 339—346。

他重申了他的反对意见,即反对个人之间的关系由一种原则来调整,而公民与国家之间的关系又由另一种原则来调整。英国宪法中的各种自由均源于国家的普通法律,而不是一部专门的法典。由于戴雪赋予法治的含义,[93]所以他极力否认这一点,即行政法不论有意无意都已经成为了英国法的一部分。基于便利的目的,将准司法权扩展至政府公职人员并不违背英国法的基本原则:"英国不存在真正的行政法。"①英国的法治保护个人自由免受政府的压制,这点比任何其他国家都做得更好。

戴雪乐于承认,法国行政法具有真正的优点。他抱怨说,英国律师中很少有人为了比较的目的去欣赏它的价值。他承认,到了1908年,它的现代发展已经给予了法国公民以保护,让他们免受行政当局的侵犯,而不是充当一个导致专制的综合性因素。有一个特征令戴雪印象深刻,那就是它发展到现代,使得到法国行政法院起诉的成本低廉,程序简便,虽然他还补充说,判决有时会受到长时间的拖延。需注意的是,法律程序中的这种改进,有许多被戴雪再次归因于司法能动主义。尽管对于它的价值有了这一认识,但他还是断定,即便在1908年,行政法仍然与普通法所赋予的种种自由相矛盾。②

戴雪对行政法的关注中最显著的一个方面,是他对于国内行政管辖权在自己一生之中的发展表现出近乎一无所知。虽然不可能对这一过程的具体日期和程度进行精确地描述,但显而易见,戴雪对于整个19世纪的这一巨大发展知之甚少。戴雪早年获得一种对于并不过度复杂统治的英国的看法之后,就一直以他特有的固执去坚持这一看法。鉴于对自己国家中某个问题的这种误解,也就不会对他在理解法国体系的基础时经历困难感到惊讶了。

---

① 《宪法》,页390。
② 同上,页404—405。

　　过去和未来的事情都削弱了戴雪的结论,在这点上,他证明是双重不幸的。首先,他因读托克维尔而受到误导,这对了解法国行政法的历史背景来说是一个错误的选择。① 我们将会逐渐清楚地看到,戴雪的[94]历史研究能力与他在其他领域的学术成就丝毫不相匹配。之后的发展也证明他是错误的,这是因为 20 世纪的社会发展趋势以及政府服务的快速扩张,使得他的英国行政法不存在的这种自鸣得意的信念显得荒谬可笑。不管他有关这一主题的写作多么出于善意,现代宪法学者都在指责戴雪的过程中表现出惊人的一致。

　　对于戴雪的一连串指责不断延续下来。虽无法将每一个主张都列举出来,但是有些批评却变得很普遍。学者们指出,戴雪怀有一种强烈的忧虑,那就是,法国行政法院存在的唯一目的就在于让公职人员免受普通法律的控制,从而实际上给他们自己制定了一种法律。② 此外,戴雪过分关注行政越权之后的救济,因而总体上抱有一种对于行政法的狭隘理解,也就完全没有公平地对待这一主题。他强调授权立法存在的种种问题,而没有顾及行政法的其他方面;尤其是,他为义务和责任而忧虑,却忽视权力与组织。③ 加之他误解了法国国政院,从而根本性地误解了行政法院的功能。④ 甚至在第一版面世之前,戴雪就称行政法是"奇怪的话题",而且还对布赖斯表示,它将会简化何为法治的解释任务。⑤ 最后他提出,行政法与他自己的法治是相互排斥的。⑥ 因此,他的批评

---

① 参见赛格特(M. A. Sieghart),《指令之治》(*Government by Decree*),页 69—70;及西摩·德雷舍(Seymour Drescher),《托克维尔与英格兰》(*Tocqueville and England*),页 87—88。

② 韦德,《行政法》,页 7。

③ 格里菲思(J. A. G. Griffith)和斯特里特(H. Street),《行政法原则》(*Principle of Administrative Law*),页 4。

④ 德史密斯(S. A. De Smith),《行政行为的司法审查》(*Judicial Review of Administrative Action*),页 5。

⑤ 戴雪致布赖斯书信,1885 年 1 月 3 日,《布赖斯书信集》。

⑥ 亚德利,《英国宪法导论》,页 60。

者最后断言，他把行政法歪曲得都让人认不出了。

除了对法国法的彻底误解，关于英国法，戴雪至少也犯了两个明显的错误。第一，他强调这件事的重要性，一个英国人有权在普通法院起诉任何一个公职人员本人。他完全没有提及这一程序所造成的困难，也完全没有[95]承认法国法能够更好地满足原告的需求。① 然后，他在强调了现存于法国的免于普通法律程序的弊端之后，又忽视了国王在侵权法中的责任豁免。这在 1885 年有效地阻止了几乎所有针对国王的诉讼，除非通过特别程序才能起诉国王。正值需要对行政法进行研究之际，他误导性的论断对英国行政法的存在提出了质疑。② 戴雪将对英吉利海峡两岸的行政法研究置于一种混沌状态，产生的是混乱，而非他所寻求的一些基本原则。

只有在一件事情上，他的批评者们是一致认可的：他的错误无论其确切性质是什么，自那以后都已经主导了英国行政法的研究。罗布森（W. A. Robson）指责戴雪抱有 40 年的错觉，认为英国根本没有行政法。③ 另一个评论者补充说，戴雪否认了行政法的存在，之后对这个主题的正式研究一直没有完全从中恢复过来。④ 换言之，戴雪的影响"长期让行政法笼罩上了一层寒冷的阴影"。⑤ 最后，戴雪让英国律师们相信，行政法是"来自海峡对岸而带给愚昧的人的一场灾难"，⑥对于戴雪的这一近乎普遍的指责，撇开其他不谈，至少表明他对这一日趋重要的英国法分

---

① 塞西尔·卡尔（Cecil T. Carr），《英国行政法概要》（*Concerning English Administrative Law*），页 23。

② 艾伦·哈丁（Alan Harding），《英国法的社会史》（*A Social History of English Law*），页 385。

③ 罗布森（W. A. Robson），《司法与行政法》（*Justice and Administrative Law*），页 3。

④ 格里菲思与司垂特，《行政法原则》，页 3。

⑤ 韦德，《行政法》，页 7。

⑥ 德史密斯，《司法审查》，页 5。

支产生了独特的影响。他已成为每个新人训练其关键技能的权威。

这种对于后来解释的影响最显著的例子，出现在 1932 年的《大臣权力调查报告》中，当时戴雪去世后仅仅 10 年，委员会公开宣称的目的是"报告需要哪些措施来保障宪法中的议会主权和法治原则，或者为此目的有哪些措施是可取的"。[①] 不仅是戴雪的观点，还有他的语言都给报告增添了趣味；《宪法》[96]渗透于报告的每一页中。众所周知，多诺莫尔委员会（The Donoughmore Committee）频繁地以赞许的态度引用戴雪，以至于塞西尔·卡尔爵士（Sir Cecil Carr）评论说，委员会所要调查的是，不列颠在行政法问题上是否背离了戴雪的标准，如果是的话，最快回到戴雪的方式是什么。[②] 委员会将戴雪视为福音，调查他的宪法学说是否被委任立法的离经叛道者们所违背。尤其是，委员会欣然接受戴雪在行政法与英国法之间所作的对比："在我们看来，戴雪教授的论断在今天依然是正确的，就如在 1915 年一样。"[③]报告的第 11 条建议，不应在英国建立任何形式的行政法体系。[④] 正如很多批评家所指出的，这个要求特别令人遗憾，因为行政法已经是宪法生活的一个事实。戴雪的在天之灵读到这份报告，知道自己的学说依然盛行一定会感到心安的。

委员会多数的感受非常强烈，但反对声却尽力把他们的感受变得平淡。委员会成员哈罗德·拉斯基曾详细地描述了威廉·霍尔兹沃思爵士所做的调查，后者毫不掩饰地怀疑，有人通过违宪攫取权力，策划了违反法治的秘密阴谋，因而对文官中的每一个证人进行调查。休沃特勋爵（Lord Hewart）1929 年出版的《新专制》

---

① 　部长委员会的报告（1932 年 4 月），页 5。
② 　卡尔，《英国行政法概要》，页 26。
③ 　《部长权力委员会报告》（1932 年 4 月），页 111。
④ 　同上，页 118。

（*The New Despotism*）一书普及了这个理论,英国人的种种自由已沦为官僚集团的牺牲品,他们唯一的兴趣在于谋求超越法律限制的权力。拉斯基对这些理论进行抨击,认为其对于文官明显不公平,并耐心地解释,授权立法并不意味这种自由的丧失,但是他的观点无法抵消戴雪权威的力量。① 要证明戴雪的影响力,没有比多诺莫尔委员会所展示出来的对于法治的绝对信奉更引人注目的例子了。"总的来说,它代表着戴雪对英国法律思想影响的至高点。"②这是一个难以挑战的结论。1932 年之后,随着证明其错误的证据不断增多,对其著作的批评取代了赞扬。

[97]自多诺莫尔委员会以来,在对戴雪式论断的普遍嘲讽之中,出现了两个明显的例外。哈姆森(C. J. Hamson)在论及戴雪专注于这两点的时候就表示赞同:英国法官手中想象的普遍管辖权以及它在法国的对立面——行政部门的独立性。③ 在戴雪对司法权的密切关注之中,我们可以再次看到奥斯丁的影响。正如主权不可分割一样,司法权要行之有效就必须是完整的。因此,英国法官应该继续在普通法院行使完整的管辖权,得出这一结论对他而言就是很自然的。哈姆森即便是在高度赞扬法国体系的优点时,也对有关法国法的戴雪式错误抱以理解的态度。他称戴雪的错误较之他的这个深刻见解而言是无关紧要的,即分开的司法管辖权构成了行政法的核心要素。哈姆森也同样热衷于普遍管辖权,尽管他在 1954 年就出现了动摇,因为当时法国体系已为普通公民提供了更好的保护。他痛感于对戴雪的"流行嘲弄",赞同戴雪的法治,但不是作为一个源于过去的不变原则,而是作为一个英

① 哈罗德·拉斯基(Harold Laski),《宪法论》(*Reflections on the Constitution*),页 42—45。
② 布赖恩·阿贝尔-史密斯与罗伯特·史蒂文(Brian Abel-Smith and Robert Steven),《律师与法院》(*Lawyers and the Courts*),页 120。
③ 哈姆森,《行政裁量权与司法控制》(*Executive Discretion and Judicial Control*),页 5—6。

国宪法仍须为之努力的目标。①

　　另一个捍卫者是劳森(F. H. Lawson),他追溯了戴雪关于行政法观点的发展过程,以表明戴雪比他的批评者所认识到的更接近于真相。② 劳森概述了戴雪是如何对于他在 1885 年第一版和 1908 年第七版之间的结论进行仔细修订的,这个概括表明戴雪跟上了法国法律发展的步伐,必要时修正了自己的判断。根据劳森的说法,戴雪在 1908 年就已承认,一个世纪的实践已从早期的专断中发展出了一个真正的法律体系。戴雪将这一发展归于主要是先例与司法立法的影响。法国法官实际上影响了法律的发展方向,他们运用通常与普通法地区联系在一起的司法手段,把法律导向一个更加公平的司法体系。法国行政法在 19 世纪期间发生了改变,正如衡平法在英国斯图亚特王朝时期发生了变化一样。它在 1908 年具有了一些由法院以常规方式实施的固定原则。戴雪认为,该法律[98]体系显现了法国制度所具有的精神,它因法国人认为它是有益的而繁荣发展。像哈姆森一样,劳森认为,戴雪虽然在细节上有错,但他抓住了行政法的核心特征。他并不是像众多批评者所指责控诉的那样没有公正对待行政法。他懂得,英国法院是试图事先防止行政越权,而法国法院则是针对已经做出的行政行为为当事人提供救济。

　　这个辩护中的一个关键因素是戴雪 1901 年的一篇关于行政法的文章,该文表明戴雪对于法国发生的变化是多么的熟悉。③ 戴雪将这篇文章收入第七版(1908 年),也是他亲自检查的最后一版。劳森强调戴雪作为一个比较法学家的价值,认为他敏锐地洞

---

① 哈姆森,《行政裁量权与司法控制》(*Executive Discretion and Judicial Control*),页 5—6。
② 劳森,《戴雪再思考》,页 112。
③ 戴雪,《现代法国法中的行政法》(*Driot Administratif* in Modern French Law),页 302—318。

察到了法国法在现代条件下是如何发生改变的,展现出了一个比其批判者所描述的更灵活的态度。劳森把戴雪不断变化的观点置于历史视角下来理解,认为这些观点要比多数现代权威所承认的更值得信任。

戴雪的内心发生了明显转变,对法国体系富有同情地进行解释,这在许多批判者看来,某种程度上是对他有关行政法最初错误陈述的纠正。"改变论调"是经常被用来描述戴雪承认自身错误的一个词语。来自于他通信中的证据不足以支撑这一结论,因为事实上戴雪从未减少其对法国行政法内心深处的怀疑,他也从未对他的这个结论表示后悔,行政法决不能像普通法那样有效地保护个人自由。和对于他的大多数法律政治信条一样,他在观点上是极为执着的,经常在有相反证据的情况下也是如此。

毫无疑问,任何赞赏行政法的人,无论多么的真诚,都从未从德雷弗斯事件(Dreyfus affair)的后果中恢复过来。这也证实了他关于公共权利之于普通公民的优越性的所有更为深重的怀疑。加于德雷弗斯的对于正义的嘲弄,使得戴雪更加确信,在法国的法律体系内,一个人的私权利是无法占得上风的。[99]德雷弗斯是"本世纪中发生的最严重的蓄意不公行为"的受害者。① 戴雪在1899年仍毫不怀疑德雷弗斯会被再次定罪,他对于审监法院(Cour de Cassation)撤销判决几乎不抱希望。戴雪越是关注法国的事情,面对有可能发生的教权的、君主主义的反动,他越是感到苦恼。② 他自己对于一切形式的教权主义的恐惧使得这一可能性对他而言相较于多数英国人更为险恶。德雷弗斯事件让戴雪确信,法国的法律结构无法对抗德雷弗斯所激起的政治热

---

① 戴雪致斯特雷奇,1899年8月16日,《斯特雷奇书信集》。
② 同上,1899年8月22日,同上。

情。因此，在 1901 年一篇关于行政法的文章中，戴雪即便注意到了它的逐渐变化，也仍然重申了他的观点，这样一个体系"在英国没有立足点"。①

正如劳森所正确指出的那样，在第七版修订的时候，这个问题再次引起了他的注意。在一封写给出版社的长信中，戴雪评论了他在书中对这一部分所作的修改。当时，他承认，行政法自 1860 年（即他的最初印象形成之时）起就已经发生了变化。他现在认识到，数十年的判例法已将其变成近乎常规的司法体系。然而，即便有这些妥协，他依然坚持认为，对英国人而言，它仍然是一个"奇怪"的体系。更重要的是，戴雪还补充说："在某种程度上——我想只是在某种很小的程度上——我夸大了 1907 年所实际存在的行政法的专断性质或者行政性质（governmental character）"。② 戴雪对他最初论断的否定是表面上的，而非真正否定。

数月之后，戴雪再次提到行政法的性质和他有关这一主题的著作。这时，他承认"我最初的描述中存在严重错误"，但为他的这些错误作了辩护：行政法体系在过去的 20 年中发生了巨大的变化。③ 此时，他称行政法是"非常奇怪的"，并仍然强调，法国的体系无论变得多么值得赞美，其中所涉及的法律原则[100]都是与英国有关法治的观念相悖的，至少是与之不同的。戴雪坚持认为，行政法仍然允许行政机关对司法部门进行控制，这违背了他所理解的司法独立。劳森认为戴雪特别突出了国政院作为一个独立法院的发展；④但是他对罗威尔提出非常明确的要求，不能这样来探讨国政院。戴雪指责阿斯奎斯政府的社会立法破坏了

---

① 戴雪，《行政法》，页 305。
② 戴雪致麦克米伦公司书信，1907 年 12 月 18 日，《麦克米论文件汇编》。
③ 戴雪致劳伦斯·洛厄尔，1908 年 9 月 30 日，《劳伦斯·洛厄尔书信集》（*Lawrence Lowell Papers*），哈佛大学档案馆。
④ 劳森，《戴雪再思考》，页 119。

法治,向英国引入了行政法——它在英国甚至不具备其在法国所具有的优点。[1] 对于法治与行政法的相互排斥,戴雪从不怀疑。

给予我们分析戴雪观点的最后机会出现在 1915 年,那年,他对英国行政法发展过程中的一个里程碑案件,即"地方政府委员会诉安利奇(Arlidge)案",发表了一则简短评论。[2] 在此案中,大法官霍尔丹(Haldane)发表了司法上议员们(Law Lords)对这一提议的否决意见:政府部门在行使司法或准司法权时必须遵守英国法院的程序。政府权力的行使必须符合公平正义,但程序保障问题的最终判断者是大臣对之负责的议会。这一判决有效地减少了法院在监督行政行为中的作用,"现在很容易看出,上议院错失了一个重要机会"。[3] 戴雪对这一案件的反应,曾经常被那些宣称其观点发生转变的人所引用。

再一次,戴雪在公开场合比在私下场合发表意见要审慎得多。他在《法律季刊》上承认这一判决具有重要的法律价值,因为政府事务的管理不可与审判行为作比较。允许政府部门自由决定如何快速有效地工作通常是非常方便的。必须要注重效率,以免所有政府工作都被[101]程序性规则所拖累。在这点上,戴雪甚至在私下里也持有同样的观点:"这可能并非是一个不合理的判决。在我看来,可以说很多赞成它的话。"[4]

对戴雪而言,真正的问题在于这一判决是否已将某种形式的行政法引入到了英国。他对于普通法院在控制行政方面的能力保持乐观。[5] 他做出其法治概念占得上风的勇敢姿态,因为普通法

---

[1] 戴雪致马克西书信,1909 年 6 月 27 日,《马克西书信集》。

[2] 戴雪,《英格兰行政法的发展》,页 148—153。

[3] 韦德,《迈向行政司法》(*Towards Administrative Justice*),页 61。

[4] 戴雪致洛厄尔书信,1915 年 1 月 15 日,《洛厄尔书信集》。

[5] 杰弗里·马歇尔与格雷姆·C. 穆迪(Geoffrey Marshall and Graeme C. Moodie),《宪法诸问题》,页 112。

院仍在处理违反行政法的行为,而这一事实对于真正行政法的存在是致命的。正如他所表述的:

> 一个政府部门必须行使其所拥有的一切权力,而最重要的是本着司法公平公正的精神行使某种司法权,虽然它不一定要适用那些适合于法院程序的规则。这一遵守公平处理规则的义务为司法上议员们在"地方政府委员会诉安利奇"案中所强调,并且很可能是这样,英国法院总会找到某种方法,来纠正某个政府部门已被证实的对司法权或准司法权的不公正行使。[①]

这种对政府权力进行持续性地司法控制的信念,应被解释为是一种对于未来的希望,而非对于事实的陈述。

在私下里,戴雪却向罗威尔表达了一种极为不同的观点。他写到,安利奇判决"明确承认了行政法的基本原则,即行政裁判庭并不一定要像普通法法院那样来行事"。[②] 这一声明听起来是真实的,因为戴雪总是严格适用法治,将一切[102]违反法治的行为都视为灾难。一方面,戴雪没有表现出任何想要真诚改变论调的迹象,并且因顽固地拒绝承认法国行政法作为一个法体系的有效性而容易受到指责。另一方面,他在安利奇案件上的情绪表明他是承认英国行政法的,也让他免于这种指责,即他从未认识到这一明显事实。他在《法律季刊》上的评论最尖锐的部分指出,该判决标志着他所致力的司法统一的巨大分裂。[③] 他预料到案件会具有

---

① 戴雪,《行政法的发展》,页 151。
② 戴雪致洛厄尔书信,1915 年 1 月 15 日,《洛厄尔书信集》。戴雪的这一观点在两方面很有趣,因为劳森将以下信念归于戴雪,即"法国行政法的核心在于,应当对政府和普通私人交往适用不同的原则"。参见劳森,《戴雪再思考》,页 116。但对于基本原则的构成,戴雪认为显然并非如此。
③ 戴雪,《行政法的发展》,页 151。

深远的影响,也预见到司法的沉默如他开始所认为的可能会摧毁法治。

　　从上述讨论中必然得出这个结论,无论戴雪在《宪法》中的措辞发生了多少变化,他都从未真正欣赏过行政法的优点。他在1885年开始所表明的怀疑,尽管在1908年的文本中作出了某些改变,但实质上没有多少变化。戴雪的思想并不嬗变(flexible),一旦他满足于自己发现的真相,就很难再去改变他的立场。他从不承认自己的基本论断有什么缺陷,而认为减少所谓的错误,也都是限于细节问题。

　　虽然戴雪在比较法上的努力可被称赞为是一个天才先驱的摸索,①但这并不能为他的固执开脱,即便相反的证据增多,他也会固执己见。在公开的著述中,戴雪勉强承认行政法的价值;但私下里,他仍然坚持任何其他法律体系都不能与英国的相媲美。他本质上的不公平态度,在他对法国法之低等的假定中可以最好地体现出来。他从未承认自己有关法国法之专断性质的最初印象是没有依据的,也不承认他对英国行政法的忧虑已经成为现实。当不可避免地要承认行政法存在于英国的时候,戴雪通过表明两种法体系在未来若干年保持着精神上的不同,而坚持英法两种法律体系的二分。戴雪有关行政法的结论在智识上不及他对其主要原则的阐明。

　　[103]戴雪在《宪法》中以比较的方法来分析的另一个主题是联邦制,以与他的议会主权原则相比较。② 戴雪也在《法律季刊》上发表了有关联邦制的第一篇文章。③ 虽然他在《宪法》中第三章对材料的阐述更加充分,但他在著作和文章中的主张是一样的。④

────────────

① 劳森,《戴雪再思考》,页121。

② 《宪法》,页138—180。

③ 戴雪,《联邦政府》,页80—99。

④ 就像之后的众多学者一样,戴雪看到将著作其中一章作为一篇文章单独发表出来,是有益的。

他把美国当作模型,把他的论断建立在他在美国的游历和对美国的研究基础之上。这篇比较政治分析的文章并没有改善他在行政法上的研究。

　　联邦制满足了两个明显矛盾的政治目的:调和国民主权与永存的国家主权。这个现象的指导原则要求的是:共同关心的问题应属于全国政府的范围;所有其他事项均由各州保留。从这一基本前提中推导出三个特征:宪法至上,平等政府机构之间的分权,法院在宪法事项上的裁决权。对这三种特征,英国宪法上均存在相反的原则,因此对联邦制的分析清晰地阐释了议会主权原则。

　　戴雪从对两种政府体制的比较中得出了几个重要的结论。他一生都未改变他的这个信念,联邦政府即意味着虚弱政府。① 自法律的立场而言,他不能接受一个国家的主权可以被真正地分割这一观点,这对一个奥斯丁的信徒来说是很荒谬的。毫无疑问,他1870年在美国的旅行也影响了他,尤其就在美国内战解决了国家权利与国民权利的冲突问题之后。正如他写道:"我认为,各州(States)仍是真正意义上的主权者(sovereign power),但没有任何退出的权利。"②当时美国政府的被动角色也促成了他的这个看法,联邦制存在固有缺陷。美国[104]政治的发展没有改变他的基本信念:一个联邦政府不能拥有大不列颠中议会至上所体现的那种主权。相信联邦制必然虚弱最直接的后果,是导致他强烈反对以联邦模式为基础的一切形式的爱尔兰自治。法律和政治态度合起来使他对沿着联邦制的思路来解决爱尔兰问题抱有偏见。

　　戴雪还称,联邦制倾向于产生反动的保守主义,因此他高度重视英国宪法的柔性,胜过与之相对的美国宪法的刚性。③ 对政府

---

① 《宪法》,页171。
② 戴雪致弗里曼书信,1891年2月26日,《布赖斯书信集》。
③ 《宪法》,页173。

外在标志的关注让他误入歧途,因为他认为美国宪法的修改是最重要的宪法活动。他太过专注于宪法发展的外在方面,以致没有考虑过美国体系通过司法解释或者立法创新来实现根本改变的这种可能性。1885 年,美国政治的发展趋势就已经表明,戴雪关于联邦制虚弱的论断正日益丧失有效性。

如果不提到 1915 年第八版的长篇导言,对于《宪法》的评价就是不完整的。这篇导言有助于补充说明该书最初提出的主题,但并不限于它的三个主要原则。由于戴雪当时快 80 岁高龄了,所以他发现继续修订的任务很艰巨。他没有进一步修改正文内容,而是为这一版撰写了一篇单独的文章。[①] 劳森没有在这一引言中看到相关性,认为它几乎没什么意义。[②] 这个结论难以让人理解,因为戴雪在这篇导言中讨论了他在正文中没有机会讨论的两个政治问题。一个是公民复决,戴雪强烈希望它变成宪法惯例的一个部分;另一个就是政党制度,他长期感到这是一个危及英国政治生活的不祥预兆,因此是宪法中他积极推动废除的一个方面。戴雪[105]不当地发泄了他的政治敌意;这篇政治短文几乎没有最初那版所标榜的客观性。[③]

1915 年版《宪法》的导言对戴雪在 1885 年首次提出的三个原则进行了检验。他仍然认为议会主权是宪法的基石。然而,1911 年的《议会法》大大增加了下议院在主权中的分量,而减少了上议院的份额。[④] 他认为一个不受限制的下议院有可能走向专制,这

---

① 戴雪早就后悔同意修订此书;他还曾引用亨利·梅因爵士为例,将书出版之后就再也没有碰过它们,他赞同此举。参见戴雪致麦克米伦公司书信,1907 年 12 月 18 日,《麦克米伦公司文件汇编》(B. M. Add. Mss. 55085)。

② 劳森,《戴雪再思考》,页 112—113。

③ 甚至连一贯批判戴雪的詹宁斯都承认,这位瓦伊纳教授曾试图在第一版中对宪法问题保持客观,然而,如詹宁斯所见,这一努力失败了。参见詹宁斯,《戴雪礼赞》,页 128—129。

④ 韦德,《导论》,载《宪法》,第 8 版,第 xxiv 页。

是对未来宪法发展的一个主要威胁。法治的运行甚至更糟。戴雪
觉察到对法治的尊崇感减弱,这是由以下三个原因引起的:其一,
将准司法权授予政府公职人员;其二,大部分民众对于法官和法律
本身不信任;其三,一些群体出于社会和政治目的养成了抗法的习
惯。戴雪在讨论宪法惯例时插入了一些内容,呼吁支持公民复决
和反对政党制度。

1886 年之前,戴雪没有看到公民复决的政治潜力,称其为瑞
士民主制度中较弱的制度之一。① 1886 年内部自治辩论的辛酸
驱使他去寻找一个可以解决分裂问题的政治方案。于是,在他于
1890 年发表有关瑞士的一篇文章时,就以一种新的视角来看待
公民复决。② 转而相信公民复决的优点,使他发起了一场有关这
一问题的公开辩论,因几乎没有引起公众的兴趣,这一努力不幸
失败了。③ 到 1894 年时,一个内部自治法案已经被推进到上议
院,这时根据戴雪的判断,公民复决作为遏制这种激进立法的手
段而获得了更大的价值。因此,他为了公民复决而再次做出公开
的努力,却再一次没有获得成功。④《民族评论》杂志公民复决专
题研讨会上的其他撰稿人[106]要么直接否决这一构想,要么是
名褒实贬地说它没有得到大众的支持。1895 年至 1905 年的这
10 年,他看到政府稳稳地掌握在联合主义者的手中,因此戴雪允
许公民复决进入中止状态。1905 年自由党的出现以及随后在
1906 年选举中的大胜,恢复了它的效用。由于随后几年政治形
势的升温,戴雪又发表了另一篇有关这一论题的文章,以争取使
它成为政治生活的一部分。⑤ 到 1910 年,戴雪认为公民复决就

---

① 雷特编,《戴雪回忆录》,页 122。
② 戴雪,《民主在瑞士》(*Democracy in Switzerland*),页 45—113。
③ 戴雪,《公民复决是否应当引入英国?》(Ought the Referendum to Be Introduced into England?),页 489—511。
④ 戴雪,《公民复决》(The Referendum),页 65—72。
⑤ 戴雪,《公民复决及其批评者》,页 538—562。

是人民否决权,对它高度重视,把它当作解决诸如内部自治问题的万能药。

在戴雪最初做出公开努力失败之后,又为了公民复决进行私下游说。1892 年,他向索尔兹伯里勋爵概括叙述了他支持公民复决的理由,试图用这种观点来引起这位托利党领导人的兴趣:

> 宪法手段几乎不能产生积极的利益;然而,我认为它们可以防止宪法运行中因种种非常真实却尚未注意的改变而引起的某些灾难。出于我邮寄给阁下的文章中所解释的某些原因,我一直相信,公民复决(它说到底不过就是国民否决权)必须或早或晚地引入宪法,以保护国民的权利,防止任何一个碰巧占据议会多数的政党篡夺国家权力。公民复决原则具有两个显著优点。它在理论上的确是民主的,在实践上却又是保守的。另外,正如我在文章中尽力指出的那样,这个原则,上议院事实上可以将它引入到任何一个像内部自治法案这样引起我国制度根本变革的议案之中。[①]

一开始,戴雪把公民复决看成是阻止他所反对的激进立法的一种消极力量。他从未期望它变成对某一问题的全民确认。随着时间的流逝,他逐渐清醒地认识到政治正在向着“社会主义”发展;正因为如此,公民复决[107]作为当代发展的一个遏制因素对他就显得更为重要。

1894 年,戴雪至少让一位名人、《旁观者》的编辑 J. 圣列奥·斯特雷奇转而相信公民复决。这年年初,他写信给他的朋友说:

> 我肯定,我们倡导公民复决是正确的。无论我到哪里,都

---

① 　戴雪致索尔兹伯里书信,1892 年 11 月 11 日,《索尔兹伯里书信集》。

发现它很受欢迎。就我个人而言,我本来觉得一直到 1868 年
都还存在的真正的议会政府更为可取。但是,我丝毫不怀疑,
在目前的形势下,虚假的议会政府意味着一种极坏的政党政
府形式,我相信公民复决可以部分地将我们从中拯救出来。
它作为对政党控制的唯一制约具有重要价值,也与民主情绪
十分协调……我们可以稳妥采取的唯一行动的途径就是以各
种形式从诉诸派系走向诉诸国民。①

此后不久,戴雪就其即将在《民族评论》上发表的一篇文章向里
奥·麦克斯阐述了他的观点:

例如,我很乐意通过一项议会法,该法如斯特雷奇所提出
的那样规定,上院或下院对于涉及下列事项的任何一个法律,
均得以决议要求举行公民复决:

一、国王的权利;

二、议会的组成;

三、诸联合法和其他很容易列举的重大宪法议题。

的确,议会法可以废止或者推翻公民复决法本身,这看似
有道理,却不是一个有效的反驳。公民复决法之所以实际上
能得到保障,是因为任何一个政府或者政党如果剥夺人民裁
决的权利(their right to be appealed to),就会招致憎恨。我十
分肯定,公民复决制一旦建立,除非诉诸革命,否则是绝不会
被废除的。这是它的重大优点。它使民主制度本身成为对政
党专制的一个制约。②

---

① 戴雪致索尔兹伯里书信,1894 年 1 月 29 日,《索尔兹伯里书信集》。
② 戴雪致马克西书信,1894 年 2 月 2 日,《马克西书信集》。

在戴雪看来,公民复决的优点与政党制度的弊端成反比。后者的威胁越大,[108]前者就会变成一个越有价值的宪法保障。正如他写给斯特雷奇的:"我之所以重视公民复决,首先是因为它废除了当前存在的严格来讲很荒谬的制度,以及它的实行是基于这样两个假定:当内部自治之类的问题与完全不同的禁令(Prohibition)问题被一起提出来的时候,只有选民才能作出最好的回答;通常而言,系统地将人的问题与原则的问题混在一起是很明智的。其次,在一定意义上,重视公民复决主要是因为它是对一项原则的坚决强调:国民高于政党。"①

　　随着时间的流逝,戴雪愈加重视公民复决,因为他认为它可以阻止一切旨在推行社会改革的立法。比如,他在 1904 年写信给布赖斯:"按目前情况来看,对于《济贫法》这样的涉及根本制度的草率立法,公民复决是对它进行有效限制的唯一可获得的手段(就政治机制可以做点什么而言)。"②直到 1909 年发生那些引人注目的政治事件,戴雪才又启用他钟爱的计划。劳德·乔治的预算突然加剧了上下两院的冲突之后,他认为公民复决是这一争议的唯一解决办法。戴雪给麦克斯的信里写到,他多年来一直怀有这一信念,是因为公民复决是"显然民主与当然保守的结合"。③ 1909 年至 1910 年间的政治危机让人们开始普遍关注公民复决,这是戴雪乐于见到的一个结果:

　　　　一个人倡导变革达 20 年之后,会因看到有机会实施这一变革而感到惊喜。按照英国人的习惯,一个本身是良好的改革,竟必须由那些很可能不相信它的人和想要处理一个政党

---

① 戴雪致索尔兹伯里书信,1895 年 5 月 6 日,《索尔兹伯里书信集》。
② 戴雪致布赖斯书信,1904 年 4 月,《布赖斯书信集》。
③ 戴雪致马克西书信,1909 年 6 月 26 日,《马克西书信集》。

难题的人提出来,这是很奇怪的,也许也不是非常幸运的。但
我还是欢欣鼓舞。一旦确立了先例,就会相继发生两个结果:
(1)我们将会拥有一个新的强大武器,来阻止一个获得议会多
数但与其实际权力不相称的政党滥用权力。(2)该武器可用
以非常有效地反对内部自治。(3)给予上议院以诉诸人民的
权利,以长远的眼光来看,将会[109]增加理性保守主义的力
量——对此我甚为关注,同时又会不增加保守党的力量——
对此我毫不关心。①

对于引入公民复决的唯一保留是戴雪的这一看法,上院与下院之
间的政治斗争不足以成为这一改革的正当理由。

尽管对于能否实行公民复决感到悲观,但他还是为了它而继
续行动。他在 1910 年发表于《评论季刊》(*Quarterly Review*)的
文章中再次强调了两个主要好处:只有公民复决清楚地表达了国
民意志,也只有公民复决可以制约政党制度日益增长的权力。②
正是基于这一原因,他指责自由党政府是绝不会接受这一提议的:
"这对自由党所崇奉的制度来说是致命的。"③戴雪对于公民复决
的呼吁直到 1910 年底才得到回应,当时联合主义者的领导人承诺
原则上支持公民复决。④ 这一决定促使戴雪与斯特雷奇互通书信
祝贺,他们相信,他们的长期行动已经取得成功。斯特雷奇承认,
戴雪作为最初倡导公民复决的英国人,应当将这一胜利归功于
他。⑤ 就戴雪而言,他认为坚持得到了回报:"它即将出现,目前在

---

① 同上,1909 年 10 月 12 日,同上。译注:原文有三个序号,但只说有"两个结果";应
　该是"三个结果",疑似笔误。
② 戴雪,《公民复决》,页 558—559。
③ 戴雪致索尔兹伯里信,1910 年 6 月 2 日,《索尔兹伯里书信集》。
④ 欲知当时政治学中对公民复决的详细叙述,请参见尼尔·布卢伊特(Neal Blew-
　ett),《贵族、政党与人民》(*The Peers, the Parties and the People*),页 171—191。
⑤ 索尔兹伯里致戴雪书信,1910 年 11 月 24 日,《索尔兹伯里书信集》。

道德上是确定的。"①对戴雪而言,不幸的是,联合主义者的领导人只不过是将公民复决视为一个选举策略上的权宜之计。所有推行公民复决的真正机会全都丧失了。公民复决加深了关税改革与自由贸易联合主义者之间的裂痕,因此联合主义者领导人迅速转向其他事务。

从胜利迅速转向失败,对戴雪是一个沉重打击,尽管他原本确实能够预见到这一结果。第二年,他仍不懈努力,但昔日的热情已经退去。他产生直接宪法影响的一个机会已经丧失。布赖斯通过委婉地指出这点来安慰他:他的一个基本假设可能被误解了,[110]即公民复决天生保守。② 他还补充说,如果人民在一场运动中或某个意识形态下联合起来,它就很可能服务于革命的目的。在戴雪长时间努力的整个过程之中,这种诉诸人民的想法没有在托利党的领导人中得到很多支持。纯粹的数字规则还从未成为保守党人所热衷的政治思想。此外,作为一种对政党权力的制约的公民复决,是无法受到本身陷于党争的领导人的热烈欢迎的。虽然戴雪没能使他人相信它的价值,但他仍然是他们那代人中唯一一个始终支持它从而赢得荣耀的人。公民复决作为解决棘手问题的一个潜在方案,无论它获得了怎样的地位,可能都要直接归功于戴雪。

政党制度使公民复决成为必要,所以这两个观念对戴雪而言实际上是同一个问题的两个部分。在现代政党的纪律与组织问题上,他的不满由来已久。他的通信中含有很多对于党性滥用的长篇抨击言论,反映出他对其发展的不信任。戴雪勉强接受了政党的必要性,因为他对于政治生活中的技巧几乎不感兴趣,了解得也少,他所关心的仅仅是宪法理论的形式要素。到1915年,戴雪对作为一个宪法现象的政党的评价失败了,因为他无法把自己对于

---

① 戴雪致索尔兹伯里书信,1910年12月1日,同上。
② 布赖斯致戴雪书信,1910年12月26日,《布赖斯书信集》

该问题的强烈情感从其评论者的角色中剥离开来。

　　有一段时期,戴雪把每一个可以想象到的政治弊端都归咎于政党制度。多日累积起来的这些不满在 1909 年被简要地表达了出来,当时,戴雪认为,政党的罪恶已接近于胜利。[1] 党派斗争已经破坏了对一个切实可行的两党制来说必不可少的共识。党派利益的压力迫使政府官员将自己视为政党的领导人,而不是国民的仆人。政治已经堕落成一个纯粹的游戏,而不是戴雪所设想的履行重要国家义务。党派政客将问题过度简化,从而迷惑了选民;而选民作为国家的政治主权者,却从来没有机会对具体的事项作出决定。

　　[111]上述结论和他的这个看法结合在了一起,自由党领导人赫伯特·亨利·阿斯奎斯作出的那些政治决策,其动机仅仅是为了确保他作为党魁的地位。阿斯奎斯取得越多的成功,对阻止政党的恶劣影响戴雪就越发感到悲观:"我能希望的最好的情况是,可以让国民开始看到限制,而不是扩大政党影响范围的可取之处。"[2]但他并没有期待在自己的有生之年看到政党制度运行中的任何根本性改变。[3] 政治需要政治家直接对选民负责。正如他有一次写道:"让即便是党性和议员的虚荣也必须退缩的唯一力量就是选民的权力。"[4]政府权力不断下放,已经让他保持警惕了,因为它违背了法治;也是可疑的,因为它是"政党制度最近的影响所在,这是由于党派领导人既试图增加权力,又试图减少责任"。[5] 戴雪将自己视为是他所热爱的英国向现代野蛮人屈服的最后一道障碍:"我急切想要小心地保存我所有的力量,因为我正在尽我所能

---

① 戴雪,《英国政党政府》(English Party Government),页 604—627。
② 戴雪致史密斯书信,1909 年 5 月 26 日,《史密斯书信集》(Smith Papers)。
③ 同上,1910 年 4 月 19 日,同上。
④ 同上,1909 年 8 月 4 日,同上。
⑤ 戴雪致洛厄尔书信,1915 年 1 月 15 日,《洛厄尔书信集》。

地阻止政府所提议的宪法改革。谁能确定地说究竟谁对谁错,不过和其他人一样,我对自己的反对意见有着十足的信心。"①戴雪在这点上是正确的,他的批判证明更有力量,胜过他之前为自己的政治信仰所作的正面辩护;他的天赋正在于充当反对者的角色。

为了说明现代政治的衰落是政党发展的结果,戴雪有一次提出了政党政府的分期。自 1760 年至 1832 年,非常严重的政治腐败在英国已不复存在。自《大改革法》至 1882 年,政党政府运行得最好,在政治上以个人判断为基础,并且致力于所有公民的自由。1882 年之后,随着政客作为一个群体越来越不值得信任,公共生活在性质上也衰落了。戴雪记得他的年轻时期是一个黄金时代,或者政治衰落与爱尔兰问题的出现相重叠,这不是偶然的。[112]对维多利亚中期时代的怀念,妨碍了他对生活于其中的政治发展作出理性评价。戴雪将这种衰退归结为两个主要因素:第一,民主的到来已经不可避免地赋予社会中受教育程度较低的人以选举权;第二,自 1832 年以来,政党制度的力量大大增加,使得国家目标从属于党派偏见的需要。戴雪总结说,最终结果就是"我年龄太大了,生活在一个几乎不属于我的年代"。② 这个认识并未阻止政治问题上的谴责之声自北牛津汹涌而来。在公民复决和政党制度这两个问题上,戴雪用尽了全力分别进行动员和谴责,但在对政坛产生直接的影响方面,他两者都没有取得显著的成功。

在对《宪法》作出最终评价之前,有必要提及戴雪对于此书的态度。有一次,他称"就效果而言,它是我做过的最好的事情,但我在上面花费的精力却不及其他任何一本书"。③ 这里需要指出的是,随着戴雪的老去,写作耗费的精力越多,他就越是以著作所需

---

① 戴雪致雅各布书信,1910 年 12 月 14 日,《工人学院藏手稿》。
② 戴雪致布赖斯书信,1911 年 7 月 23 日,《布赖斯书信集》
③ 同上,1902 年 5 月 16 日,同上。

要的精力而不是它们赢得的声誉来对其进行排序。所以，在另外一次，他称《宪法》"诞生在一颗幸运星之下，并且极大地得益于詹姆斯［布赖斯］为它创造的好机会，这比我曾写过或者可能要写的其他任何东西都要好得多"。① 这是指布赖斯对于此书的大力推广，让它引起了政治家、公众和学术界的关注。戴雪对这本书的喜爱反映出他认可这一点，它已经为自己确立了作为一个宪法学者的声誉。

　　《宪法》现在的读者并不广泛，因为如劳森所写的，它幻想的成分多，真实的因素少。② 在戴雪的有生之年中，此书对司法产生了巨大影响，它在重要案件中被引用就表明它获得了声望。对于学习宪法的学生的影响同样令人印象深刻。他的学生哈罗德·拉斯基写道："但戴雪［113］最让我着迷——有一种老练稳健的智慧，那真的叫技艺娴熟。我并非总是同意书中的观点，有时还质疑它的准确性，但我对之始终欣赏不已——一个非常巨大的成就。"③ 戴雪去世后影响了宪法研究，要是其错误没产生影响就好了。如果说他对宪法的描述不完全准确，那么他也有力地影响了其他人对宪法的描绘。讨论议会主权仍然必须考虑到他的理论；法治已经成了人类追求正义的同义词；无论宪法惯例的准确定义是什么，它已成为宪法的常规组成部分。与其他大部头宪法著作相比，此书具有一种独特的风格。它没有行话，语言表达有力，既能为律师、也能为外行所理解。《宪法》一直是上世纪最有影响的宪法教科书。

---

① 戴雪致布赖斯夫人书信，1902 年 11 月 21 日，同上。
② 劳森，《戴雪再思考》，页 109。
③ 拉斯基致霍姆斯书信，1921 年 1 月 12 日，《霍姆斯与拉斯基通信集》，第 1 册，页 307。

第六章　戴雪与爱尔兰：一个
联合主义者的形成

[114]在内部自治问题显现的同时，《宪法》的出版给 50 岁的戴雪提供了一个机会，让他在政治世界中占有一席之地。爱尔兰问题开始对他的生活施加决定性影响，而他的观点也开始逐渐变得强硬，进而强烈反对一切形式的内部自治。他反对内部自治的一个依据在于他相信，这种权力下放，无论倡导者打着怎样的幌子，都违背了议会主权原则，并且预示着联合王国的分裂。戴雪作为一个英国政局的热心观察者，大体上从 1869 年爱尔兰废除国教，尤其是从查尔斯·帕内尔通过在议会中制造障碍的策略将爱尔兰局势强加给英格兰之后，就开始密切关注爱尔兰问题。直到戴雪去世，爱尔兰问题都一直是他酷爱探讨的政治对象；先前的著作者们一般都注意到了戴雪有力的联合主义观点，但没有对其进行深入探讨。

只有特罗布里奇·福特与克里斯托夫·哈维曾分析过戴雪敌视内部自治的由来。① 哈维曾彻底批判过福特的结论，尤其是将

---

① 特罗布里奇·H·福特(Trowbridge H. Ford)，《戴雪转向联合主义》(Dicey's Conversion to Unionism)，页 552—582；以及克里斯托夫·哈维(Christopher Harvie)，《意识形态与内部自治：詹姆斯·布赖斯、戴雪与爱尔兰》，页 298—314。

戴雪没有写过或表达过的文章和观点归于戴雪这点。[1] 然而，令人惊讶的是，[115]哈维发现戴雪"只是勉强赞成"联合主义，而且直到 1886 年，他"从根本上说是支持"爱尔兰民族主义的，[2]就此而言，他的观点和福特的如出一辙。这两位作者由于太过依赖戴雪在 19 世纪 80 年代的活动，所以误解了戴雪在爱尔兰问题上所持观点的变化。他反对内部自治，或者就此而言联合的任何改变，根源于他早期对于民族主义的信奉，而民族主义极为强调政治统一的道德后果。而且，早在 1886 年之前，就有足够的证据表明戴雪的政治立场是根本一致的。

对戴雪在 1880 年至 1885 年这段时期所持态度的最佳描述是同情的否定论。在这整个期间，戴雪拒绝带有这种意味的任何一个提议：导致与爱尔兰的关系发生根本性的宪法变革。[3] 爱尔兰内部自治或者民族独立，从未得到戴雪的赞同。但他确实认识到爱尔兰人在英格兰的统治下遭受了巨大的痛苦。当他恳求英格兰同胞对信仰天主教的爱尔兰抱以更加宽容的态度时，他对爱尔兰人的关心便显现出来了。[4] 他对格拉斯顿式以强制手段统治爱尔

---

[1]　关于此事，哈维运用了《民族》杂志的哈斯克尔索引（Haskell Index），此索引由纽约公共图书馆出版，戴雪所有署名与未署名的文章都列入其中。《民族》杂志的发行人詹姆斯·J. 斯托罗（James J. Storrow）先生告诉笔者，他"非常确定没有遗漏戴雪的任何文章"（斯托罗致笔者书信，1974 年 10 月 15 日）。如果哈斯克尔索引的说服力需要进一步增强的话，以下证据应该足够了。在写给布赖斯的一封信中（1896 年 3 月 20 日，收于《布赖斯书信集》），戴雪写道："顺便说一下，我在约 6 个月前发表于《民族》杂志、署名为'观察者'的那篇文章中，你会找到对于爱尔兰联合主义政策我不得不说的一切实质内容。"1895 年 10 月 17 日的这篇匿名文章收入哈斯克尔索引了吗？在第 136 页，这一篇被正确地归于戴雪，这证明他的匿名作品是囊括其中的。另外，作者也同意斯托罗的判断，即"特罗布里奇·H. 福特撰写的纪念文章是不准确的"；见克里斯托夫·哈维，《自由主义之光》（The Lights of Liberalism），页 321，注释 1。

[2]　哈维（Harvie），《意识形态与内部自治》，页 502、507。

[3]　参见戴雪，《英格兰人对爱尔兰持何种看法？》（What Is the State of English Opinion about Ireland?），载《民族》，第 34 期（1882 年 2 月 2 日），页 97。

[4]　戴雪，《埃德蒙·柏克论爱尔兰问题》，载《民族》，第 33 期（1881 年 8 月 18 日），页 135。

兰的企图没有好感，因为这不符合英格兰的传统正义标准。例如，戴雪在 1881 年严厉指责对帕内尔的缉捕，尽管他承认这一行动实现了它的目的。① 这一时期，戴雪的基本主题是为爱尔兰人的冤屈寻求补救办法，而不是挑战大不列颠的宪法框架。内部自治似乎从来不是解决问题的恰当办法。

　　戴雪的解决办法在于严格执行英国的普通法律，[116]但有一个重要保留。他认为，爱尔兰不能由专横的英国政府所统治，因为这样的安排具有专制的一切缺陷。② 仅仅是严格执行法律也不能成功，因为爱尔兰的陪审团拒绝给显然有罪的个人定罪。真正解决爱尔兰问题，需要通过常规的法律程序，完全像统治联合王国其他地区那样来统治爱尔兰，但有一个例外，那就是对刑事诉讼程序作出修改，允许在某些案件中，也许只是在某些地区废除陪审团审判。英格兰决不能只是为了维持爱尔兰的秩序就背弃价值观念。

　　这一戴雪式政策的必然结果，便是建议对待爱尔兰一如对待苏格兰。③ 与爱尔兰的联合本身没有错，问题在于英格兰的实施方式。与爱尔兰的联合缺乏一贯性，而这正是与苏格兰联合非常成功的原因所在。英格兰表现出对爱尔兰制度无情的漠视，与对苏格兰的关心形成对比。1707 年与苏格兰的联合保存了苏格兰民族生活中最好的一面，而与爱尔兰联合的效果却截然相反。那么，爱尔兰人自己提出的解决办法是什么呢？戴雪写到，爱尔兰独立"如同每一个心智健全的人都必须承认的那样，那是一件不可能的事"。④ 因此，与爱尔兰的联合必须维持下去，尽管有部分爱尔兰人持有相反的诉求。

---

① 戴雪致布赖斯书信，1881 年 12 月 8 日，《布赖斯书信集》。
② 戴雪，《法律如何在爱尔兰实施？》(How Is the Law to Be Enforced in Ireland?)，页 538—541。
③ 戴雪，《两部〈联合法〉》(Two Acts of Union)，页 177—178。
④ 戴雪，《英格兰人眼中的内部自治》(Home Rule from an English Point of View)，页 85。

1882 年,戴雪在《当代评论》上的一篇文章中,明确否定了这个观点,内部自治为爱尔兰问题提供了一个建设性的解决方案。正如他在写给布赖斯的信中所言,问题在于爱尔兰在联合体制下没有获得公正的对待:"我认为,将爱尔兰人视为有权对爱尔兰立法作出决定的人,并为此付出真诚的努力,这或许才是让我们走出困境的最好办法。"①这一权力必须在联合体框架中行使,但不是通过在都柏林设立一个独立的立法机关来实现。与此同时,格拉斯顿政策的缺陷[117]妨碍提出潜在的解决办法,因为格拉斯顿不能决定爱尔兰究竟是联合王国的一部分,还是从联合王国中独立出来的。

由于戴雪设想把爱尔兰变成另一个苏格兰,所以他为英格兰与爱尔兰关系的恶化感到痛惜。爱尔兰的各种暴力事件引起了英格兰人正义的和不义的愤慨,使得英格兰政策的实施途径复杂化。而且,戴雪认为,格拉斯顿在爱尔兰问题上不具有足够的政治能力。因此,地方政府的扩展这种自由党的计划是他无法赞同的:"良好管理在很多时候要好过内部自治。"最后,格拉斯顿的强制政策与英格兰的国民性相冲突。专断政府无论伪装成何种样子,都会令多数英格兰人反感。批评格拉斯顿并不意味着对内部自治的支持;相反,这通常表示他对首相走极端放弃在爱尔兰的权力感到担忧。这些考虑在 1881 年和 1882 年对戴雪产生了极大的影响:"这个问题长期以来几乎总是萦绕在我的脑海。"

接近 1882 年底,戴雪再次在通信中详细探讨了爱尔兰问题。他认识到自身立场的困境,因为他夹在英格兰人对爱尔兰的普遍偏见和爱尔兰人对联合的敌视之间,左右为难。正如他所表述的:"我简直不知道还有什么更令人痛苦的问题了,因为一方面,英格兰人的表达方式和说话的口气依我看是十分糟糕的,对于任何注

---

① 戴雪致布赖斯书信,1882 年 12 月 1 日,《布赖斯书信集》。本段中的引文来自这封信。

意到这点的善良而体贴的人来说,事实上也是非常痛苦的;另一方面,这种难受的状态在我看来几乎是一种极为普遍的情感;这是环境与性格所导致的自然和几乎必然的结果。"①戴雪相信,爱尔兰人的民族性终究会发生改变,就像苏格兰最终接受 1707 年联合所证明的那样。因此,爱尔兰的愿望仍然可以在联合王国之内得到满足,如果英格兰满足了他们的正当要求的话。至于英格兰人:

> 有两点虽然不能为他们谈到爱尔兰的流行语气开脱,但也能为他们的糟糕语气作稍许辩解。第一,尽管我的判断可能有失公允,但在我看来,爱尔兰人中普遍存在[118]一种"不理智"的情绪,如果任其自然发泄,就会对他们的理想构成巨大伤害。在我看来,他们似乎常常为此感到不满:不能同时享受英国公民身份和爱尔兰独立带来的所有好处。第二,实际情况肯定是这样,爱尔兰人中的一类人可能经常以一种令人反感的语言来谈论另一类人,恰如英格兰人曾对爱尔兰人所使用的语言那样。②

在这一点上,戴雪仍然希望政治联合能够维持下去,经受住爱尔兰的激进观点带给他的压力。

1883 年和 1884 年,经过前两年引人注目的事件之后,爱尔兰暴乱逐渐平息下来,此时,戴雪在思想上将爱尔兰问题降到了次要位置。现在,他有其他的任务要去完成,需要占据他大量的时间。他的注意力集中在了作为新任瓦伊纳教授所负的职责上,尤其是准备 1883 年的就职演讲。此后,他开始着手撰写《宪法》,从 1883 年到 1884 年,花了他大半年时间。另外,戴雪作为一个宪法史的

① 戴雪致戈德金书信,1882 年 12 月 29 日,《戈德金书信集》。
② 同上。

主考官,与奥斯卡·勃朗宁(Oscar Browning)前后相继,在伦敦大学待了很长的时间。① 这种对于爱尔兰问题的兴趣的减少,正是发生在福特所断言的戴雪转而信奉联合主义之时,同时也可以从他减少向《民族》杂志的投稿数量而得到证明。戴雪感到时间有限,便大幅减少了这些方面的写作。② 戴雪自己也有了很好的理由,去减少对爱尔兰事务的关注。

　　这种关注度的下降,其中一个最为重要的原因源自发生于爱尔兰的事件。帕内尔利用这两年时间巩固了他在爱尔兰民族同盟中的权力;直到 1884 年《改革法》颁行之后,他才有了明显的积极性。这一期间,爱尔兰问题似乎变得不太相干,而且只是一个学术问题。戴雪可以秉持难得的客观态度,因为他的观点在这一时期没有产生政治影响。[119]他没有改变他的这个观点,内部自治永远不能解决爱尔兰问题,但他认为这个问题并不关键,因为没有一个英国政党赞成这一运动。③ 戴雪与多数英格兰人的看法一样,都很轻松地认为内部自治对英国政治并不构成直接威胁。

　　到 1885 年,随着《宪法》进入出版过程,戴雪又有了更多的时间来关注政治。爱尔兰问题在这一年呈现出一个新的面貌,当时,帕内尔转而支持保守党,使得索尔兹伯里的少数政府成为可能。戴雪当时仍然反对内部自治,但尚未感性主义泛滥——这正是他晚年的特征。1885 年年初,他写道:"公众逐渐开始理解了这一观念,好或坏就在联合与分离(完全独立)之间。"④戴雪反复重申一

① 戴雪与勃朗宁的通信所涉及的,几乎全是为履行职责的那些耗时的安排。尽管这些信件由伦敦的历史手稿委员会(Historical Manuscripts Commissions)办公室进行筛查分析,但最终会被归于黑斯廷斯的公共图书馆。
② 在 1881 年至 1882 年间,戴雪在《民族》杂志上发表了 37 篇文字;但在 1883 年至 1884 年间,发表的数量减为 15 篇评论与文章。参见哈斯克尔索引,页 135。
③ 戴雪,《关于内部自治与英格兰政治之关系的评论》(Notes on the Relation between Home Rule and English Politics),载《民族》,第 37 期(1883 年 7 月 26 日),页 72—74。
④ 戴雪致布赖斯书信,1885 年 1 月 3 日,《布赖斯书信集》。

个主张，必须停止一切有针对性的压制，唯有严格执行的普通法律才会产生一些实际效果。如果这样也行不通，那么他将带着莫大的遗憾主张分离。戴雪认为，像内部自治这样的重大宪法变革只能由为此目的召集的专门议会来考虑，这样就可以对所有计划进行不关乎政党动机的辩论。他认为，这样一个会议才适合发挥他自己的才能，同时也不会对他的身体形成过度的负担。

这些态度显示出戴雪逐渐转变的方向。爱尔兰的前途必定面临着选择，但只能选择民族独立或者严格维持联合；折中方案如内部自治的确是行不通的。戴雪对于联合的救赎价值怀有极大的信心，他称联合只要得到恰当的维持和实行，就仍然可以确保爱尔兰的美好未来。1885 年混乱的政治探索让他逐渐感到，有关内部自治争议一定很快就会收场。然而，他与其他许多同时期的人一样，没有料想到格拉斯顿会转而支持内部自治。

戴雪曾批评过格拉斯顿 1880 年以来实行的爱尔兰政策，但爱尔兰问题只是让他对自由党领导人感到不满的原因之一。1885年 10 月，爱德华·戴雪发表了一篇文章，[120]指责格拉斯顿在贯彻自由主义的下列基本原则中是失败的：个人自由、联合王国的完整和帝国的维持。尤其是，格拉斯顿不认真考虑爱尔兰的支持"是联合王国最大的危险"。① 在弟弟阿尔伯特看来——他与爱德华具有同样的政治热情，这种形势的确预示着麻烦。戴雪在《民族》杂志上讨论了为什么大多数英格兰人在面对他认为即将来临的危机时不感到惊慌。② 他向戈德金进一步阐述了以下观点："你可能

---

① 爱德华·戴雪，《不满的自由党人的托辞》（The Plea of a Malcontent Liberal），页465。唐纳德·索思盖特（Donald Southgate）在《辉格党人的消失：1832—1886》（页367）中错误地将这篇文章归于阿尔伯特·戴雪。这里所表达的观点与戴雪的差别可能并不是很大；兄弟俩虽然并不是特别亲密，但他们有着相同的政治原则。

② 戴雪，《英格兰舆论的一个阶段》（A phase of English Opinion），载《民族》，第 41 期（1885 年 10 月 15 日），页 319—321 页；《为什么英格兰人对政治危机不感到恐慌》（Why Englishmen Are Not Alarmed at the Political Crisis），载《民族》，第 41 期（1885年 10 月 22 日），页 340—341 页。

不了解这里奇怪的政治形势;我们都像是在黑暗中战斗的人。在富有或者受过良好教育的自由党人中,存在大量的不满情绪,这一点我十分肯定,但是这种不满是否会对选举产生重要影响,这一点我却非常不确定。"①戴雪预测,自由党人会赢得即将举行的选举,但是爱尔兰与社会问题对于一个自由党内阁而言将证明是非常难以应付的。格拉斯顿辞去自由党的领导人职务时,戴雪又说,自由党将会分裂,随后将是党派重组。自由联合主义者的反叛至少部分应验了预言的内容,但并非完全如戴雪所说。尽管他预见到了剧烈的政治动乱,但他还是希望在不损及联合的情况下去解决爱尔兰问题。

1885年12月,格拉斯顿转而支持内部自治在整个政界引起反响。戴雪并不觉得十分意外,因为他通过布赖斯已经得知了这一政治流言。12月初,布赖斯就他所谓温和的爱尔兰政策的失败写信给格拉斯顿说:"所有乌尔斯特自由党人,我询问过他们的意见,他们不仅积极支持联合,还反对在爱尔兰设立任何的中央议会,他们认为,这会把他们的[121]职责交到民族主义者与神职人员的手中。他们最多愿意让我们设立郡委员会。"②布赖斯认为某些重要政策的修改是至关重要的,这无疑让戴雪得知即将作出重要的决定。格拉斯顿的选择对戴雪的影响是直接和决定性的。爱尔兰问题,现在有一个英国政党承诺通过内部自治来解决,但最终还是要被迫在联合和内部自治二者中进行选择。5年来,戴雪提出种种可接受的折中方案以避免这种对抗,但现在中庸之道已不再是选项之一了。

1885年圣诞节,戴雪对于内部自治持以一种完全敌对的态度,这种态度逐渐在他的生活中具有决定性的影响,并且逐渐变得

---

① 戴雪致戈德金书信,1885年10月16日,《戈德金书信集》。
② 戴雪致格拉斯顿书信,1885年12月1日,《布赖斯书信集》。

偏激,以至于损害了他在其他领域里好不容易获得的正直的名声。是英格兰而非爱尔兰的事情迫使他马上行动,因为对爱尔兰的事情,他没有什么兴趣。内部自治的实现,只有当格拉斯顿致力于追求这种成功的时候才有可能。这反过来迫使戴雪对忠于什么的问题作出最终的选择。有两点证据准确地表明戴雪最终决定致力于反对一切形式的内部自治。亚瑟·埃利奥特自己也是一个著名的联合主义者,他在这一时期过去很久之后写信给戴雪说:"我肯定,自1885年圣诞之后的每一年都有更多的证据支持联合主义者的观点,对这些观点,你比其他任何人都阐述得更为完整。33年来,爱尔兰内部自治政策呈现出连续不断的失败。格拉斯顿疯狂地和不道德地屈服于帕内尔,给国家造成了损害。我肯定,我们当中没有人需要为我们在当时和之后反对某些企图所持的立场感到后悔:尽管这些企图可能会被掩盖起来,但它们本质上却是对联合王国的民族性具有破坏性的措施。"①对戴雪来说,他在晚年时回忆,只有生活在1885年的人才能够"体会格拉斯顿转而支持内部自治让英格兰公众所感到的意外与震惊"。② 现在,对联合的威胁日渐严重,因此,他必须支持联合的维持,而反对对它的破坏。

戴雪遵循毫无保留的联合主义,他的做法是直率的[123]且一贯的,并不是像福特与哈维所详述的那样,戴雪的内心发生过显著的变化。这是一个缓慢的发展过程,主要是由政治环境决定的,而环境却不受戴雪的影响,甚至在某些情况下还超出了他的理解范畴。戴雪对于联合主义的情感没有经历过改变,而只是保持他自年轻时以来就持有的政治信念。亚瑟·埃利奥特写到,1886年之前,他与戴雪都"认为我们自己是坚定的自由主义者"。③ 所以,戴

---

① 埃利奥特致戴雪书信,1928年6月23日,《埃利奥特书信集》。
② 戴雪致埃利奥特书信,1912年4月1日,同上。
③ 埃利奥特所述,未注明日期,附于"戴雪与埃利奥特通信"后,同上。

雪最终是一个热情的联合主义者，但他一直如此。鉴于戴雪的政治背景和他反对内部自治的经历，他成为联合主义者已在预料之中。

为什么戴雪是一个坚定不移的联合主义者？他曾属于自由党中的辉格派，自1867年以来，他对英国政治的发展方向越来越感到失望，尤其是他察觉到那段时期社会立法对个人主义的冲击。戴雪也相信大英帝国负有历史使命，认为它在日渐恶化的世界中永远是一个积极的力量。最为重要的是，理解戴雪在爱尔兰问题上的态度，关键在于他将联合视为联合王国伟大的象征，并全身心投入其中。联合将大不列颠成功地转变成19世纪支配性的世界力量。它本应导致爱尔兰的繁荣，但在这一点上却是失败的，不过这并没有动摇他对于联合主义的信念，他仍然相信它的理论价值。无论自由联合主义最终包括其他什么政见，它首先取决于联合的维持。戴雪从未动摇他的这个信念，内部自治会毁掉英格兰和爱尔兰，它带来的灾难比永久维持联合所带来的弊端要多得多。英格兰必须公正对待爱尔兰，只要不破坏联合即可。

对戴雪而言，联合的完整性已经成为他所有其他政治观点的试金石。他自大学时起就称赞民族主义为欧洲历史上的整合因素，还举例提及意大利这样长期分裂的国家的道德与政治重生。内部自治让戴雪面临的民族主义运动却是，它最终目的是从现存的政治体中分离出来，而它的特点是怨恨。不管戴雪对爱尔兰问题研究了多久，反正他从不认可爱尔兰民族主义，因为内部自治否定了他一直欣赏的民族主义的每一个方面。[124]它因威胁到大不列颠的国家安全而违背了所有爱国主义的原则。联合代表着和平与繁荣，大不列颠的荣耀以及国家的稳定未来；内部自治则意味着国家分裂，经济崩溃和未来险恶。因此，戴雪完全投身于对联合的维持，这个问题在1886年及以后占用了他相当多的精力。

1886 年的大部分时间,戴雪都专注于支持联合主义者的事业,加入志愿者的行列。第一个成果是论述作为殖民独立的内部自治的一篇短文,文中他列举了这种内部自治所固有的种种缺陷。[1] 他承认,不应将爱尔兰的各种问题归咎于某个人或某项政策,当然也不应归咎于联合,但他很肯定的是,格拉斯顿的政策绝不会带来内部自治支持者所暗指的利益。对于这一点的深信不疑,现在却让他感到困惑;他写信给布赖斯说:"我竟一直坚持这一点,也许会让人感到奇怪,但我对它的这种感觉比我能告诉你的更强烈,也可能比人们相信我的更强烈。"[2]

5 月,戴雪告诉布赖斯,他已加入维持联合自由委员会:"我认为我真的没有其他选择,因为对于他们努力争取的事情,我是很赞同的。"[3]与自由党的决裂并不容易,因为他传统的自由主义思想使得他一贯支持自由党,尽管他经常批评领导人。他敏锐地意识到,一旦他指责了格拉斯顿的政党,就几乎没有回头的机会了。他对布赖斯还说:"我似乎命中注定要成为反对派,从我支持的朋友参加选举的最后结果来看,我倡导的事业并没有取得一个很好的兆头。可以肯定,让人焦躁的是,由于我大体上支持自由党在爱尔兰问题上纠正错误的一切努力,实际上讨厌英格兰人对爱尔兰人所普遍使用的语气,所以我不可能同意政府现在所实行的爱尔兰政策。"[4]对保守党保留的不信任持续存在,这让戴雪对于他未来的政治忠诚感到不安。在戴雪看来,已追随格拉斯顿而支持内部自治的布赖斯,会发现帕内尔派(Parnellites)是他[125]奇怪的政治盟友:"我担心我们都将被引到一个特别奇怪而志趣相异的政治群体中。同时,我将在下一次选举中竭尽所能地反对任何形式的

---

[1] 戴雪,《爱尔兰与维多利亚》(Ireland and Victoria),页 169—177。
[2] 戴雪致布赖斯书信,1886 年 4 月 10 日,《布赖斯书信集》。
[3] 同上,1886 年 5 月 18 日,同上。
[4] 同上。

内部自治政策。"①

　　内部自治使得这两位密友在政治道路上产生了分歧。他们依然像以前那样保持着友好的通信，但他们极少提及爱尔兰，仿佛这个话题变动令人痛苦。直到他人生的尽头，戴雪都将布赖斯视为其最值得信赖的朋友。② 在很多有关社会与经济的意见上，布赖斯和戴雪都是一致的，但爱尔兰问题却让他们从此分道扬镳。当布赖斯这样写的时候，他心中无疑是想着戴雪的："辉格派或者哈廷顿派可能因立场截然不同而被抛弃了。激进派或者所谓张伯伦派，多数是能够重新恢复过来的。他们并不太关注张伯伦本人，也不会追随他，除非他们碰巧和他的观点一致。"③戴雪由于自己先进的社会政治观点，很少用得着张伯伦，认为支持联合的看法是他唯一值得称赞的学说。1886 年过去很久之后，布赖斯向戴雪承认，他参与内部自治运动是基于两个理由：

　　　　首先，我在下院工作的 5 年时间让我相信，不列颠议会在我们的政党体制下——不管你做什么都会发现有反对者——无法成功地统治爱尔兰。这是斯宾塞勋爵所持的理由，他是我所见过的在公共生活中最为正直和公正的人。我的第二个理由是，情形对我来说似乎是这样：1885 年英格兰实现民主化之后，民主原则的逻辑和民主情绪的力量导致的结果更有可能是，给予爱尔兰多数所想要的，而不管这对爱尔兰是否有益，补充一句，也不管这是否会让英格兰陷入危险。④

---

① 　同上。

② 　戴雪致法勒女士书信，1920 年 11 月 5 日，载雷特编，《戴雪回忆录》，页 270。

③ 　布赖斯致亨利·普林罗斯爵士（Sir Henry Primrose）书信，1886 年 5 月 24 日，《布赖斯书信集》。普林罗斯是格拉斯顿的私人秘书。

④ 　布赖斯致戴雪书信，1921 年 11 月 27 日，同上。强调为作者所加。

这两人在爱尔兰问题上的隔阂从未减少,无论在其他问题上他们有多么地投合。

整个 1886 年,有关内部自治问题的争论[126]都空前地活跃。戴雪在 1886 年 6 月完成了《英格兰反对爱尔兰自治的理由》的书稿,并将其交付给麦克米伦公司出版。《宪法》的畅销为戴雪在公众中建立了声望。他于同年 4 月 21 日获得了爱丁堡大学的荣誉学位,他认为这一认可使他有资格向全国展示一部关于爱尔兰的有争议的著作。[①] 关于内部自治的辩论已经在 6 月让公众舆论活跃了起来,所以这时他给麦克米伦公司去信商议出版事宜的时候,对此书的畅销充满信心。[②] 但麦克米伦公司在这一主题上退缩了,这一拒绝迫使戴雪转而求助于约翰·默里。结果,一开始遇到的这个挫折令他浪费了将著作公之于众的宝贵时间。它直到 11 月中旬才面世,此时格拉斯顿的内部自治法案已被否决,随后的 1886 年大选也已成为历史。到那时,内部自治问题的热度才暂时降下来。

就独创性与语气的适度性而言,《英格兰反对爱尔兰自治的理由》是戴雪在爱尔兰问题上写得最好的一本书。[③] 这时,他的判断力尚未被激情所扭曲,在分析这件立法案时还可以正确地摆出一副"科学的立宪主义者"的样子。他此后所有关于内部自治的著作,都是对 1886 年首次陈述的主题予以改变的作品,只是运用了现代统计学加以修饰而已。如果仅靠重复就能证实他的主张,那么戴雪早已战胜了一切反对意见。他并未随着时间的流逝而感到要被迫改变其基本立场。

值得称赞的是,戴雪一开始便揭示了本书的基本前提,尽管回

---

① 戴雪致麦克米伦公司,1886 年 4 月 13 日,《麦克米伦公司文件汇编》(B. M. Add. Mss. 55084)。

② 同上,1886 年 6 月 14 日,同上。

③ 戴雪,《英格兰反对爱尔兰自治的理由》(*England's Case against Home Rule*)。

头来看会让人震惊,但它们将戴雪的真正立场告知了读者。举例而言,他坦承自己对于爱尔兰及其历史不是很了解。他对内部自治的关注,仅仅涉及"从英格兰的角度来看待英爱联合或者英爱分离所带来的好处或者不利"。① 戴雪公开承认,这本书所设定的读者,是那些已经对内部自治满怀敌意的人。他没有试图说服反对者,如内部自治支持者或者爱尔兰分离主义者;他仅对坚定的联合主义者[127]进行宣教,目的是为了证明他们连续不断地反对内部自治是合理的。

戴雪为了这一政治目的而采用的方法与他早期在有关宪法主题的著作中所采用的方法是相似的。戴雪首先分别归纳出支持和反对内部自治的论点,并尽可能地把它们解释清楚,而且还引用相应的证据来进行说明。然后,他尽可能地质疑内部自治的立场,并在这一过程中巩固他自己的结论。这种说理的学术风格,适用于大量未经整理的原始法律材料时是极为成功的,但在处理复杂的政治问题时,却会导致严重简化的结论。戴雪意识到这个方法所导致的过度简化会带来一些问题,但他认为自己的这个工作还是胜过议会辩论中的虚假修辞。

戴雪的目的不仅在于摧毁内部自治论战中的中间立场。他承认,爱尔兰民族主义者具有值得尊敬的政治观点,认为他们在公开宣称自己的目的时很诚实。他怀疑主张内部自治的人是在支持独立,但是却隐藏在无害的内部自治外表下。对戴雪而言,选择只能在维持联合或者爱尔兰民族独立之间作出,因为内部自治意味着比这两者任何一个都要糟糕。由于他像大多数英格兰人一样,以为爱尔兰独立是不可能的事情,所以反对内部自治就成为了唯一可行的办法。

戴雪得出了三个一般结论,他认为会使得爱尔兰的要求无效。

---

① 戴雪,《英格兰反对爱尔兰自治的理由》,页2。

第一，内部自治会让大英帝国的扩张出现倒退，会危及国家的政治统一。第二，要求内部自治就如同联合王国内部的宪法革命，他认为这是灾难性的事件，因为这会终结大不列颠走向统一的历史趋势。第三，他反复强调，内部自治永远满足不了民族主义者的要求。内部自治者寻求的是就政治合作进行重新协商，而不是民族主义者所要求的分裂。戴雪主张，内部自治没有意义，与爱尔兰的联合是一个非此即彼的命题，没有妥协的余地。英格兰的选择不是在内部自治和英爱联合之间进行，而是在爱尔兰独立和英爱联合之间进行。内部自治必定失败，因为它永远满足不了联合主义者或是分裂主义者的预期。

在戴雪看来，内部自治意味着"赋予爱尔兰以[128]代议机构和责任政府"。① 这会设立一个不受威斯敏斯特控制的爱尔兰议会，并让爱尔兰行政部门对爱尔兰人民负责。内部自治（Home Rule）作为地方自治（local self-government）的一种延伸，为许多英格兰政客所倡导，由于爱尔兰人自己对这一计划几乎没有兴趣，所以它是不能解决爱尔兰问题的。戴雪努力解决地方自治所带来的在爱尔兰与不列颠议会之间发生争议时产生的宪法难题。作为地方自治的内部自治无法满足独立的要求，因为在很多方面爱尔兰都不能不受不列颠政策的束缚。内部自治的倡导者使其在英格兰人面前显得只不过是对地方自我治理的发展；而在爱尔兰，他们又使其显得和民族独立一样。如果内部自治法案通过的话，这种不同的解读预示着两国（two countries）将来的关系不好。

戴雪随后转向内部自治情绪在英格兰的力量。格拉斯顿主导着这种情绪，证据是在他转而支持内部自治之前，该运动几乎没有引起英格兰人的注意。除了坚决追随格拉斯顿的人所具有的力量之外，还有许多公众的支持是源于不适当地相信民主理论的绝对

---

① 戴雪，《英格兰反对爱尔兰自治的理由》，页 20。

正确性。过去公众舆论造成的结果有好有坏,所以公共舆论自身是不能保证真实性的。此外,他认为,内部自治得到了这些英格兰人的支持,他们感觉那 500 名英格兰绅士不应该受到帕内尔小团体所给予的持续压力:"怯懦将自身伪装在妥协的外表之下,有名望的人恐惧令人厌烦的让步,而他们的祖先本可以拒绝武装叛乱的威胁。"[1]中庸之道对戴雪没有吸引力,至少在他的政治著述中是这样。激励英格兰内部自治运动的仅仅是情感,而不是任何认为它是一项合理政策的理智确信。

戴雪所作的批评为我们提供了好的样本,让我们了解他解决问题的方法。到这个时候,戴雪接受了这一点,他对于政治的兴趣[129]实质上取决于他所反对的东西,而非他自身信念所要达到的积极目标。因此,当他解释反对内部自治的理由时,他感到本书是有说服力的,而且表达流畅。[2] 首先,爱尔兰在地理上距离英国太近,不能自治,如果独立,将来会产生安全问题。其次,现代文明的趋势是朝着强国的方向发展,因而联合王国应该保持完整。再次,主张 300 万爱尔兰人想要某种东西并没有因此就让他们有资格获得这种东西。他坚持认为,英格兰与爱尔兰一直处于不同的文明阶段,因此,爱尔兰的要求并不是假定有效的。此外,如他所承认的,如果英格兰在爱尔兰驻军造成了很大的弊害,那么这一事实仍然不利于内部自治。恰当的政策应该是不列颠政府努力消除爱尔兰人的不满,尤其是有关土地问题的政策。戴雪认为,如果基本的问题在于经济,那么仅靠联合就能加以解决,因为大不列颠的优势资源必定能拯救爱尔兰的经济。如果真正的问题在于政治,即如果问题是由民族情感引起的话,那么正确的办法就不在于地方自治,而是彻底的分离。针对这个观点,即英格兰受到帕内尔派在议

---

① 戴雪,《英格兰反对爱尔兰自治的理由》,页 45。
② 戴雪致戴雪夫人,1886 年 11 月 10 日,载雷特编,《戴雪回忆录》,页 99。

会中制造的障碍的困扰,戴雪的回应是,解决这一问题的办法不是进行宪法革命,正如牙痛并不要求用自杀来解决一样。因此,主张内部自治的理由基于以下两个原因而破产:其一,内部自治不能消除爱尔兰的不满。其二,内部自治的论证在逻辑上更可能是导向分离,而不是内部自治本身。

爱尔兰革命在 1798 年几近成功之后,又在 1848 年不幸失败,这证明与爱尔兰的联合极大地增加了联合王国中央政府的权力。首先,赋予都柏林权力必定会减损伦敦的权威,削弱整个国家。其次,只有通过由联合所发起的经济改革才有可能促成爱尔兰的繁荣。最后,只有联合才能防止爱尔兰的宗教与政治暴力。在这一背景下,戴雪打出了他自身的"橙色牌"(Orange card)[①]:他坚持认为内部自治会辜负这些爱尔兰人,他们履行了义务并且要求保留英国公民的权利。"维持[130]联合即是继续努力履行国家义务,迫使国家的所有公民履行法律规定的义务。"[②]如果英格兰不能继续在爱尔兰坚持正义,那么英格兰应当实行的恰当政策便是再次分离,而不是内部自治。

戴雪提出了四个反对爱尔兰实行民族独立的理由。第一,分离将会推翻英格兰政治家几个世纪的政治成果,这是公开示弱,可能引起敌人的入侵。第二,国家放弃权力就预示着消亡,如同个人一样。第三,爱尔兰独立意味着大不列颠人力与财力的损失,因为爱尔兰在这些方面一直对帝国有着重大贡献。爱尔兰独立之后,会让不列颠西海岸面临潜在的危险,尽管他确实承认,没有爱尔兰会让不列颠兴起一种更强烈的民族统一意识。第四,最严肃的反对理由是放弃绝对忠诚的乌尔斯特人会给联合王国带来不可抹去

---

① 译注:"打橙色牌"意味着支持橙色秩序(Orange Order)——这是一个想要继续留在联合王国的新教徒团体。所以,这里说戴雪"打橙色牌"是指他有意利用爱尔兰清教徒和天主教徒之间的紧张,诉诸清教徒的情感,力图获得这些清教徒的支持。

② 戴雪,《英格兰反对爱尔兰自治的理由》,页 140。

的耻辱。无论如何,分离给英格兰带来了巨大的耻辱,同时也带来了一些补偿。内部自治具有民族独立带来的一切弊害,却没有任何益处。

接下来,戴雪仔细分析了内部自治倡导者所阐述的四种主要自治形式。作为联邦制的自治,他在1882年就进行了抨击;作为殖民独立的内部自治,他也早在1886年就进行了驳斥。至于作为1782年格拉顿宪法(Grattan constitution)之再生的自治,戴雪认为这是一个已经消失的历史问题,因此它是不可能再生的。戴雪重点抨击的是根据格拉斯顿宪法实行的内部自治。议会主权受到的冲击最大,因为戴雪所主张的是,内部自治破坏了英国宪法的这一基本原则。他奥斯丁式的观点使得他拒绝任何对于主权行使的限制。根据格拉斯顿宪法,都柏林设有独立的议会,不列颠议会的主权在法律上就变得不太可能,在道德上也会化为乌有。内部自治不能保证所有爱尔兰人的正义,尤其是不受欢迎的少数人;他们将继续受制于爱尔兰土地联盟者(Land Leaguers)所控制的政府。也许最重要的一点,是内部自治绝不能永久地解决[131]宪法关系问题。双方都不会对诸如内部自治这样的中间道路感到满意。愤怒会继续恶化,直到另一场政治危机爆发,整个争议再次出现。

书的结论部分重申了他之前提出的主要论点,尤其是这个论断,爱尔兰的不满根植于经济原因。爱尔兰遭受的经济问题源于管理不善以及调整土地保有制的那些法律是外来的。民族主义的修辞不具有实质内容,因而英格兰没有义务关注它的要求。不列颠议会消除这些经济弊病之时,就是爱尔兰动乱消失之日。因此,没有必要"对可能的解决办法进行危险的推测"。维持联合成了要实行的唯一合理政策,因为联合体现了成就伟大的联合王国的两个原则:维护整个国家的至上性;利用这种至上性去保障法律赋予每个公民的种种自由权利和财产权利。保留联合是英格兰可以采取的唯一合理的和有利的方案。

　　严守法律的习性在戴雪早期的著作中对他帮助很大，现在却证明与这一具有争议的政治问题无关。尽管本书具有清晰准确的优点，谋篇布局看似超越了政治感情主义，但毫无疑问却给人一种不真实的印象，仿佛内部自治仅仅是另一个宪法问题，可以像其他普通立法案一样进行讨论。他在书中也没有克制自己的联合主义者偏见，尽管他曾宣称会这样做。而且，他通过完全否认爱尔兰民族主义存在这种简单的权宜之计，将论辩局限在了只对自身观点有利的那些问题上。他的结论建立在一种假定基础之上，即如果内部自治案通过，未来可能出现哪些后果。考虑到以下这点，这个论证就更引人注目了：仅在 3 年前，戴雪就否决了有关 1832 年改革的论点，即改革必然会导致革命。① 为了寻找支撑他悲观预言的证据，戴雪诉诸了历史。然而，他断然否定了历史论辩在爱尔兰问题上的相关性——历史的相关性其实取决于它是否支撑了他的理由。他的宪法论证大都[132]只是一些有关未来的没有证据的断言。他的反对者很快注意到，没有证据的论断同样也可以为没有证据的主张所否定。就如弗里曼在写给布赖斯的信中所说："自来到这起，我就开始读戴雪——他似乎不如以往那样有说服力。我一直非常钦佩他，但我现在必须反对他；他给出自己的理由极为巧妙。但我真的认为他没有达到其应有的水准。尽管如此，它还是给人留下了深刻印象，必须回应。"② 由于该书引起了广泛的关注，所以内部自治者迅速反击，以抵消它的影响。

　　公众对《英格兰反对爱尔兰自治的理由》的反应紧随着内部自治争议本身。联合主义者为之喝彩，称其明确陈述了内部自治的种种缺陷。《宪法》所带来的名声保证戴雪拥有广泛的读者。公认

---

① 戴雪，《〈1832 年改革法〉及其批评者》，页 116—131。
② 弗里曼致布赖斯书信，1887 年 5 月 22 日，《布赖斯书信集》。

的宪法权威所具有的声望现在成了联合主义者事业的支持力量,他们迅速采取行动利用了这一优势。而在内部自治者这边,他们虽没有被这本书所说服,但还是称赞该书对爱尔兰问题的冷静处理。例如,约翰·莫利(John Morley)写道:"我必须马上说,我充满了钦佩之情。首先是对于你处理问题的全面性表示钦佩,其次是对于你的沉着冷静与高格调的处理方法表示钦佩。我不知道还有谁能够如此真诚地处理这样一个让人充满激情和引起激烈争议的话题。"①至于自由联合主义者,早在 1886 年让内部自治法案无效的约瑟夫·张伯伦,就有保留地给予了他对这本书的支持:"我深信,必须坚决反对格拉斯顿先生的提议。然而,我支持将地方治理(Local Government)的原则在联合王国范围内全面铺开,尽管我感到在爱尔兰发生的违法阴谋可能会延缓它在该地区的适用。"②在坚定的联合主义者中,约翰·维恩曾写信给戴雪说:"所有热爱他们的国家并且希望爱尔兰繁荣的人都应该阅读《英格兰反对爱尔兰自治的理由》。我无法想象还有什么事情比内部自治带给英格兰和爱尔兰的灾难更大。[133]内部自治对于爱尔兰而言无疑是毁灭,对于英格兰来说也是一个不可补救的弊害!"③该书引起了参与内部自治争论各方的注意,让戴雪成为了议会之外批评内部自治的最重要人物。

　　《英格兰反对爱尔兰自治的理由》因其接触到令人兴奋的政治,将戴雪带到了让人陶醉的高层政治世界。戴雪完全符合库克和文森特所描述的预示未来大灾变的联合主义者这一类人:他们"主要是未充分就业的记者,学者以及上等阶层的人,因这

---

① 约翰·莫利(John Morley)致戴雪书信,1886 年 11 月 18 日,《手稿全编》,508(28),格拉斯哥大学图书馆。

② 约瑟夫·张伯伦(Joseph Chamberlain)致戴雪书信,1886 年 11 月 20 日,《手稿全编》,508(39),同上。

③ 约翰·维恩(John Venn)致戴雪书信,1886 年 12 月 27 日,《手稿全编》,508(19),同上。

样或那样的原因,他们被生活挡在政治世界的大门外"。他就是一个典型的"政治门外汉",需要危机来证明自己在政治边缘存在是正当的,但是他却从来没有成功打破"联合主义者观点"的封闭体系。① 目前,作为联合主义在学术上的主要辩护人,戴雪没浪费什么时间去寻求新的职业。

戴雪将这本书送了一本给索尔兹伯里勋爵,并注明虽然"此书的结论间接支持女王陛下政府的爱尔兰政策,但[它]是一位自由主义者撰写的,没有提及让英国各党派产生分歧的那些相对次要的问题"。戴雪反复向索尔兹伯里声明,他唯一的目的是完全从英格兰的视角来分析内部自治问题。索尔兹伯里回信草草表示感谢,考虑到戴雪提供的支持,这是一个令他感到尴尬的回复。这种冷淡的风格向戴雪展示了联合主义者的领导人何以受人尊敬,但一点都不像格拉斯顿在追随者中引起的过度忠诚。②

第一版一个月内就销售一空,所以到1886年12月,戴雪开始愉快地准备第二版。他将新版赠与塞尔伯恩勋爵,他是自由党的前任大法官,但现在是一位公开的联合主义者。戴雪对他在"全国联合主义者大会上友善地提及此书"表示感谢。③ 在第二版中,戴雪吸收了塞尔伯恩的法律观点[134]以支持自己的这个主张,内部自治侵害了议会主权。正如他向塞尔伯恩解释的:"我承认我确实被格拉斯顿先生的主张吓到了,他竟然称政府的议案不涉及《联合法》的废止问题,我也知道他一定是根据法律建议作出的这个陈述。我恐怕一定是在某些方面误解了议案的法律效果。在这种情况下,你的演讲极大地消除了我的疑虑,使我希望你基本上认同我的法律观点,我还冒昧地在一个注释中提到了这次演讲,它显然证实了我的观点。"④第二版仍未满足市场需求,因此在1887年又出

---

① 同上,页19—20。
② 戴雪致戴雪夫人书信,1886年11月16日,载雷特编,《戴雪回忆录》,页100。
③ 戴雪致塞尔伯恩书信,1886年12月20日,《塞尔伯恩书信集》。
④ 同上。

了第三版;戴雪的其他政治著作再也没有如此成功过。

在《英格兰反对爱尔兰自治的理由》的余波中,戴雪就内部自治与三个人进行了通信交流,由此显示了他自治态度的不同方面。在写给戈德温·史密斯的信中——他在牛津担任了一段时期的钦定讲座教授之后定居北美,戴雪表达了他对内部自治结局的极度悲观情绪。自 1886 年开始,戴雪便扮演预言家的角色,强调灾难一定是源于联合的瓦解。这一预感与日俱增,说明他绝对热爱联合,这是理解他所走政治道路的关键所在。他的通信中很快充斥着对于未来的悲观估计,因此他也成了一个自封的联合守护人。他认为自己特别适合这一角色,因为他不像那些政治家,有着众多的临时性党派利益,行为受到党派利益的影响,他享有无视琐碎政治的自由,而只关注政治问题所隐含的基本宪法原则。1886 年,他甚至向史密斯预言,将有一场有关内部自治的不断斗争:"我衷心希望你是在英格兰为我们写作,但是你不在,我们每个人都必须为这场斗争的解决倾尽全力。我怀疑这场斗争才刚刚开始;我只对你说,我对成功维持联合没抱多大希望。"①史密斯对此深有同感,反对内部自治的态度与戴雪一样坚决。对史密斯而言,格拉斯顿是一个"煽动大家",他进一步解释道:"毫无疑问,尽管去年夏天取得了胜利,但前景仍不容乐观。有个大党不顾一切地要搞内部自治。[135]爱尔兰的叛乱不值一提。这是一群普通爱尔兰冒险家的行为,他们没有一点军事常识,如果英格兰有一个政府并且民族精神高涨的话,他们会很轻易就被平定。"②戴雪怀疑国家是否有足够的勇气彻底拒绝各种不法形式的内部自治进而一劳永逸地解决爱尔兰问题。在这一决定性的事件出现之前,戴雪一直生活

---

①   戴雪致史密斯书信,1886 年 11 月 15 日,《史密斯书信集》。

②   史密斯致戴雪书信,1886 年 12 月 8 日,《手稿全编》,508(15),格拉斯哥大学图书馆。

在无尽的恐惧之中，他担心内部自治可能会让下院微弱多数的势头继续下去。

与格拉斯顿的通信往来让我们清楚地了解到戴雪与这位自由党领导人之间的具体分歧。《英格兰反对爱尔兰自治的理由》的出版对格拉斯顿的事业构成双重伤害，因为格拉斯顿数月前还援引戴雪的名字以支撑内部自治。为试图证明内部自治与议会主权的相容性，格拉斯顿在下院提议案的时候说："我不知道在座诸位绅士有多少人读过戴雪教授的《宪法》这本有价值的书。我所读过的书中，没有哪一本比它把英国宪法的其中一个特点阐释得更为清晰和明确，这个特点我们或许很少提及，那就是议会的绝对至上性。我们的议会权力不受任何限制，除了诸如神圣命定的事物所强加的人性。"①戴雪竟然抨击内部自治，这让格拉斯顿感尴尬；联合主义者窃喜于格拉斯顿援引的宪法权威，最后却是一个反对者。

这两人的主要分歧在于爱尔兰历史应当在解决内部自治问题中起何种作用。戴雪强烈反对从历史角度来论证，除非有助于证明未来的灾难。戴雪送了一本《英格兰反对爱尔兰自治的理由》给格拉斯顿，希望他将这本书视为"本着冷静严肃的精神探讨一个极为重要的问题的尝试"而给予认可，尽管格拉斯顿很可能不会认同该书的大部分内容。② 在回信中，格拉斯顿高度赞扬[136]这本书所具有的逻辑、学识、洞察力和纯正意图，并对书中的许多内容表示认同。但在爱尔兰的过去与内部自治的关系问题上，格拉斯顿就有异议了；对他而言，"在我们讨论《联合法》的时候，历史论证具有至为重要的司法影响"。③ 格拉斯顿认为戴雪有关爱尔兰的历

---

① 1886 年 4 月 8 日，《议会辩论》(*Parliamentary Debates*)，第三系列，304，页 1048。
② 戴雪致格拉斯顿书信，1886 年 11 月 8 日，《威廉·格兰斯顿书信集》(B. M. Add. Mss. 44499)。
③ 格拉斯顿致戴雪书信，1886 年 11 月 12 日，同上。

史知识与自己相比不占优势,这一点为戴雪在私下所承认。① 格拉斯顿为他熟悉爱尔兰历史而感到自豪,认为这一点让他比其他任何政治家都更为卓越。由于格拉斯顿非常重视历史论证,所以他把组织编写有关爱尔兰系列论文的工作交到了詹姆斯·布赖斯的手中。为了对内部自治事业提供这种帮助,布赖斯提出"为你所设想的历史研究提供特别的赠款⋯⋯可能是适当和有用的"。② 布赖斯发现这一任务比他预想的困难得多,因为他直到1886 年 12 月才获得足够数量的赞助。③ 如同戴雪自己的著作一样,布赖斯编的书出现得太晚了,无法改变公众坚定的政治态度。④

　　关于戴雪与格拉斯顿之间的这一简短通信,最能给人启发的是,戴雪作为一个联合主义者坚决认为爱尔兰历史与现代政治间的关系对爱尔兰问题没有价值。⑤ 对戴雪来说,只有晚近的历史(即自 1879 年之后)才具有相关性;他不重视在此之前发生的事情。这一结论表明了戴雪对于内部自治争议所持的非历史性态度。正如即将看到的,戴雪忽视历史造成了种种问题,内部自治不是问题产生的唯一领域。戴雪也不同意格拉斯顿把问题交给公众来判断:"老实说,你的来信基本没有动摇我的看法,我认为,在需要大量思考和知识才能解决的问题上,诉诸公众判断是没有价值的。"⑥在这一点上,戴雪再次展示了他对内部自治争议的情感基础的基本误解。[137]理性也许比激情更可取,但是这一告诫完全

---

① 戴雪致戴雪夫人书信,1886 年 12 月,载雷特编,《戴雪回忆录》,页 101。

② 布赖斯致格拉斯顿书信,1886 年 7 月 26 日,《布赖斯书信集》。

③ 同上,1886 年 12 月 22 日,同上。

④ 詹姆斯·布赖斯编,《两个世纪的爱尔兰历史》(*Two Centuries of Irish History*)。撰稿人包括布赖斯、戈德金和约翰·莫利。

⑤ 戴雪致格拉斯顿书信,1886 年 11 月 17 日,《格拉斯顿书信集》(B. M. Add. Mss. 44499)。

⑥ 同上。

不能反映现实政治。不管怎样,还是格拉斯顿说了算,他称戴雪的书"是迄今为止在这方面出现的最重要、最公正的论辩,但没有一个让我们感到难堪"。①

最重要的是,他与哈廷顿勋爵(未来的德文郡公爵)的通信最为全面地揭示了他对内部自治危机的看法。起初,戴雪送了一本书给哈廷顿,即自由党内的辉格派领袖,同时也是最为杰出的自由联合主义者。他希望哈廷顿可以将此书看作是"一次出于好意的为支持自由联合主义政策的努力,尽管是微薄之力",还感谢他"在维护真正的自由主义原则中"起到了重要作用。② 而哈廷顿仅仅作了礼貌性的回复。1886 年底,自由联合主义者的政治立场模棱两可,而戴雪就反映了这种不确定性。于是,他向哈廷顿作了下面这番长长的恳求,试图消除上述情绪:

> 在成百上千的自由党人和保守党人看来,当前的危机使普通的政党问题变得无关紧要。我们觉得,每个爱国的英格兰人都拥有的一个职责是,支持整个联合王国范围内的法治,维持联合,为了这一目的去阻止格拉斯顿先生及其追随者再次掌权。这是至关重要的,其他的一切在目前看来都不重要。我们期望阁下确保分离主义者不会重新掌权。他们如果取胜,后果会很严重,甚至比在爱尔兰设立议会所造成的灾难还要大得多。在当前形势下,它意味着帕内尔先生的最高权威,意味着政治的彻底混乱,意味着联合王国的瓦解。阻止分离主义者取胜的最好手段是什么,您来判断吧。
>
> 一个没有政治生活经验的人可能会自负地说,自由联合

---

① 格拉斯顿致戴雪书信,1886 年 11 月 30 日,《布赖斯书信集》。
② 戴雪致哈廷顿勋爵(Lord Hartington)书信,1886 年 11 月 12 日,《德文郡书信集》,查茨沃思,德比郡。

主义者应该或者不应该与保守党联合,或者说联合主义者领导人应该或者不应该掌权。而不自负的说法是,眼下[138]在下院外的人看来,与联合主义者和分离主义者之间的分歧相比,自由党与保守党之间的分歧算不了什么。我认为,这是在政治生活外的人与议员之间的一点不同感受。这一差异是我所强调的,因为如果你碰巧没有注意到它,那么在我看来,你会对整个形势产生误判。阁下很可能没有意识到您所处的地位有多么重要。你是唯一一位诚实、具有常识和爱国主义精神的领导者,大多数不同党派的人都绝对信任的人。

请恕我直言,我们不那么肯定的是,你对自己是否有这场危机所需要的全部信心。我敢非常肯定地说,如果你现在超越党派,诉诸全体国民,你会发现自己能够得到所有阶层和各种政治思维方式的诚实人的支持。我们所需要的,是一个能够表现出关心国民且只关心国民的政治家,我们相信,你正是这样的政治家。这个确信,是所有自由联合主义者都具有的,也是数以千计的保守党人所具有的,是我和他们最大程度的共识。这是我给阁下写信并恳求你相信自己、相信国民的支持的理由。

你可以将民族从最可怕的灾难中解救出来,降临于它的是——那些不相信全民族统一的人重新掌权——联合王国的瓦解和对公共人物的信心的全部摧毁。你能够避免这一灾难,我恳求你将其他一切考虑都放在次要地位,重点考虑避免这一灾难的必要性。我的名字至少可以向你表明,我对政治有过一些思考,而且我的用语可能听起来强而有力,这种力量源于我的信念,因为我不是一个惯于暴力的作家。①

---

① 戴雪致哈廷顿勋爵书信,1886 年 12 月 23 日,《德文郡书信集》。

对这一请求，哈廷顿结果很冷漠。在回信中，他提到戴雪把内部自治仅仅当作一个宪法问题处理的内在基本困难。哈廷顿承认《英格兰反对爱尔兰自治的理由》所具有的价值，但也给予了温和的指责，[139]认为他不够重视现实政治的考虑。① 由于这一缺陷，戴雪——尚沉浸在他的书所赢得的成功的喜悦之中②——将自己永远置身于从远处观察政治。尽管他尽力影响联合主义者的主要领导人，但只有当他的论证符合他们的目的时，他们才利用这些论证，这令戴雪陷入了学术孤独。

联合主义的拥护者频繁引用《英格兰反对爱尔兰自治的理由》，尽管很少有人假装理解宪法论辩的微妙之处。此书以枯燥的学术风格对当代政治进行了讨论。戴雪显然热切关注联合，但他自我强加的宪法评论者角色限制他把这一感情带到工作之中。当后来有关内部自治的著作放弃了这种中立姿态，它们就退化成声嘶力竭的愤怒声讨，没有什么价值。然而，这一超然的态度并没有给人留下他所期望的印象。即便书很畅销，戴雪也没有幻想它有多大影响，他写信给妻子说："对虚荣心的一个检验是，尽管这本书取得了成功，但一本书能够对政治产生真正影响的日子已经一去不复返了……选民不读书，我怀疑读书阶层正在丧失对于政治的兴趣。"③他悲伤地认识到，就其主要目的而言，他的著作是失败的：确立他作为一个政治权威的声望，并让国民相信必须反对内部自治。

这篇最初的文章在政治论战中产生的影响，在于它给予自由联合主义者在运用宪法论证来反对内部自治时以短暂的优势。贾斯丁·麦卡锡，即帕内尔的第一政治副官，对此书的影响感到非常

---

① 哈廷顿致戴雪书信，1997 年 1 月 3 日，《手稿全编》，508(63)，格拉斯哥大学图书馆。
② 戴雪致戴雪夫人书信，1886 年 12 月 2 日，载雷特编，《戴雪回忆录》，页 101—102。
③ 同上，1886 年 12 月（日期不详），同上，页 101。

害怕,因而撰写了《支持爱尔兰自治的理由》来反驳它。如同麦卡锡所说的:"一本书以如此隆重的仪式问世,被某个政党视为真理而接受,并对一个伟大事业造成如此毁灭性的影响,这需要耐心的考虑。"①麦卡锡对戴雪的论证一点一点进行反驳,[140]因此,全面概括是不可能的。一个公正的判断是,这位爱尔兰人有效地回应了戴雪的多数主张,尤其是他对于爱尔兰历史的忽视:"历史教给我们的一切都应该被忽略,应该被抹去,对一场像大山一样古老的争论的研究,就仿佛它是一场快速生长的争论,其产生条件在上个星期才出现似的。"②当然,麦卡锡在这场激烈论战中也带有偏见,因为他不是一个公正无私的观察者。他总结说:"不需要对戴雪的书做太多研究就会发现,他的多数论辩都是荒诞的且具有误导性的,即便有些论证本身是合理的,但从中推出的结论却十分错误。"③对戴雪而言,他从不屑承认麦卡锡著作的存在;戴雪自己心里清楚,他对异见不感兴趣。未来的战线已经清晰可见了,因为联合主义战士戴雪已经找到了他可以毫不犹豫地投身其中的政治运动。

---

① 贾斯廷·麦卡锡(Justin McCarthy),《支持爱尔兰自治的理由》(*The Case for Home Rule*),页10。
② 同上,页9。
③ 同上,页172。

第七章 一个联合主义者的
时期:1887 年至 1898 年

[141]戴雪生命的下一个时期,即自 1887 年至布尔战争爆发时起,爱尔兰问题就在他的生活中占据了支配地位,尽管对于后人而言,他在其他领域的工作似乎要比他的政治活动更为重要。本书的一个基本论点是,1886 年后,戴雪对联合的关注控制了他对时间的分配,而且,这种对于爱尔兰的痴迷——这一点有关戴雪的著作通常会简要提及——使得他在法律与宪法问题上的投稿数量减少。对于爱尔兰事务的这种强调,反映出在 1886 年之后的那些年里,戴雪自身的担忧所在和他的写作主题。他的名声现在建立在两部书上,即《宪法》与《英格兰反对爱尔兰自治的理由》,但重要的是,戴雪充分利用其作为政治评论者的角色,要远远超过其作为宪法解释者的职责。戴雪将注意力更多地放在政治论辩上,而不是工作的任何其他领域。

1887 年 3 月 30 日,戴雪在自由联合俱乐部的成立晚宴上发表演说,晚宴由哈廷顿主持,联合主义的报刊《自由联合主义者》在宴会上首次发行。① 戴雪把演讲内容告诉了布赖斯,在这一过程

---

① 迈克尔·赫斯特(Michael Hurst),《约瑟夫·张伯伦和自由党人的再度联合》(*Joseph Chamberlain and Liberal Reunion*),页 341。

中,他阐述了自己形成于 1886 年之后的有关爱尔兰的观点:"它表达了一种我最严肃持有的信念,而且这种信念一天比一天坚定,那就是自由联合主义者,我还必须加上联合主义者,他们通常粗略地和以一种各政党所能做到的唯一方式,代表着这个国家最好的道德情感与民族情感……我所要做的就是要清楚地表明,我虽然谈吐轻率,甚至我敢说是无礼,但是我有一种比你,至少比你姐姐,最初可能相信的要严肃得多的信念。"①[142]他的态度越来越强硬,这一点可以从他拒绝参加一场晚宴中看出来——他本可以在宴会上与自由党人觥筹交错。这样做的话有违他的良心。② 格拉斯顿人与自由联合主义者之间的裂痕随着时间的流逝而扩大。

这年余下的时间里,戴雪的写作都集中在联合主义者事业上。在 7 月发行的一本小册子中,他详细列明了联合主义者为了可预见的未来所要承担的责任:直面事实,团结全党,向选民宣传维持国家统一的极端重要性。③ 他认为,地方自治者与分离主义者已经从上一年的挫败中振作起来。尽管如此,他仍然对联合主义者立场所具有的道德力量保持乐观。戴雪认为,联合的维持关乎法律的维护、政治道德的维持和国家的维系。国家统一大业取代了所有其他考量,政党间的细微分歧从而变得不再重要,而这在狂热党徒的眼里却显得极为重要,他们尊重政党胜过国家利益。联合主义者必须召集普通公民去对选民发表演说,因为他们不能依赖已经不堪重负的联合主义者政治家。除非联合主义者有着与对手一样的热情,否则他们对于联合王国国家统一的信念就永远不会胜过格拉斯顿派的暂时迷恋与爱尔兰民族主义者的真挚热情。即便政治形势似乎对联合主义者的事业有利,他们也不能对内部自

---

① 戴雪致布赖斯书信,1887 年 4 月 4 日,《布赖斯书信集》。
② 同上,1887 年 6 月 11 日,同上。
③ 戴雪,《联合主义者的职责》(The Duties of Unionist),载《支持联合的理由》(The Case for the Union)。

治放松警惕。

数月后,戴雪把他发表在《旁观者》上有关联合主义的战略失误的书信结集成书出版。① 很多讨论都已经很熟悉了,例如,需要弱化党派分歧,以击退"革命主义者的攻击,他们的行为对联合王国的完整与力量构成威胁"。在两个领域,戴雪提出了联合主义者需要考虑的新论证。首先,他写到,内部自治引起的[143]政治冲突是根本性的,以致它永远无法通过妥协来解决。联合主义者认为联合王国构成了一个国家(nation);内部自治者则认为爱尔兰民族的主张在道德上优于联合王国的权利。在这些观点中是不可能有中间地带的。对革命性创新的强烈要求不应被误认为是代表和平改革的宪法骚动。其次,他支持哈廷顿勋爵和其他自由联合主义者领导人与保守党结盟,其理由是,对政党的忠诚不能妨碍对国家的忠诚。对每一个联合主义者而言,无论是领导人,还是追随者,政治政策都应该服从于确保国家统一。格拉斯顿派的自由主义者背弃了帕内尔派,因此,惟有毫不妥协地坚决捍卫这个国家,才能拯救联合。

一方面,戴雪只产生了很小的(如果有的话)影响,这是显而易见的;他的大学身份为他赢得了加入联合主义组织的机会,尽管联合主义的领导人很少注意到他,但他声称支持这一事业。② 他从未脱离政治的影响。另一方面,联合主义对戴雪而言代表着一套政治信念,而且要比 19 世纪任何一个更具影响力的意识形态都更为严肃。联合主义与自由主义之间的冲突一变得明显,戴雪就为了联合主义而放弃了自由党所表达的自由主义。没有权力的负担,戴雪毫无节制地沉溺于激烈的政治言辞。他的态度反映出对

---

① 戴雪,《关于联合主义者错觉的通信》(Letters on Unionist Delusions)。
② 戴雪致戴雪夫人书信,1888 年 5 月 16 日,载雷特编,《戴雪回忆录》,页 129—130。对在贝德福德公爵伦敦家中举行的政治晚宴的这一叙述指出,戴雪在这类聚会中发挥的作用是有限的。

妥协进行质疑是所有政治业余爱好者所共有的特征。在个人层面，他仍然经常提到要对政治对手保持宽宏大量，但是在写作中，他又诅咒那些玷污联合的人。自1886年之后，爱尔兰问题具有制造分裂的特点经常被忽视，因为内部自治运动已经失败了，而联合主义者在之后的20年里几乎完全掌握了权力。这个局面并未减少戴雪对于联合的担忧。戴雪并不是唯一一个观点如此激烈的人，这一点可以从布赖斯在1887年底对一个朋友的评论中看出来："在英格兰，对于那些从政的人来说，事情并没有他们记忆中的那么令人愉快，这种感觉变得如此强烈，[144]尤其是对于那些所谓的联合主义者或持异议的自由党人而言，更是如此，他们反对同一政党中的内部自治者，特别是反对格拉斯顿先生。前者和保守党支持者，包括伦敦的六分之五的'群体'（society），有一场联合抵制的社会运动……我们再未听到双方的论辩，只有互相指责。"①尽管爱尔兰问题自1886年至1914年间，在顺应众多政治变化中盛衰起伏，但它为英国政治注入了永久的对抗情绪，违背了通常为维多利亚晚期与爱德华时代政治所具有的稳定性与斗争策略。

仿佛是为了证实其朋友的观察，戴雪于1888年4月重新加入到捍卫联合的斗争中，第一次抨击对手的动机与政策。在此过程中，他放弃了一个立宪主义者虚假的客观性。② 现在，他主张，联合主义的事业依赖于最朴素的道德准则，因为联合主义者不仅是明智的，而且也是有道德的一方。内部自治并未真正代表爱尔兰的愿望，因为爱尔兰少数派代表着这块土地上的财富、活力与正直，憎恶各个方面的政策。内部自治者变成了决心要破坏法律与财产的新雅各宾派，因此联合主义者必须为整个国家至高无上的

---

① 布赖斯致惠特曼夫人（Mrs. S. Whitman）书信，1887年12月17日，《布赖斯书信集》。
② 戴雪，《新雅各宾主义与旧道德》（New Jacobinism and Old Morality），页475—502。

普遍诚实与公平而奋斗。这一新主题的出现是否产生了某种影响？有少量的证据表明没有产生影响，因为他宣讲的对象经常是已经转变思想的人，他对于改变坚定的内部自治者的想法不抱有幻想。比如，弗里曼曾写信给布赖斯谈到戴雪最近的努力："我刚读了戴雪在《当代评论》上的文章。我没有看到有任何触动我的内容。我相信爱尔兰应该实行内部自治，正如我相信泽西岛应该实行自治一样。"①当戴雪认识到他的论战对舆论没有产生实际影响之后，他又开始尝试一种不同的方法。

从1888年4月开始，一直到其后的两年时间里，戴雪给阿瑟·贝尔福（Arthur Balfour）寄了一封又一封的信，贝尔福是索尔兹伯里的外甥，时任爱尔兰首席大臣。这些通信肇始于戴雪的一个建议：联合主义者政策中不应含有根据《犯罪法》（Crimes Act）定罪之后的加重刑罚措施，因为这将导致联合主义政府的名誉扫地。② 这[145]会造成一种报复的表象，一种不值得实行联合主义的精神。他的建议重申一点，惟有以常规方式严格执行普通法律，才能在一定程度上平定爱尔兰局势。贝尔福的回答中对加重刑罚的支持并没有完全说服戴雪，但是这让戴雪对于贝尔福上任伊始的作为印象深刻，并把他对爱尔兰的希望寄托在贝尔福身上，贝尔福是唯一能够有效实施刑法的政治家。他还力劝贝尔福，联合主义政策不应包括把地方自治延伸至爱尔兰的承诺，这是由联合主义的忠实拥护者约瑟夫·张伯伦提出来的一项政策，但戴雪一直坚决反对，以免让地方政府落入内部自治者的手中。③

---

① 弗里曼致布赖斯书信，1888年4月6日，《布赖斯书信集》。译注：泽西岛，英吉利海峡上最大和最南端的岛屿，933年被诺曼底兼并，1204年脱离诺曼统治，同时获得自治权。

② 戴雪致阿瑟·贝尔福书信，1888年4月27日，《阿瑟·贝尔福书信集》（B. M. Add. Mss. 49792）。

③ 同上，1888年5月3日，同上。

1888 年夏天,爱尔兰又回到了英格兰政治的中心,这给戴雪带来了一些可供思考的具体问题:调查帕内尔主义性质的特别委员会,针对帕内尔提出的其他爱尔兰领导人合谋违反爱尔兰法律的各种指控。[①] 发表在 1887 年《泰晤士报》上的一封复制书信也包括在内,信中间接表明帕内尔认可 1882 年菲尼克斯公园的谋杀事件。帕内尔请求组成一个特别委员会对这些事件进行调查,但立即遭到了联合主义政府的拒绝。但是,尽管包括戴雪在内的一些联合主义者感到担心,以及内部自治者强烈反对法官当选,一个特别委员会还是任命组成了。

戴雪给贝尔福的信中写到,他反对组成特别委员会,因为它背离了他所珍视的一项原则,每个人都享有在这片土地上的普通法院中接受审判的权利,但没有要求接受任何其他形式的审判的权利。[②] 戴雪担心,内部自治的民族问题有可能变成关乎帕内尔诚实品性的个人问题。除了书信,戴雪还附上了一份长篇的有关特别委员会的建议书,其中反复强调组建一个法庭进行法律调查并完全像普通法院一样行事的必要性。[③] 证人必须宣誓、接受交叉询问,作伪证要受处罚。[146]戴雪认识到,要落实这一建议就需要联合主义者领导人的坚定,但他认为,如果委员会可能影响公众的话,它们就是必不可少的。数周后,戴雪又力劝贝尔福尽可能全面地对帕内尔的行为展开调查,尤其是帕内尔与他的同僚在爱尔兰的联合抵制运动中的串通行为。[④] 与大多数联合主义者一样,戴雪希望委员会可以一劳永逸地败坏帕内尔的名声,但他也预感到,若处理不当就会事与愿违。如果他认为的必要条件不具备,更

---

① 关于特别委员会,参见小柯蒂斯(L. P. Curtis, Jr.),《1880 年至 1892 年间爱尔兰的强制与和解》,页 277—300。里昂(F. S. L. Lyons),《查尔斯·斯图尔特·帕内尔》,页 393—432。

② 戴雪致贝尔福书信,1888 年 7 月 13 日,《贝尔福书信集》。

③ 对该程序法律性质的强调,是戴雪作出的。

④ 戴雪致贝尔福书信,1888 年 8 月 1 日,《贝尔福书信集》。

明智的做法就是根本不组成委员会："不顾一切地设立委员会是否可取，对我而言是一个非常值得讨论的问题。"①

　　特别委员会的程序一启动，戴雪就对结果一直感到很忧虑。这些担忧可以从他发表在《旁观者》杂志上的一篇简短评论中看出来，他在评论中指出，即使被理查德·皮戈特（Richard Piggott）认为是帕内尔写的那封信证明是伪造的，仅凭这一事实也不能让内部自治得到支持。② 而后，戴雪将注意力转移至格拉斯顿派提出的有关《犯罪法》实施的指控上。贝尔福向他保证，他已尽其所能回应对其不法行为的指控，欢迎他对联合主义政策提出建议，并且解释他自己的观点。③ 戴雪在回信中建议政府发表一份有关《犯罪法》各种事实的简要声明，目的是让联合主义者的发言人能够尽快批驳格拉斯顿派对事实的歪曲。④ 在他自己的演讲中，他经常希望指责那些他认为错误的主张，但他没有办法收集事实以支持自身的立场。所提议的这份报告应当公开，即便存在某些对政府不利的情形也当如此："对联合主义者的事业而言，最为重要的一点是，[147]选民应当知道真相。"⑤

　　1889 年初，当皮戈特在证人席上失声痛哭，承认帕内尔的书信系伪造时，真相就大白于天下了。联合主义者对帕内尔的控告失败了。发誓要毁灭这位爱尔兰领导人，在英格兰掀起了一股热潮，这是他此前从未经历过的。支持内部自治的人数急剧增多，尽管如布赖斯指出的，《泰晤士报》案的失败与内部自治论证的有效

---

① 同上。

② 《戴雪教授的一个忠告》，页 1187—1188。戴雪很可能与他人讨论了这个问题，因为布赖斯也曾以同样的方式写到，帕内尔的功与过对内部自治没什么影响。布赖斯认为，如果信件是可靠的，那也不能诋毁内部自治。布赖斯致弗里曼书信，1888 年 8 月 5 日，《布赖斯书信集》。

③ 贝尔福致戴雪书信，1888 年 9 月 10 日，《贝尔福书信集》。

④ 戴雪致贝尔福书信，1888 年 9 月 18 日，同上。

⑤ 同上。

性之间没有逻辑联系。① 戴雪陷入了极不寻常的沉默，就仿佛与多数其他联合主义者一样，他也需要一个缓冲期来决定使联合主义从特别委员会的破产中摆脱出来的最好办法是什么。戴雪一度怀疑，帕内尔的爱尔兰党徒可能会刺杀委员会的法官，以中止调查程序；②如今，在公众的眼中，联合主义者被判犯有阴谋罪。戴雪与其他联合主义的支持者别无选择，唯有默默地克服困难。他们等待着委员会报告的公布，期望还能够从中挽回一些政治损失。

　　联合主义的状态并不是令戴雪感到不安的唯一原因。在公布特别委员会调查报告的前夕，格拉斯顿利用他作为万灵学院荣誉院士的身份，于 1890 年初在那里居住了 10 天。历史学家查尔斯·阿曼(Charles Oman)回忆说，戴雪"这位最狂热善辩的自由联合主义者"，决心等自由党的那位破坏者一出现，他就不待在学院了。③ 万灵学院的院长安森劝说戴雪，即便仅仅是为了学院好客的名声，也要在他刚到来的时候参加为他举行的招待会。戴雪答应了这一请求。在招待会上，格拉斯顿立即尽一切努力把他的批评者吸引到谈话中来，并巧妙地提出了一个他只会接受戴雪的意见的宪法问题，[148]他的关心让戴雪陷入一种令人惊讶的无言状态。这两人之间的对照是富有启发的，对格拉斯顿而言，他不断接受新的观点，羡慕那些一直坚守一个信念的人。④ 而戴雪却是严格坚守个人信念的典型，因此，他无法理解格拉斯顿思想与政治发展的能力。这种与他多次强烈指责的对象的对抗，再次说明戴雪不适合从政。他需要具备很多维多利亚政治家成功所必需的风

---

① 布赖斯致弗里曼书信，1889 年 3 月 8 日，《布赖斯书信集》。
② 戴雪致贝尔福书信，1888 年 1 月 18 日和 23 日，《贝尔福书信集》。
③ 这段话依据的是查尔斯·阿曼爵士在《我所见》(*Things I Have Seen*)一书中的回忆，页 78—82。
④ 哈默(D. A. Hamer)，《格拉斯顿和罗斯伯里时代的自由主义政治》(*Liberal Politics in the Age of Gladstone and Rosebery*)，页 70。

度，而且对他有害的是，雄辩术只有在固定套路中才奏效。他从未掌握政治会议上经常需要的对答如流的技巧。令人遗憾的是，他缺乏在通常忙乱的英国政治中取得成功所必需的素质。

　　特别委员会的报告于 1890 年 2 月 13 日公布，这给戴雪提供了又一个涉足政治争论的机会。自那时起直到 6 月，他都在着手写作《裁断》一书，试图从报告里有关帕内尔的材料中提炼出一些有利于联合主义者的东西。^① 对于报告的全面阅读促使他去实施这一计划，他认为报告中所含有的政治论据给他留下了极为深刻的印象。戴雪在写给塞尔伯恩勋爵的信中提到，他坚信"报告给了联合主义者一个非常强大的武器，只要他们知道如何去使用它。格拉斯顿派的曲解对我没有太大的困扰"。^② 新书必须强调报告中那些不太受关注的结论，因为帕内尔的辩护遮蔽了所有其他方面。正如戴雪现在认为的：

> 　　联合主义者所宣称的一切，除了直接对帕内尔个人的指控，在我看来，似乎都是事实。我看不出现在有谁能诚实地否认这一点：联合抵制与独家经营是完全不同的，或者爱尔兰政党对他们试图以恐吓与暴力方式来完成法律变更负有共同责任。我们现在已经很清楚了，他们是革命者，而不是宪法改革者……[149]联合主义的事业对我来说就是爱国主义和朴素正义的事业，我对它的强烈兴趣是我写这么多的唯一理由。^③

在信中，戴雪还向塞尔伯恩透露了《裁断》的主要写作策略：苏格兰

---

① 戴雪，《裁断：关于帕内尔委员会调查报告的政治意义的一篇短文》（*The Verdict：A Tract on the Political Significance of the Report of the Parnell Commission*）。
② 戴雪致塞尔伯恩书信，1890 年 2 月 27 日，《塞尔伯恩书信集》。
③ 同上。

裁断的重要性尚未得到证实。格拉斯顿派将这个解释为一项无罪宣判,因此,他寻求塞尔伯恩支持他将这一短语解释为表示犯罪证据不足。它绝对不意味着一项无罪判决。戴雪认为,忽视这一差别就错过了报告的重要价值。[1] 戴雪收到塞尔伯恩支持这一解释的回信之后,便着手于本书的写作:"这个报告我研究得越是深入,我就越是震惊于它对被调查者行为的直接谴责所具有的力量,更别提间接指责了。"[2]戴雪迅速工作起来,他相信,内部自治已完全交到了联合主义者的手中。

《裁断》于 1890 年 6 月出版。对此书最宽厚的评价是,作者运用他全部的辩论技巧充分解析了一份糟糕的政治纲要。他写到,《泰晤士报》为这个国家提供了"一种出色的服务,迄今为止,即便从联合主义者那里,他们对这项服务也还没有得到应有的感激"。[3] 它是一个政治判断,具有党派偏见,因此,此书不值得关注,也几乎没有受到关注。此书被证明为是徒劳的,因为帕内尔书信成为了调查的焦点。帕内尔的辩护,在其声誉提升的情况下,很轻易就经受住了戴雪对报告其他方面的强调所带来的不利影响。[4] 戴雪描述的大多数事件都发生在 19 世纪 80 年代初,对公共舆论而言,已属于古代史。除了充满怨恨的联合主义者之外,对所有人而言,《裁断》被证明是一次没多大价值的努力。

戴雪为什么在一开始反对特别委员会,然后又将自己的声望寄托于一项无望的任务,即把已经是联合主义者惨败的局势变成联合主义者的宣传? 柯蒂斯(L. P. Curtis)写道:"要解释联合主义者的行为,就必须放眼爱尔兰海之外,那些倡议设立委员会的人极

---

[1]　同上,1890 年 3 月 14 日,同上。

[2]　同上,1890 年 3 月 17 日,同上。

[3]　《裁断》,页 viii。

[4]　康纳·克鲁兹·奥布莱恩(Conor Cruise O'Brien),《帕内尔及其政党:1880 年至 1890 年》(*Parnell and His Party* 1880—1890),页 233。

为关注大英帝国的完整与未来。"①[150]这句话同样适用于戴雪,除了他最关注的是联合主义而不是帝国这点之外;他所担心的完整性只包括联合王国,而非海外帝国。最终,帝国事务赢得了他的忠诚,但他在1886年之后政治态度是一贯的,他绝对致力于维护联合王国本身。为此,他愿意冒一切风险,包括他的名声。对戴雪来说,联合象征着英国的伟大,因此,威胁越是迫近,他就越考虑以激进的政治行动来捍卫它。他誓死捍卫帕内尔委员会是他强烈的联合主义信念的符合逻辑的结果。

在帕内尔溃败之后的一段时间里,戴雪更加担心联合主义者在下次大选中没有什么机会。他试图找一个议题,以让联合主义者就此团结起来,他建议贝尔福优先考虑当时正在审议的《土地购买法案》。戴雪刚刚结束了一次他为数不多的爱尔兰之旅,他告诉贝尔福:"我在爱尔兰听到的每一个词都证实了我的信念:维护法律和全面购买构成联合主义者唯一真实政策。"②这一立场与他认为经济利益将最终摧毁内部自治动乱的观点是一致的。他认为,在土地购买问题上采取引人注目的姿态不仅有益于爱尔兰,而且也能缓解联合主义者面临的选举困境。他写道:"如果《购买法案》通过,连大选失败都将是一个巨大的(但我认为是可弥补的)不幸。如果该法案未获通过,大选失败依我看是确定无疑的,而失败则意味着我们联合党的名声败坏,永远不得翻身。"③这一有关联合主义者命运的世界末日观很快被证实是错误的,因为出路近在咫尺。

1890年10月中旬,帕内尔离婚案导致这位爱尔兰领导人的政治生涯悲剧性地结束了。有关他领导爱尔兰议会党团的激烈辩

---

① 柯蒂斯,《强制与和解》,页299。
② 戴雪致贝尔福书信,1890年10月3日,《贝尔福书信集》。
③ 同上。

论,以及他在这场斗争中的失败,让他丧失了政治影响。离婚事件让帕内尔彻底丧失了大量公众支持,要知道自皮戈特伪造信曝光以来,他一直都是得到这些支持的。戴雪意识到,内部自治成员中的分裂对联合主义者有利,[151]他觉得,没有斗争的话,帕内尔不可能辞去爱尔兰领导人的职务。就在对帕内尔和奥谢夫人(Mrs. O'Shea)的判决公之于众的那一天,戴雪还打赌帕内尔在3个月内不会辞去爱尔兰政党领导人的职务。① 戴雪热切关注了1890年11月至12月的事情,他在写给《泰晤士报》的一封题为"犬儒主义的伪善"的信中指出,民众如此强调帕内尔的通奸,以至于忘了他也是一个叛徒和一个说谎者。联合主义者一定不能同情一个叛徒为避免他完全应得的毁灭而作出的孤注一掷的努力。"我们联合主义者此刻处于一个坚不可摧的位置,它是不可动摇的,除非我们自己愚不可及。"他随后又补充道:"进一步反对内部自治几乎没有必要了;帕内尔派的做法就是对格拉斯顿理论的驳斥。"② 在之后的12月,戴雪向贝尔福建议,保守党应当尽可能长时间地留任,以让帕内尔离婚事件的影响最大化:"我认为,唯有给予仔细考虑问题的时间,才能让诚实但非常迟钝的选民理解最近事件的影响。"③贝尔福倾向于更为崇高的格调,即政府不应寻求即时的政治利益,并明确告诉戴雪,政府在近期不会考虑大选问题。④ 这一年,开头对联合主义而言如此糟糕,结束时却有着胜利的气氛,这让戴雪感到欣喜。

　　1890年的另外两个著名事件影响了戴雪有关爱尔兰的看法。

① 参见1890年11月17日那次打赌,载于查尔斯·阿曼爵士编,《1873年至1919年间万灵学院第二本赌注簿》(*The Text of the Second Betting Book of All Souls College 1873—1919*),页111。
② 《泰晤士报》,1890年12月9日,页8。
③ 戴雪致贝尔福书信,1890年12月29日,《贝尔福书信集》。
④ 贝尔福致戴雪书信,1891年1月1日,同上。

这一年，他穿上了丝制法袍，从而在已赢得的法律荣誉之上，又享有了皇家大律师的尊贵。① 此外，他还辞去了国内税收署的职务，这让他有更多的时间从事其他事务，尽管在这之后，他仍然在某些特殊案件中为政府准备诉讼摘要。闲暇增多的直接影响，[152]可以从他1891年开始记录的笔记本中看出来——这本笔记是对爱尔兰政治的永久记录，②它比其他任何一个证据都更能显示他对爱尔兰的痴迷。到这时，戴雪这位公认的宪法权威、在英美法律界具有崇高声望的人，将他的时间都用在了整理内部自治演讲，关注公共舆论变化和影响爱尔兰的立法进程上。笔记本中极少提及法律问题，通常只是简要提及法律冲突领域的案例。③ 1892年的笔记最多，令人兴奋的7月大选让他怀着极大的兴趣关注政治。早在1891年，由于他热情地投身于联合主义者事业，《旁观者》授予他"自由联合主义良知的守护者"的荣誉。④《旁观者》坚持认为，这种良知，不论是联合主义者的，还是戴雪本人的，都是老式的那种，关心的是积极参与、明确责任和公平正义。

　　1891年，戴雪有相对较长的一段时间没有参与内部自治的争议，之后1892年的大选又再次让戴雪加入到爱尔兰的斗争中来。3月，他力劝积极的联合主义者不遗余力地赢得大选，因为有如此之多的其他联合主义者没有明白冲突迫在眉睫这个重要特征。⑤ 倘若内部自治取得胜利，爱尔兰真正的统治者就会是（戴雪个人以为）被判有犯罪共谋的人。联合主义者不能为了暂时的政治利益而与爱尔兰政客合作。对于联合主义的生存而言，妥协就意味着

---

① 皇家大律师的任命印章和任命书仍然保存在工人学院档案室有关戴雪的材料中。
② 这本笔记保存于牛津萨默维尔学院档案馆的戴雪纪念品之中，下文称为《戴雪笔记》。感谢萨默维尔学院图书馆管理员波林・亚当斯（Pauline Adams）将该文件给我任意使用。
③ 《戴雪笔记》，页13。
④ 《自由联合主义者的良知》（The Liberal Unionist Conscience），页193。
⑤ 戴雪，《捍卫联合》（The Defence of the Union），页314—341。

灭亡。选举前夕，戴雪向布赖斯承认，这些论证已成为常规论证了："我不敢说最近发展了许多有关内部自治问题的新的方面。就像所有事情都必须的那样，它已经逐渐变成一个权力问题，而不是论辩问题。选票要好过子弹，但它最终还会是一场战斗。所有历史争论的怪异之处就在于，[153]他们几乎总是产生一些本质上不同于任何一方考虑的东西。当然，我指的是多年产生的结果，比如一个世纪。"①大选越是临近，戴雪对内部自治形势的情感方面强调得就越多。② 爱尔兰新教徒的抗议变成了爱尔兰所有开明者、受启蒙者以及忠诚人士的抗议。联合、正义和平等权利已经让他们成为了联合王国最忠诚的公民。新教徒乌尔斯特本身证明《联合法》是有益的，这个过程戴雪依旧希望它在信奉天主教的南部重演。

　　联合主义者在 1892 年的选举中失败了，这刺激戴雪更加努力地追踪新政府的爱尔兰政策。当他对布赖斯被任命为兰开斯特公国的大法官（chancellorship）表示祝贺时，他指出了自由党人的第一个错误："改进当前政府安排，这不是我的事，但我个人以为，派莫利而不是你去爱尔兰是一个巨大的错误。"③戴雪很快仔细记录了爱尔兰在政府更迭时发生的暴力事件，他认为这是由于自由党的放任取代了联合主义者遵循严格执法的结果。④ 他还密切关注莫利作为爱尔兰首席大臣的表现，唯恐注意不到某些政策上的错误。⑤ 随着新的内部自治法案即将出台，戴雪记录了大量有关内部自治的演讲或文章的笔记。⑥ 他继续频繁地出现

①　戴雪致布赖斯书信，1892 年 6 月 22 日，《布赖斯书信集》。
②　戴雪，《爱尔兰新教徒的抗议》（The Protest of Irish Protestantism），页 1—15。
③　戴雪致布赖斯书信，1892 年 8 月 18 日，《布赖斯书信集》。
④　《戴雪笔记》，页 49—52。
⑤　同上，页 58。
⑥　同上，页 59—81。

在联合主义者的事业之中,布赖斯由此称他为"站在讲台上大声反对内部自治"。①

　　1893 年内部自治法案较之 1886 年那个受阻挠的法案,最大的改变是威斯敏斯特议会中吸纳了爱尔兰议员,而他们之前是被排除在外的。戴雪为引证这一事实而感到高兴,格拉斯顿与莫利在 1886 年支持将他们排除在外,而在 1893 年又支持将他们吸纳进来。[154]该议案一提交到下院,戴雪就向约瑟夫·张伯伦解释道:"我正在仔细研读法案。在众多可訾议的地方中,我尤其要批评保留爱尔兰议员这一点。这没有使得任何论断无效。与 1886 年对于将其排除在外的抨击也没有真正的不一致。两个方案都有各自无法克服的弊端。但我认为其中保留方案弊端最大。"②他担心内部自治议案会被通过成为法律,这导致《冒险行动》一书在 1893 年夏天出版。③ 这本最新的著作有力地证明了戴雪所承认的,关于内部自治几乎没有提出新的论据。他再次试图证明,内部自治为整个联合王国创制了一部新宪法,而这个新宪法会对英格兰和爱尔兰都造成损害,并且还会引发宪法革命,因为内部自治破坏了现行宪法的基础。格拉斯顿与内部自治的胜利确保了帕内尔主义与阴谋的胜利、都柏林对于贝尔法斯特的胜利、贸易保护对于自由贸易的胜利,以及宪法不公正对于法律面前人人平等的胜利。戴雪意识到了如此强烈反对中所固有的内战危险,但他不去讨论宪法上无限主权行使的道德限制,或者这一反对在多大程度上为暴力抵抗提供了正当性,从而巧妙地回避了这一问题。1893 年的形势,让戴雪不必经受良心的考验,但未来的内部自治危机不会给

---

① 布赖斯致霍姆斯书信,1893 年 4 月 6 日,《布赖斯书信集》。

② 戴雪致约瑟夫·张伯伦书信,1893 年 5 月 1 日,《约瑟夫·张伯伦书信集》(JC 5/23/1),伯明翰大学图书馆。

③ 戴雪,《冒险行动:对 1893 年法案中体现的自治原则的批判》(*A Leap in the Dark: A Criticism of the Principles of Home Rule as Illustrated by the Bill of* 1893)。

他带来同样的奢侈。戴雪认为，内部自治不允许联合主义者有任何让步或者妥协；如果所有其他办法都失败了，他们就必须依赖上院拒绝通过议案，以便将其交由人民批准。他早在 1891 年就预见到了这一可能性，当时，他提出，上院有义务在内部自治议案得到国民的审慎判断之前将其否决。① 后来事件严格按照戴雪的"剧本"发生了；[155]内部自治议案在格拉斯顿艰苦卓绝的努力下由下院通过，但 1893 年 9 月在上院遭受了 419 票对 41 票的压倒性失败。

　　这个结果让戴雪感到满意，尽管他对内部自治的担忧如此之强烈，以至于无论在怎样的政治形势下，他都从未完全感到它不会带来危险。他在 1893 年 10 月写给塞尔伯恩的信中说："总的来说，我本人对联合主义者事业的成功抱有比一段时间以来更大的希望。我想我可以看到忠诚的格拉斯顿派正感到恐慌的信号……我认为可以相信联合主义者能够坚定地站在一起，这个事情我在大选刚刚结束之后曾是有怀疑的。"② 尽管联合主义者的运气有所好转，但这年底，戴雪在都柏林发表的一次发人深省的演讲中，仍然宣扬联合主义正处于危险之中。③ 他竭力主张，格拉斯顿的退职不会终结格拉斯顿主义的罪恶；反对内部自治的斗争必须永远保持警惕，并坚信联合主义的正义性。联合主义者一定不能因为眼前的危险已经过去就放松警惕。他在结论中这样呼吁："我们必须加倍努力；我们必须高度关心这一公共事务，就仿佛它是我们的私人事务一样。另外，我再说一遍：'虔诚祈祷，拼命战斗。'你可能会说，我已进入某种宗教领域而远离了政治。我无法区分二者。

① 《泰晤士报》，1891 年 10 月 8 日。戴雪在阿克林顿向联合主义者发表演说时作出了这一陈述。出乎意料的是，关于这一演讲的报道，与有关帕内尔于两天前在布赖顿逝世的一则长篇报道出现在同一天。
② 戴雪致塞尔伯恩书信，1893 年 10 月 2 日，《塞尔伯恩书信集》。
③ 戴雪，《联合主义者的前景》(The Unionist Outlook)，页 463—484。

炽热的感情是有力行动的关键。除非把你的政治信仰变成或者当成一种宗教，否则你永远不会取得胜利。然后，在你为正义的事业做了你所能做的一切之后，你就可以请求上天的正义援助了。"①这种焦虑再次显示了戴雪对联合的价值所怀有的热情信念，以及为什么他的演讲总是在真正的信徒中引起如此热烈的反响。戴雪从不怀疑上帝是一个联合主义者。

1894年间，随着内部自治运动的失势，尤其是在自由党人在爱尔兰政策上不能达成一致之后，罗斯伯里勋爵领导下的自由党政府的缺点就显现了出来。这种衰微并没有让戴雪感到满足，他否认[156]联合已稳固的观念。在写给列奥·麦克斯的一封长信中，他剖析了联合主义政策的当前状况：

> 我曾在某个公众集会上说过，联合主义者与分离主义者达成共识的一点是，我们都不想再听到内部自治，我想这又过去了三、四年。虽然我很清楚这一点，但我还是认为丢开爱尔兰问题会是一个致命的错误。由于这事所具有的某些后果，我能向你解释一下我坚信这一点的理由以及我不赞同你的观点的原因吗？
>
> 在我看来，抨击民族统一极像是一场损害民族生命的侵略，对于侵略，我觉得我应该感到，每个人最重要的责任就是抵御它。所有其他目标都应该服从于这一目的。联合主义正是联合党的生命。一旦反对分裂主义者的必要性丧失，我们的整个地位依我看就变得弱势了。的确，我现在有很多理由反对格拉斯顿派，但其中最主要的理由有两个：第一，他们试图推行内部自治；第二，他们拒绝将内部自治问题或者说1893年的内部自治法案交由国民来裁决。诉诸人民是我们

---

① 同上，页483—484。

应该力争的一件事，并且也是摆脱折磨我们所有人梦魇的唯一办法。

放弃爱尔兰问题，至少在两个方面给予格拉斯顿派以可乘之机。

首先，他们会非常乐于见到他们在 1893 年的惨败被遗忘。没有什么比这点更适合他们的了：继续坚持两到三年，竭尽所能地赢得支持，并利用每一次机会引起联合主义者内部的分裂。这是他们的一个机会。情形很可能是这样，如果我们放弃爱尔兰问题，下次大选会像上次一样，就围绕着一系列令人困惑而不同的议题展开，而且政府可能再次赢得多数，多数中许多的非内部自治者可能准备去投票支持内部自治。

其次，放弃所有联合主义者一致赞成的爱尔兰问题必定会让我们卷入我们不能达成一致的种种争议之中。我对于威尔士教派——实际上对于任何其他教派——都没有太多热情，但如果我是议员，[157]我就完全准备这样去说，在联合问题得到解决之前，我甚至不会考虑威尔士政教分离的问题；从张伯伦的演讲中可以看到——我也无法从其他途径得知——我认为这几乎就是他自己的立场。但是，如果放弃爱尔兰问题，我们究竟又如何拒绝考虑诸如政教分离的问题呢？而且，在我看来，这只是众多例子中的其中一个例子，如果联合主义者让他们自己卷入新的争议之中，他们就会分裂。

如果格拉斯顿派真的正在放弃内部自治，那么可能有某种理由让我们放弃爱尔兰问题，即便如此，我仍会认为这种政策非常可疑。可是他们没有，事实上，他们也不能放弃内部自治。当罗斯伯里勋爵提到"主要合作伙伴"以试图为他们提供一种摆脱这一问题的出路时，他们拒绝跟随他。

（为避免误会）请允许我补充一点，如果一个获得绝对多数支持的联合主义政府重新掌权的话，我所设想的那些困难都不会存在。这样一个政府,它的第一要务就应该是保卫联合,这可以而且应该通过按照人数来分配议席的方式实现,而且这样一个政府也会毫不犹豫地采取为政党多数所赞成的重要改进措施。但这是将来的事情。我们目前的任务是要一举击败分离主义者。它不能通过放弃爱尔兰问题来实现,正如美利坚联邦(Union)不能通过从里士满围城战中撤军来恢复一样。

　　如果有可能不冒分裂的风险,我应该高兴的是,联合主义者的领导人公开表示他们打算采取一个联合主义政府肯定不得不关注的一些措施,例如,爱尔兰土地购买制度延期和上院改革等等。①

考虑到罗斯伯里政府在 1894 年和 1895 年间所遭遇的各种问题,这些忧虑证明是可笑的。连[158]戴雪也意识到内部自治不可能取得胜利,所以他逐渐将注意力转向了有关法律冲突的工作。

　　1895 年联合主义政府的回归强化了戴雪的安全感,因此,这年底,他把内部自治置于次要位置,这是他 10 年来第一次这样做。这年初,他发表了一篇文章,为上院在 1893 年阻挠内部自治法案通过中所发挥的作用辩护。② 上院保留着国民对抗下院微弱多数或暂时多数的最高权力。这一形势意味着三项联合主义政策:(1)作为国民权利守护人的上院,一切削弱它权力的法案都是不能容忍的;(2)联合主义者,不论是保守党人,还是自由党人,在国家统一牢固之时,都必须准备进行上院改革;③(3)联合主义者必须保

① 戴雪致马克西书信,1894 年 9 月 6 日,《马克西书信集》。
② 戴雪,《联合主义者与上议院》(Unionists and House of Lords),页 690—704。
③ 戴雪提议将上院议员的人数缩减为 150 人或者 200 人,将下院议员的人数缩减为 400 人。他希望这样可以提高议员的水平,增进两院的效率。为了改革上院,他已准备接受终身贵族制,甚或是让上院实行选举。

护联合这样的根本制度免受某个派系所提出的革命性方案的破坏,从而来维护国民(nation)的至上性。这些限制应该体现于,在爱尔兰与英格兰之间重新分配议席,然后引入公民复决。在写给约瑟夫·张伯伦的道贺短笺中,戴雪再次游说他通过立法来最终解决爱尔兰问题:

> 我并没有十分乐观地希望内部自治动乱能被彻底消除;反对党在接受国民裁断中所表现出来的忠诚比我预期的更少——我本来就没抱太多期望。但我确实认为,内部自治成功的即时危险已经解除,联合主义者的手中现在掌握着让联合绝对安全的办法。我个人最希望采取两个措施,一是通过一项决定性的和宽大的购买方案来解决爱尔兰土地问题,二是在彻底民主的基础上重新分配议席,以达到这样的效果,从爱尔兰夺走她过多的席位,[159]而把英格兰应有的代表份额分给她。……我真正想做的是对你的成功表示祝贺,我完全相信你的成功就是对国民的拯救。①

在发表于《民族》杂志上的一篇相当于告别的文章中,戴雪重复了他对于联合主义政策的感受。② 自 1896 年至 1903 年间,爱尔兰问题对于戴雪而言已充分平息下来,从而可以让他去最终完成他因致力于联合主义事业而推迟了 10 年之久的一项计划。

在其他影响中,内部自治争议让戴雪对于民主的信念突然陷入危机,动摇了他之前对其功效所抱持的信心,最终迫使他以国民的名义去谴责民主。他之前对于选民判断的信心,为 1867 年与

---

① 戴雪致张伯伦书信,1895 年 8 月 29 日,《张伯伦书信集》(JC 5/23/2)。
② 戴雪,《联合主义者的政策》,(The Policy of Unionism),载《民族》,第 61 期(1895 年 10 月 17 日),页 272—274。

1884 年草率地扩大选举权所困扰,当数百万的英格兰人坚持投票支持内部自治这一点变得很明显的时候,他对选民的判断产生了深深的怀疑。由于这一议题是他一切政见的检验标准,所以一个危及联合的理论就必须修正,以消除这一可能性。因为这一原因,民主在内部自治问题出现以后就具有了与早期含义所不同的含义。

戴雪年轻时,他认为自己是一个进步的自由党人,满腔热情地支持选举权扩大的提议。在整个 19 世纪 70 年代,对于行动中民主的主要保留,涉及的是严格的党纪中对于个人自由的令人不安的限制。戴雪深情怀念 1832 年至 1867 年间的独立议员,认为他是英国政治个人主义的典型。1880 年,戴雪写到,英国民主依赖于对秩序的热爱、保守党的精神,以及对于作为公共生活指南的普通道德信条的信念。[1] 然而,自 1886 年内部自治危机之后,戴雪对于这些美德之永久性的信念大幅减弱。他对于民主的最初信念丧失得越多,对于过去就越是浪漫化。维多利亚时代中期的辉格党,在他回顾往事的时候,就显现为他最为赞赏的议会党团。[160]到 1888 年时,他已经开始对议会日益降低的声望感到痛惜,并且将议会制政府(这是他所称赞的)与议会治下的政府(这是他所强烈谴责的)进行对比。[2]

在这一点上,公民复决让他走出了对民主消极评价的困境,因为公民复决提供了一种他认为既民主又保守的政治机制。戴雪写到,在民主即国王的地方,公民复决即是国王的否决权。[3] 因此,他保持着对民主原则的忠诚,又由于他认为公民复决总会制约革

---

[1]　戴雪,《民主在 1880 年的英格兰》(Democracy in England in 1880),载《民族》,第 30 期(1880 年 6 月 3 日),页 414—415。

[2]　戴雪,《议会制政府与议会治下的政府》(Parliamentary Government and Government by Parliament),载《民族》,第 46 期(1888 年 6 月 7 日),页 464—465。

[3]　戴雪,《民主在瑞士》,页 136—137。

命性变革,所以他认为公民复决会给民主政治提供必要的稳定性。在 1890 年和 1891 年,戴雪在《民族》杂志上发表了系列文章,重新评价了他之前的民主信条。① 这时,戴雪对自己相信多数规则的优点感到懊悔,因为现代政治使得它很难获得国民意志的一个明确主张。此外,民主与进步不再是同义词,因为民主导致社会主义实验与对个人自由的不必要限制,而这本是民主所应当反对的。他向布赖斯表达了这一幻灭感:"恐怕一个人活得越久,他就越相信,任何改革,无论多么伟大,都不能从事物的本质上产生人们自然期待的所有好处……让我补充一句,我不怀疑世界会有逐步的改善,但是它的循序性目前对我而言是其最为显著的特征。"② 随着他对未来的担忧与日俱增,人民的声音只有在支持戴雪所赞成的事业时才博得关注;一旦民主遭受不利政策,它就丧失了它的正当性。

　　1892 年至 1893 年的种种事件——当时格拉斯顿利用下院的微弱多数推行内部自治法案——给他对于民主突进的焦虑增加了一个新的维度。他用这样一个提法表达了这点:国民对抗下院。戴雪写给列奥·麦克斯的信中,详细地谈到了这一主题:

> 　　[161]我认为,人民应该认识到这一点的极端重要性,一个微弱的且暂时的政治多数,尽管它必然会行使权力,但它并不享有国民的权力。在这一点上,我的想法变得越来越清晰。所谓的自由党观点有一个古怪之处,那就是:自由党人在他们应当服从多数权力时却去抵制它,而在他们不应视多数的权

----

① 戴雪,《民主的前提》(Democracy Assumptions),载《民族》,第 51 期(1890 年 11 月 20 日),页 397—399;第 52 期(1891 年 1 月 15 日,6 月 18 日),页 46—47,497—498;第 53 期(1891 年 7 月 16 日和 30 日),页 46—47,83—84。
② 戴雪致布赖斯书信,1895 年 8 月 21 日,《布赖斯书信集》。

力为无限的时候又去谄媚它。

在行政事务方面,我认为,现任政府即便只是被一个微弱多数选上去的,只要它在任,通常都应当得到良好公民的支持。我的理由是这样:在行政事务上,多数必须被视为国家的机关,否则国家行动就会时刻被弱化。非执政党参与行政不应该妨碍在任大臣们的行动。而且,行政事务是暂时性的。另一方面,在宪法变革的事项上,我不认为一个微弱多数有任何道德权利去展开有力行动。这一假定有利于目前的事态,因为从整体上说,它可以被视为国民的永久意志。加之,宪法变革一旦发生,即是或者应该是终局性的,因而它不应该由并非明确代表国民最终意志的一群人来进行。这虽然不是英国宪法政府的理论,但在现代以前就已经成了惯例,而且正如我指出的那样,它已被认为是所有真正民主国家中的民主原则。

现在看看我们的格拉斯顿反对派做了什么。它在联合主义政府的整个存在期间妨碍了行政管理。那些不能自己治理国家的人,往往试图通过近乎非法的手段使爱尔兰无法治理。这些人现在拥有微弱多数,他们根据想象行事,以为这给了他们一项解散联合的道德权利。

我不认为格拉斯顿派是唯一一个搞派别斗争反对国家行政部门行动的党派。在1880年或1881年(具体哪一年我忘了),上院在否决福斯特的《侵权赔偿法案》中犯了一个严重的道德与政治错误,[162]退却了或者解散了,而不是同意在没有他们认为必要的权力下从事行政事务。我想,最近的那届联合主义议会也是以同样的方式拒绝通过《犯罪法》的。无论如何,格拉斯顿的立场中有一种奇怪而可憎的前后矛盾。当议会多数的裁断决然反对他们的行政事项时,他们对其权威并未表示出尊重。而当只有微弱多数支持他们时,他们又将其看成是在立法事项中拥有政治上的无限权力。①

不久之后,戴雪向戈德金详细解释了他的新民主理论:"我真心希望公众明白,至少在英格兰,民主一定会到来,而且常识上应该被接受;但是每个人都应当抵制这种倾向,即把由多数决定和将由多数决定的信念与多数希望的就一定是明智而正确的思想混淆起来。"②民主情绪的智慧与否,在于它的判断与戴雪观点之间的契合程度。

戴雪越是思考民众政府可能的影响,他对议会政府的未来就越感到悲观。虽然当时人们普遍相信议会民主具有种种优点,但他几乎找不到任何理由预见它取得永久的成功。他认为,议会的声望自他年轻时起就已经开始衰弱,在写给布赖斯的信中,他将其归结为四个原因:一、议会在 19 世纪就已经实现了许多它意欲实现的目标;二、由于社会动乱的增多,绝对主义的弊端对公众舆论而言似乎就不再那么明显了;三、议会制政府不适于"以建设性立法为基础的社会改良或者革新";四、因此,议会制政府就变成了议会治下的政府,一种低效而不得人心的行政模式。戴雪为这一信赖的丧失感到痛惜,因为"制度变革或者毁灭不是因为发现了某个更好的制度,而是因为支撑它们的信念已经丧失"。③ 当这些思考见于出版物的时候,[163]戴雪又举出了其他理由来解释议会的衰落。④ 立宪政府在全球的扩展让它的声望下降了,而且在它不能提供很多人所期望的万灵药时,导致了对它的幻想破灭。此外,议会染上了两种似乎无药可救的疾病:少数人的暴政和议会不能代表国民的意志。最后,为戴雪所经常强调的一点是,现代社会要求

---

① 戴雪致马克西书信,1895 年 1 月 1 日,《马克西书信集》。
② 戴雪致戈德金书信,1896 年 11 月 5 日,《戈德金书信集》。
③ 戴雪致布赖斯书信,1895 年 9 月 28 日,《布赖斯书信集》。
④ 戴雪,《议会政府形式是永久的吗?》,页 67—79。

议会完成它不适合的任务,尤其是制定需要政府对社会与经济事务进行干预的法律。议会民主似乎不再如同戴雪所曾经认为的那样,成为未来的潮流。

在戴雪专注于爱尔兰事务的情况下,出版他那本最重要的法律著作《论冲突法》,对他而言似乎就是次要的了。① 然而,他作为一个法律学者的声望,仍然主要建立在这部经典的教科书之上。这表示他为实现自己的如下愿望做出了雄心勃勃的努力:把英国法的一个分支综合成法律上准确但对外行来说却又优美而有趣的一种表达形式。鉴于《论冲突法》在增加他的声望中所发挥的作用,让人惊讶的是,他在很大程度上强迫自己完成了这本著作。仅仅是他对工作的强烈责任感驱使他完成了这本书。即便他的热情已经消退,他也决心完成这一研究计划,这充分证明了他对于"有益工作"的信念。

通过1879年的《住所法》可预览到戴雪后来范围更广泛的著作;多年以来,他发表了若干足以显示他对国际私法具有持久兴趣的文章。② 他原本计划在完成《宪法》之后就出版《论冲突法》,以迅速让自己作为瓦伊纳教授而出名。但是,他从来没有对自己规定的这个任务产生持久的激情,因此,此书由于政治的频繁干扰而进展缓慢。[164]随着年龄的增长,这一未完成的工作让他的良知越来越感到不安,这强化了他结项的决心。早在1892年夏天,他写信给布赖斯说:"我现在正抓紧撰写我的法律著作,而且打算一直坚持到以某种方式完成。"③仅有好的意图是不够的,因为他把反对1893年内部自治议案放在了首位,优先于法律著作的撰写。

---

① 戴雪,《有关冲突法的英国法概要》(*A Digest of the Law of England with Reference to the Conflict of Laws*)。
② 戴雪,《冲突法与汇票》(Conflict of Laws and Bills of Exchange),页497—512;《本票》(Note),页102—104;《论作为英国法分支的国际私法》,页1—21和113—127;《管辖权的准据》(The Criteria of Jurisdiction),页21—39。
③ 戴雪致布赖斯书信,1892年夏,载雷特编,《戴雪回忆录》,页125。

只有在遭受了失败之后,他才回到这一费劲的工作:"我一直在努力而痛苦地修改我的书稿。我内心渴望它早日完成,这主要是因为我需要休息,但在我把整个想法表达出来之前,我是休息不成的。"①对于布赖斯的同情,他在回复时又补充道:"我很赞同,我最好不要再试图写这样的书了。这种工作特别艰难,有很多人能够比我做得更好,而有关宪法的思考,我想还有对一般法律原则的陈述,是我能力范围之内的事情。然而,仔细研究一个法律分支是有所收获的。"②一年后,他仍然在努力完成任务,毅然决然,但似乎收效甚微:"我宁愿少花些时间在这一可怕的法律冲突上面。幸运时是一种激励,如《宪法》就是,而不幸时则是一种打击,如这本书就是。"③尽管他有这些负面情绪,但依然艰难前行。

直到 1894 年 11 月,戴雪才告诉布赖斯已取得了实质性进展:"我的书终于有所进展了,……我认同你的这个说法,这类书与消耗的时间和精力相比,真的得不偿失。"④他在准备写作此书的过程中,遇到了两个主要困难:为了实现结构清晰的目标,遇到了谋篇布局的难题;另外,他担心自己不具有进行准确法律表达的天赋,一旦失败,他撰写一本涵盖整个冲突法领域的权威教科书这个目标就实现不了。他仅通过非常艰苦的努力就克服了这两个障碍。

像往常面对其他学术努力一样,戴雪对此书的评价极为悲观,他确信这本书绝对补偿不了他所消耗的精力。[165]他写道:"不管是《论诉讼当事人》,还是《宪法》,都没有花到这一半的精力,但那两本书以其特有的方式却要比这本好得多。"⑤由于这一法律分

---

① 同上,1893 年 9 月 17 日,《布赖斯书信集》。

② 同上,1893 年 11 月 7 日,同上。

③ 同上,1894 年 10 月 20 日,同上。

④ 同上,1894 年 11 月 15 日,同上。

⑤ 同上,1895 年 2 月 28 日,同上。

支严重依赖司法判决，而不是制定法，所以熟悉判例法是必不可少的，然而，他向布赖斯抱怨道："我记性不好，记不住判例；没有人像我这样，读得如此之多，记得却如此之少。"①这年底，戴雪仍在辛苦工作，也始终在抱怨。② 他最终完成了这本书，尽管只是他特殊的责任感才让他坚持不懈。

即便在他于 1896 年完成《论冲突法》之后，也只是卸掉了肩上重担这一点让他感到满意。在最终完成之时，他向霍姆斯解释了这本书的缘起："刚开始，它只是作为对我《住所法》的某种扩展，而现在，哎，已经糟糕地发展成为一个庞杂的大部头'汇纂'……这本书诞生于一颗倒霉星之下，而且它因我反对各种形式的内部自治而一次又一次地被搁置下来，而到末了还让我苦恼的是，在纽约或波士顿的印刷又用了长达将近一年的时间。"③他在最后阶段所遇到的麻烦，除了印刷错误，再就是取得美国版权过程中的一些困难。

戴雪称这一工作令人厌倦，枯燥而乏味。他担心自己写出了一本杂糅之作，对执业律师和学者都没有吸引力。他在一封写给布赖斯的信中说道："长时间处理一个主题让人感到索然无味，想知道如何用更少的精力做出更好的效果，已经太迟了。……生活是一件多么奇怪的事情。"④最后，出版时，他最强烈的情感是宽慰："谢天谢地，这书终于出版了，但这个过程耗费了我生命中太多的时间和精力。"⑤在这之后，即便此书获得了专业认可，戴雪也还是对它持一种悲观态度，他特别提到，汇纂的重要性已经下降，这让它变得不那么有用——要是它按计划在 19 世纪 80 年代出版，情况就不一样了。⑥

---

① 同上，1895 年 9 月 28 日，同上。

② 戴雪致斯特雷奇书信，1895 年 12 月 23 日，《斯特雷奇书信集》。

③ 戴雪致霍姆斯书信，1896 年 4 月 19 日，《霍姆斯书信集》。

④ 戴雪致布赖斯书信，1896 年 7 月 24 日，载雷特编，《戴雪回忆录》，页 140。

⑤ 戴雪致戈德金书信，1896 年 11 月 5 日，《戈德金书信集》。

⑥ 戴雪致布赖斯书信，1900 年 6 月 4 日，载雷特编，《戴雪回忆录》，页 186。

[166]是什么力量促使戴雪沉浸在他不太认同的法律专业中,这个问题无法准确回答,但有三个因素似乎可以解释他对于此书的执着。首先,法律冲突是一个新近出现的领域,因而不需要法律历史知识,而这正是戴雪缺乏的。这本书几乎全部由司法判决构成,从而让他能够去分析适合他的法律材料。其次,戴雪很钦佩这一领域中前辈的工作。最早的作者是斯托里(Story)和萨维尼,他认为他们是有关这一主题唯一值得去读的两个人。① 在英国法中,戴雪对于约翰·韦斯特莱克(John Westlake)的贡献评价很高,他的《国际私法》一书首次出版于1858年,是写于1880年之前戴雪所尊重的少数英国法律教科书之一。他坦率承认自己受惠于韦斯特莱克的开创性工作。出于专业的考虑以及对韦斯特莱克本人发自内心的尊重,戴雪禁不住跟随后者脚步的诱惑:"在活着的人当中,没有谁比他更加受到我的尊重。"②在1913年韦斯特莱克去世之时,戴雪写道:"我失去了一位最真挚、最值得信任的朋友与顾问。"③戴雪还称赞韦斯特莱克在政见上表现出来的坚定性:"韦斯特莱克不知犹豫与半心半意为何物,这两者通常是现代生活的祸根。比如,他完全没有很多联合主义者所具有的那种弱点,他们总是热切希望与内部自治达成某种妥协。他至死都依然是1886年的联合主义者。"④再次,戴雪需要考虑瓦伊纳教席的声誉,因此,即便他并不热爱这个专业,有为瓦伊纳教席建立法律声誉的欲望就足够了。每一点都在保持他的兴趣中发挥了作用。

至于书的写作方式,戴雪再次采用了他早期法律著作的程序,试图从判例法中提炼出英格兰法官所认可的原则,然后将它们系统整理成规则与例外,并在必要时加以解释。这种对于法律原则

---

① 戴雪致霍姆斯书信,1898年6月2日,《霍姆斯书信集》。
② 戴雪致雅各布书信,1911年11月15日,《工人学院藏手稿》。
③ 戴雪致斯特雷奇书信,1913年4月15日,《斯特雷奇书信集》。
④ 戴雪,《其书其人》,载《约翰·韦斯特莱克纪念》(*Memorials of John Westlake*),页40。

的关注反映出他的信念：[167]对于它们的无知是英格兰法与英格兰律师的主要缺陷。① 在另外的语境下，戴雪描述了他的目标："如果一个具有独创性的作者将某个法律分支简化成了一整套逻辑连贯的规则，那么他就提供了刚好为法院所需的原则。"②第一版含有188条规则，其中有很多已为其后的法律发展所取代。概括这些规则其实是没有用的，因为有很多规则现在已经失效了。现在对于初版的真正兴趣在于戴雪的引言，在引言中，他探讨了他书中所融入的法哲学。

戴雪在比较它自己的"实证方法"与一些作者运用的"理论方法"的过程中，显示出他为建立概念框架而对奥斯丁法学的依赖，他在其他任何地方都没有像在这里把这种依赖透露得如此全面。③ 他指责理论家在不知不觉间将法律是什么的问题变为了法律应该是什么。这一递进过程是一个根本的错误，为奥斯丁在他自己的分析法学中所强烈指责。戴雪彻底地驳斥了一个假定——他将其主要归于德国法学家——即必定存在着某些不证自明的权利原则，它们高于法律规则，所有法官都应当承认其有效。法律的冲突以法律为起点，而严格意义上的法律是指它们在主权领域内实施，其权威源自主权者的支持。"实证主义"学派发现了法律是什么，而不是法律应当是什么。任何准则都不应被视为法律，除非它属于某个特定国家的国内法。消除法律的国际联系这一愿望，也可以与戴雪在政治世界中坚持的强烈民族主义联系起来；联合不仅实现了他的政治愿望，而且在这里也渗透进了他的法哲学。对他而言，法律中的任何超国家因素都不具有效力。

———————

① 　雷特编，《戴雪回忆录》，页125。
② 　戴雪，《19世纪英格兰法律与公共舆论关系讲演录》，页363页。
③ 　《论冲突法》，页15—20页。

　　戴雪意识到"实证方法"的主要缺陷在于，简化处理赋予了支配着域外权利确认的共同原则。然而，他决定将礼让原则从冲突法中剔除掉，原因有两个：其一，它助长了这样一种思想，即外国法是否有效全赖于[168]法官的自由裁量；其二，它混淆了法律的内容与采用特定法律规则的理由。① 尽管承认其有缺陷，但"实证方法是处理国际私法规则的一种方式，是任何一个努力把国际私法当作英格兰法的一个分支来探讨的人都必须采用的"。② 他的书体现了这种独特的法理学，取得了意想不到的成功。

　　对《论冲突法》的反应是即时的，一片赞扬，这本书很快成为英国法的经典著作之一。弗雷德里克·波洛克爵士写信给戴雪说："我认为它至少是我们时代的权威著作（直到新的权威产生），并充分证明你的大量投入是有效的。引言让我感到很满意：我只是希望你阐述得更充分些。我尤其对你简单取消'礼让'这个令人困惑的术语感到欣喜。"③波洛克并非热忱的奥斯丁派，但他很重视戴雪在澄清基本概念中所做的工作，而这些概念对这一领域的发展至关重要："我希望戴雪有更多的历史感：他不清楚奥斯丁可恶的异端邪说。但它还是会成为一部非常有用的书。"④戴雪瓦伊纳教授职位的继任者吉尔达特对戴雪的影响作了最好的说明："他不仅使我们法律中最复杂和最具技术性的分支之一变得有条理，而且还以无比丰富的评论与说明对其进行阐释，同时也对它的发展发挥了强有力的影响。"⑤

　　像其他基础教科书一样，戴雪论冲突法的书获得了自己的且

---

① 卡斯特尔（J.-G. Castel），《论冲突法》，页 28。
② 《论冲突法》，页 20。
③ 波洛克致戴雪书信，1896 年 12 月 16 日，《手稿全编》，508（3），格拉斯哥大学图书馆。
④ 波洛克致霍姆斯书信，1896 年 10 月 2 日，《霍姆斯与波洛克通信集》，第 1 册，页 71。
⑤ 吉尔达特，《法律人格》，页 4—5。

超出原作者的生命。最初的戴雪本已在莫里斯(J. H. C. Morris)的指导下得到修订和编辑，以赶上现代的法律发展，确保其持久的权威性。① 戴雪对该法律分支的影响怎样夸大都不为过。在英格兰，他关于司法判决的作品产生了"相当大的"的影响。② ［169］从戴雪的法国同事安托万·皮莱(Antoine Pillet)那里得知——他本人就是戴雪称之为天才的一个著名权威③——戴雪的法律汇编让英国法的一般原则为大陆法学者所理解，而不用亲自去研究大量的案例。由于美国的实践照搬了戴雪的很多原则，所以他的书在美国留下了"深刻的印迹"。④ 新的教科书即便否定或修改了戴雪的规则，也证明他具有持久的影响力。正如格雷夫森(R. H. Graveson)所总结的：

> 它至少可以从三个方面说是一部出色的著作：第一，作为对一个相对较新的主题进行全面广泛探讨，并以汇编原则和规则的教义形式表达出来的一本书，它的出现对司法判决的进程产生了重大影响，因为它满足了时代的迫切需要，也即法律体系的理性化以及为它的发展提供建议的需要。第二，这本书因其最初目的而著名，即同等适用于美国和英国的冲突法。它是一个普通法共同体的例证……第三，戴雪用一页半的篇幅说明了他整个约 800 页的汇编所依据的六个一般原则。⑤

---

① 莫里斯主编，《戴雪与莫里斯论冲突法》(*Dicey and Morris on the Conflict of Laws*)。
② 格雷夫森(R. H. Graveson)，《论冲突法》，页 30。
③ 戴雪致霍姆斯书信，1898 年 6 月 2 日，《霍姆斯书信集》。
④ 赫塞尔·E. 英特马(Hessel E. Yntema)，《戴雪：一个美国人的评论》，页 2。
⑤ 格雷夫森，《英国冲突法的哲学面向》，页 342—343。

较之他对著作本身所缺乏的热情,这一成就便更加引人注目了。

《论冲突法》的出版让戴雪从中解脱出来,去寻找另外他感兴趣的学术话题,加之联合主义政府控制着政治局势,他有着充足的机会。此后不久,他便发表了系列演讲,构成了有关19世纪英格兰法律与舆论一书的基础。从那以后,他的论断便引起了争论。

第八章　作为史学家的法学家:《法律与舆论》

[170]在《论冲突法》成功后不久,戴雪以他那颗一生中都很强烈的对知识的好奇之心,立即就开始找寻下一个合适的学术主题。因为哈佛讲座紧接着就进行了,所以历史学家错误地以为,法律与公共舆论一直是戴雪极感兴趣的主题,而 1898 年的讲座让这一长期的兴趣达到顶点。事实却相反。在 1897 年,戴雪决定进行宪法的比较研究,也就是下一本书要写的内容。[①]他对于描绘以下列标准为例证的"宪法精神"产生了特别的兴趣:(1)法院与行政机关或法院与立法机关的关系;(2)行政法的概念;(3)教会与国家的关系;(4)也许还有对与国家思想相对的个人自由的定义。他向布赖斯坦承,这一计划尚未真正着手实施,因为他不能精确地界定一部宪法的精神到底是什么。他下了一个临时性的定义——一部宪法的精神最好地体现在一个特定时代的、不为其他时代所有的不言而喻的假定(tacit assumptions)之中——并不完全令人满意。对于一个以表达清晰而自豪的法学者来说,不能对其新研究计划的基本内容予以界定,这让他的分析颇受困扰。对宪法题目的探究尚未真正开始,让戴雪很容易接受他人的提议,去探讨一个更可

---

① 戴雪致布赖斯书信,1897 年 3 月 16 日,《布赖斯书信集》。

塑的题目。

1897 年秋,哈佛大学校长查尔斯·埃利奥特向知识上处于平静期的戴雪提议,请他去哈佛法学院讲授系列课程。① 自 1870 年以来,戴雪多次提到要再访美国,但他妻子一直身体不好,因而[171]夫妇俩的美国之旅无法成行。戴雪得到了必要的学术休假,虽然夫人不能陪同,但他开始认真准备访问哈佛的事。1898 年初,他正式接受了埃利奥特的邀请,一切就绪。② 随着旅行的日渐临近,他期待着重续旧日友谊的机会。

在这一系列讲座的发起过程中,埃利奥特的作用不只是仪式上的,因而他向戴雪提议,讲座内容可以涉及 19 世纪的法律和公共舆论。戴雪很重视埃利奥特的建议,因为他曾短暂地考虑过将那一时期英国法的发展作为他的下一个研究计划。③ 最后选择的主题来自埃利奥特的要求,戴雪一看也知道是一个好题目。戴雪对此的态度可见于他精心准备的后来书中题给埃利奥特的献词。④ 相对于这本书构思过程中埃利奥特的帮助来说,这是一个很小的代价。

戴雪立即着手准备,他向霍姆斯询问,哈佛是否有法律研究的主要材料,即《判例汇编》,从中我们可以判断出讲稿的基本情况。⑤ 戴雪准备讲座的时间是非常有限的。他发表演讲的时间,是在 1898 年的 10 月和 11 月,通常在讲座前的最后一刻都还在修改讲稿。以哈佛讲座为基础的书直到 1905 年才出版。最初的演讲中就包含着戴雪的结论——虽说不上是偏见,这点是没有疑问的,但在演讲和出版之间的 7 年时间里,他有机会搜罗证据来支撑

① 同上,1897 年 11 月 24 日,同上。
② 埃利奥特给戴雪的邀请信发自 1898 年 1 月 7 日;戴雪答复于 1898 年 2 月 7 日,《埃利奥特书信集》。
③ 戴雪致埃利奥特书信,1898 年 6 月 24 日,《埃利奥特书信集》。
④ 戴雪致布赖斯书信,1904 年 7 月 18 日,《布赖斯书信集》。
⑤ 戴雪致霍姆斯书信,1868 年 6 月 2 日,《霍姆斯书信集》。

其论断。他承认是在新英格兰准备的讲稿,[①]这个过程中无法进行深入的研究。因此,他在《法律与舆论》的序言中非常诚实地说,本书不是一部研究著作。[②] 先有结论,后有研究。

公共舆论这个主题对他而言并不陌生,因为[172]多年来,他在这一主题上偶尔还撰写过一些文章。最典型的例子,或许是他1884 年发表在《民族》杂志上的一篇由四部分组成的文章。[③] 在这篇文章中,他表达了对感性的公共舆论的不信任,据他推测,公众舆论构成理性立法的障碍——立法是由那些应该主导英国社会的受教育阶层进行的。该文令人感兴趣的地方在于,戴雪在这一时期认识到,国家在许多人的眼中是一个名副其实的重新分配财富的工具。因此,他认为,这一社会主义的基本思想被视为是已触及富人的良知。每一个受过教育的有常识的人在 1848 年予以拒斥的那些思想,在 1884 年却彻底改变了英国人的看法。戴雪意识到,国家干预最小化的政策不再是自由党或保守党的信条。这些评论非常重要,因为它们在 20 多年之前,就预告了《法律与舆论》的主要论点,这更加证实了如下观点,即 1898 年的讲稿包含着戴雪的先入之见。因为这本书考察的是舆论的历史,所以任何讨论都必须对其撰写历史的资格进行评价。

戴雪作为历史学家的能力问题值得仔细审查,因为在解释《法律与舆论》的过程中,这个问题相当重要。他在 19 世纪 70 年代为《民族》杂志撰写的文章中,就有对诸如弗劳德(Froude)、弗里曼、巴克尔(Buckle)和马特利(Motley)等历史学家的评论,所以我们必须首先转向这一时期。对戴雪而言——他已致力于做奥斯丁式的工作,即推演出一些基本原则,进而获得有体系的知识——历史

---

① 戴雪致戴雪夫人书信,1898 年 11 月 2 日,载雷特编,《戴雪回忆录》,页 160。

② 《法律与舆论》,第一版序言,页 8。

③ 戴雪,《英格兰的社会运动》(The Social Movement in England),载《民族》,第 38 期(1884 年 1 月 10 日),页 29—30。其中第一部分是最重要的。

的目的就是去发现历史规律。在指责弗劳德和弗里曼时,他写道:

> 这两位著作者对如下历史观都不感兴趣,也不理解它:即
> 社会的生长由固定的规律或规则决定。毫无疑问,该历史观
> 一直是极度夸张的对象;至少可以这样说,是否有一个单一的
> 原则(甚至可以隐喻性地称之为一个历史法则)已经弄清了,
> 这是极令人怀疑的。但是,已经涌现的大多数理论都是错误
> 的和不成熟的,没有人会[173]相信,真正伟大的历史学家并
> 非总是试图从过去的事件中推断出它们发展所依赖的一般原
> 则。非常突出的一点是,上述这两位作者完全忽视了政治经
> 济学的概括,而政治经济学对有关人类进步的一些最令人困
> 惑的问题无疑是有所启发的。①

在这个主题上,戴雪试图维护巴克尔的声誉,称赞他努力"让
历史成为不只是一团混乱的趣闻轶事的东西",关心"人类行为必
须最终成为有关一般规则、原则或规律的话题"。② 追求历史的科
学确定性的这种愿望,也体现在他和奥斯卡·勃朗宁于 1883 年在
伦敦大学探究宪法史上有关劳动分工的话题之中。戴雪让勃朗宁
可以随心所欲地研究历史问题,自己却限定在法律领域,提出"一
切有可能得到确切回答的问题",就好像只有法律问题可以确切回
答而历史问题则不能一样。③ 历史不能提供不容置疑的真理的这
一信念,使得他很反感这一学科。

在其他场合,戴雪探讨了他所理解的古典历史理论和现代历
史理论。他将古典理论解释成一种艺术,在这门艺术中,历史学家

---

① 戴雪,《两位历史作家》(Two Historical Essayists),载《民族》,第 13 期(1871 年 12
　月 14 日),页 387。
② 戴雪,《巴克尔先生》,载《民族》,第 16 期(1873 年 4 月 17 日),页 271。
③ 戴雪致勃朗宁书信,1883 年 11 月 17 日,《勃朗宁书信集》。

的主要职责是通过对历史事件的叙述,来阐明他所发现的历史规律。[①] 他写到,一件伟大的历史作品就是一个艺术品,"其价值至少部分体现在它优美的风格和各部分的细致编排上"。[②] 他赞成的是这种理论,而不是现代的做法——按他的解释,现代历史学家将读者淹没在一大堆的文件之中,让材料[174]自己说话。[③] 历史著作中必须充满原始材料,这损害了作品的明晰性。对史学家而言,准确性是至关重要的,但在严格忠于史料的兰克史学意义上,研究却不是这样的。他认为,清晰地编排已知事实就已经完成了史学家的任务。因为历史本质上具有艺术的性质,肯定不具有法律那样的科学性,最好的历史著作给人的都是一种大致印象,达不到法律研究所可能具有的那种确定性。

关于历史研究的这些理论,在戴雪年轻的时候就已表述出来,终其一生未有改变。他支持塞谬尔·罗森·加德纳(Samuel Rawson Gardiner)作为牛津教席(因弗里曼去世而出缺)之候选人的时候,是附有保留意见的:"作为一个历史学者,加德纳有两个缺陷:一是缺乏一个叙事者应有的文学功力,二是我认为他对人性潜在的恶缺乏洞察力。"[④]他还对历史学者所谓的狭窄视野提出批评;比如,他批评弗里曼时说:

> 他甚至对于自己擅长但不属于其研究范围的事情完全不感兴趣,这点非常难以理解。比如,他非常懂得法律;但在我看来,他似乎从未看到,一个国家,尤其像英格兰这样的国家,

---

① 戴雪,《马特利在巴内费尔特的生活》(Motley's Life of Barneveld),载《民族》,第18期(1874年5月7日),页301。

② 戴雪,《西利在斯泰因时期的生活》(Seeley's Life and Times of Stein),载《民族》,第29期(1879年9月4日),页159。

③ 戴雪,《马特利在巴内费尔特的生活》,页301。

④ 戴雪致布赖斯书信,1892年3月23日,《布赖斯书信集》。

它的法律是它历史的一部分。我们所有人的兴趣明显都是有限的。比如,我就很清楚自己的兴趣极为有限。但是,弗里曼是如何连历史的某些方面也避开了,这有些奇怪,难以解释。比如,我认为他会承认经济条件的重要性,但我不认为他对有关历史的经济问题真正感兴趣。[①]

戴雪在赞赏戈尔德温·史密斯的《联合王国》时,陈述了他对历史研究之价值的最终意见:

> 我很高兴看到了一个针对如下思想的有效抗议:即认为历史学者大体上是一个光荣神圣的古文物研究者,使命是搜罗新的事实,没有理由运用前人已经得到的结果,也不必展示[175]其对整体事实的理解能力和予以清晰叙述的能力。……我还必须补充一点,那就是,在我的脑海中,一个人在公共争论中不论犯有怎样夸大其词的错误,我现在都不低估研究本身。不用说,对知识进步而言,研究是绝对必要的。我真正坚持的是,研究并非一切。对一个好的历史学者而言,能够理解他人的研究成果并将其清晰有力地表达出来,这同样是必要的。[②]

历史学者的有些技艺他是赞成的——组织、表达和概括,而对另一些则是贬低的——古物研究和限缩视野;这两类相互平衡。当历史足以强化戴雪的个人价值观念的时候,他就会认可历史的功用;如果历史做不到这一点,他就会拒绝将它作为理解过去的指南。他所接受的法律训练,使得他视人类经验为可区分的两类:有

---

① 同上,1892 年 6 月 22 日,同上。
② 同上,1900 年 1 月 11 日,载雷特编,《戴雪回忆录》,页 181。

罪或无罪,正确或错误。做历史则要求生活的许多灰色领域必须得到承认,在这个领域进行精确的分类是不可能的。戴雪完全沉迷于他已采取的某种立场,对此,他找到了智识上的慰藉。历史无法适应他那种非此即彼的要求,这是他对这一学科产生幻灭感的原因之一。

戴雪从未放弃寻找一个有魔力的程式(formula),来概括一些潜藏于人类历史之中的重大规则,以满足他渴望得到绝对确定性的愿望。在一篇关于布莱克斯通的文章中,他称赞这位注释者只是提供了为理解所必需的少量历史背景,而没有经受不住诱惑,将读者淹没在历史文件之中。戴雪如是说:"他始终记得自己是一名法律教师,而不是一个法律教条主义者(dogmatist),也不是一个法律考古学者。"①布莱克斯通作为一名法律教师,其伟大之处在于他对原则的抽象概括和对这些原则的有力阐释,以及戴雪尽力效法的方法论。因此,戴雪总结说,历史应该引起人们对"支配这些事件的原则以及这些原则所暗示的一般结论"的兴趣。② 一旦历史规律确定下来,历史学家就应该为读者考虑,将过去编排成一个连贯的图式(a coherent pattern)。[176]因为历史对存在的持久问题提供的是模棱两可的答案——而戴雪认为法律则不是如此,所以历史的价值对他而言与历史的模糊性成正比。

关于历史的用处,戴雪所作的最明确有利的陈述,出现在他于1890 年在利物浦研究所讲演时的一篇未刊讲稿之中。③ 他坚持说,历史的支持者谈到了历史在如下意义上的预见价值,即一个人可以通过对历史的研究来解决未来的问题。然而,世间的常识却

---

① 戴雪,《布莱克斯通》,载《民族》,第 65 期(1897 年 10 月 14 日),页 295。
② 戴雪,《如何在大学教授历史?》(How Ought History to be Taught at University?),载《民族》,第 82 期(1906 年 5 月 10 日),页 389。
③ 戴雪,《历史与政治》(History and Politics),《手稿全编》(General Manuscripts),192,格拉斯哥大学图书馆。

告诉我们,"历史不过是旧的年鉴"。我们是否只能选择博学而迂腐的结论或者愤世嫉俗的怀疑论? 对这个问题的答案,戴雪引用柏克说:"真正的政治原则是扩大了的道德原则。"①因此,戴雪提出,要辨别在何种意义上历史可以作为政治的指南。戴雪关注的完全是政治意义上的历史,这本身是很有启发性的。

戴雪用通篇来证明,多数情况下,历史根本没有价值。他断然拒斥如下观念,即历史呈现出一系列的先例,政治家可以从中寻求指导,就像律师面对案例一样。后者形成了精确的科学,而前者则没有。他主张,为了理解过去和现在之间的相似性,一个人需要对当代的场景有所洞察;而这种洞察力一旦具备的话,本身就是进入政治的最佳门径。它是不可能通过研究过去而获得的,尽管可以因此而得到加强。过去和现在的类比是表面化的,从而也因它的肤浅而具有误导性。② 这一判断让戴雪完全否认历史对于人类事务的贡献。戴雪下了一个结论:"你研究历史越深入,就越不倾向于将它用作一批先例或者预见未来的基础。"③因为没有支配历史的任何规则,所以历史和其他精确科学相比就更差了:"我们无法用历史来确立一些法则。"④他寻求历史来强化自身的信念,但一旦发现起不到这种作用,他就会忽视历史。

[177]对历史的这种贬损,激发我们作出一个对比,即与同时代法学家、也是戴雪的同道梅特兰的态度形成对比。1896 年,《论冲突法》出版之后,戴雪收到了梅特兰的如下辩解信:

> 法律史的唯一直接用处(我完全没说它会使人激动人心)在于它的如下教益:每一代人都有很强的能力来形成自

---

① 戴雪,《历史与政治》,页 2。
② 同上,页 4。
③ 同上,页 13。
④ 同上,页 193。

己的法律。我不认为法律史研究会让人成为宿命论者;也怀疑它会使人变得保守:我敢肯定,它会让人不再迷信,教导人们行动是自由的。我越来越专注于中世纪,但我所强调过的唯一实用主义理由是,……如果历史的任务是解放,那么它就必须符合事实,就像事实自身所呈现的那样,但是,如果它开始思考它可以教导人们什么,它就不会符合事实。①

因为戴雪认为,历史的唯一作用是为当前提供保守的教导,所以他会无视这一辩解,对此无需惊讶。在褒赏梅特兰讲演所具有的活力之后,对于这位现已公认是最伟大的英格兰法史学家,戴雪写道:"他的研究结果完全可以更清楚地表达出来,而他的考古研究与法律的关系与跟神学的关系相当——或许还没有跟后者的关系大。"②这是典型地对法律过去是什么缺乏兴趣,也是维多利亚时代法学家所共同具有的一个特点,他们只专注于法律当时是什么;由此可以看出戴雪和梅特兰之间的鸿沟。但平心而论,戴雪最终还是承认了梅特兰的杰出天赋,他是这样称赞梅特兰的:"我没遇见过像他那样学识渊博到让人感到压抑的人:我不知道有哪个人敢声称可以接任他的特殊位置。"③1909 年,戴雪请求《旁观者》杂志让他评论梅特兰的《衡平法》(Equity),以"表达我对这个人及其著作强烈的钦佩之情"。④ 梅特兰,一位转向历史学家的法学家,华丽转身;[178]而戴雪,因为对历史的朴素理解,精彩无法复制。

只有一次,戴雪曾试图运用史学家的工具来解决历史问题。

---

① 梅特兰致戴雪书信,1896 年秋,《手稿全编》,508(14),格拉斯哥大学图书馆。
② 戴雪致布赖斯书信,1897 年 11 月 24 日,《布赖斯书信集》
③ 同上,1906 年 12 月 23 日。
④ 戴雪致斯特雷奇书信,1909 年 9 月 29 日,《斯特雷奇书信集》。

他力图证明，皮特在乌尔姆(Ulm)陷落之后关于拿破仑最终会失败的预言缺乏历史证据。① 这篇文章证明是一个令人沮丧的失败，因为许多论者一致认为，戴雪并没有令人信服地证明他自己的主张。即便在这个具体的问题上，戴雪也没有进行深入细致的研究。结果非常糟糕，正如他的其中一个批评者所说："好了，如果戴雪教授是根据真正的历史方法来探究这一历史的，他就决不会满足于将所有这些推测建立在《泰晤士报》的卷宗和一本刊行的日记本上。"②经历这种沉痛的打击之后，戴雪更加确信，所谓历史方法只会导致过分拘泥于琐碎细节。此后，他再也没有做过类似尝试。

有了这次教训，戴雪再也没有自欺地认为自己掌握了史学者的技巧。例如，他向布赖斯坦承："我不具有历史研究所要求的天赋，更不必说我从事过这种研究。"③梅特兰称赞了《法律与舆论》，对此，他评论道："他欣赏《法律与舆论》这样一本书，我时常很感动，要知道这本书和他自己的研究方式是如此不同，想必对他而言，很正确的是，该书在研究上多么有缺陷。"④所以，从作者自己的话就可以看出，《法律与舆论》不是任何意义上的历史研究类的著作。此外，戴雪也从未认为自己是一个在历史方面见识广博的人。弗里曼去世之后，他回忆说："他坚决否认这一事实，即我自身的历史知识模糊不清，甚至在大多数时期上还少得可怜；看到这一点，我经常感到好笑。"⑤没有证据表明，戴雪曾试图去弥补这一缺陷。

他对历史的这个态度，其最后结果就是对显现于《法律与舆

① 戴雪，《皮特是先知吗？》(Was Pitt a Prophet?)，页305—314。
② 《当代评论》(Contemporary Review)，第70期(1896年10月)，页588。
③ 戴雪致布赖斯书信，1916年6月14日，《布赖斯书信集》。
④ 同上，1906年12月23日，同上。
⑤ 同上，1892年3月23日，同上。

论》中他所谓的历史方法怀有敌意。该书最后一部分含有抨击历史精神的内容,抨击它对 1905 年的英格兰所具有的破坏性后果。①[179]戴雪认为,历史研究抑制了改革的激情,因此对人类进步的热情也就下降了。他详述了亨利·梅因爵士的著作所具有的效果,那就是破坏了对功利主义而言极为重要的对于立法的信念。而且,梅因还通过他的历史方法而成为了奥斯丁分析法学的最主要批评者,这样戴雪就又有一个理由来反对梅因著作的影响了。历史方法还和民族主义结合起来对好的政府造成危害。1905年盛行于欧陆的狭隘民族主义,非常反对"修墓者协会"的信念,造成了种族分裂,而没有形成一种适于功利主义法律改革的基调:"简言之,历史精神在这里灾难性地与本能的神化联合起来。"②鉴于他曾经对于民族主义所许诺的道德改善抱有希望,这一认识让他深感痛苦。责任是好归咎的:"因此,突出民族性的历史精神有损功利自由主义的权威。"③历史造成了他理想的碎裂,这是他不能失去的东西,正是基于这个理由,他把历史置于黑暗之中。

　　如果戴雪不能接受历史方法,那替代它的方法是什么呢? 他在法律研究和历史研究之间作了一个根本区分,他写道:"同时从一个史学者的立场和一个分析法学家的立场来探讨法律几乎是不可能的。"④对法律的研究要求在史学目的和法学目的二者间作出一个区分。惟有梅特兰跨越了这两个学科间的鸿沟:"我们在梅特兰身上看到了一次两种通常认为难以共存的天赋的结合——法律逻辑和历史研究的精神。"⑤在撰写《法律与舆论》时,不论有其他

---

① 《法律与舆论》,页 455—462。

② 同上,页 461。

③ 同上,页 462。

④ 戴雪,《迪格比论英格兰法律史》(Digby on the History of English Law),载《民族》,第 21 期(1875 年 12 月 9 日),页 374。

⑤ 戴雪,《梅特兰教授》(Professor Maitland),载《民族》,第 91 期(1910 年 9 月 29 日),页 293。

什么意图,反正戴雪不打算把这本书写成他经常指责的那种历史著作。[180]戴雪的非历史的前提,其他著作者也曾注意到,但并未深究。① 戴雪遵循惯常的做法(对他而言)来讨论问题,也就是从法律的视角(因忠于奥斯丁法哲学而长期受其决定性影响)来进行研究。关于他自己使用的方法论,他写道:"分析方法……与历史探寻或研究无关,后者实际上就是被抑制或排除了。"②《法律与舆论》这部著作,是一位法学家以奥斯丁法学那些最重要的假设为前提写成的。这个事实所具有的含义,必须等我们分析该书的另两个特征之后再来考虑。

第一个关乎公共舆论的戴雪式定义。1905 年间,正如我们在该书最后一章看到的,刚刚形成的对于民主的信念,已转变成对民主前景的怀疑和悲观判断。公共舆论不意味着人民之声(vox po-puli);他经常暗示,贫穷、诚实但无知的英国选民不能委以重任,让他们处理复杂问题并作出理性决策。在他界定什么是公共舆论的时候,他用的是奥斯丁的术语,因为他说,支配一个国家的公共舆论就是主权者的舆论,不论主权者是君主、贵族,还是普罗大众。③ 戴雪不承认普通公民是他所重视的文明舆论的形成者,而真正的公共舆论是由大多数这样的公民形成的,即"他们在任何时候都在公共生活中发挥着重要作用"。④ 他们为法律体系的运行提供了必不可少的道德支撑。正如伯恩所言:"实际上,他假定了一个控制着局势的英格兰(也许是一个由中产阶级上层统治的英

----

① 参见奥利弗·麦克唐纳(Oliver Macdonagh),《19 世纪的政府改革》(The Nine-teenth Century Revolution in Government),页 55;格里菲思(J. A. G. Griffith),《财产(土地)法》(The Law of Property),载莫里斯·金斯伯格(Morris Ginsberg)编,《20 世纪英格兰的法律与舆论》(Law and Opinion in England in the 20ᵗʰ Century),页 118。
② 《法律与舆论》,页 411。
③ 同上,页 10。
④ 同上,页 10。

格兰),它能够渐进地、从容不迫地吸收、改变或拒斥各种新思想。"①奥斯丁的这个遗产几乎没有引起注意,实际上是为戴雪受惠于边沁这点所掩盖了,这个现象明显见于全书各处。

[181]戴雪总是自豪地宣称自己是一个"顽固不化的边沁主义者",任沧桑变幻,年轻时的信念也坚定不移。他把自己对边沁的忠诚分为三个领域。在法律领域,他作为极其权威的专家,对边沁学派的贡献欣赏不已:"现代英国法的历史就是由一个人的思想所引发的巨大革命的历史。"②戴雪在这一领域最为出色,眼界宽广,以至于他能同时欣赏法律改革者边沁和边沁的嘲弄对象布莱克斯通。关于立法者边沁,戴雪写道:"边沁的独特天赋在于如下事实,即他能看到立法是一门艺术,而且还将那种一般适用于科学发现或改进机械装置的创造天赋与才能带到了立法艺术之中。"③作为对1850年以来的公共事务的一个可靠的评论者,戴雪应该是有某种资格对功利主义思想的影响作出评价的。但是,在边沁与自由放任主义的关联问题上,没有证据显示戴雪认真研究过经济学。对于自由放任和自由贸易的信念并非出于他自己的思考。他对经济问题的讨论,并没有超出其自本科阶段以来所背诵的那些老生常谈的水平。关键在于,当戴雪在《法律与舆论》中讨论作为法律改革的功利主义时,他理应得到读者的重视;在讨论作为立法技术的功利主义时,他也有某种理由提出自己的看法;但在讨论作为自由放任主义的功利主义时,就完全没有这个资格了。

在戴雪的私人通信中,他每次讨论的都是作为法律改革者的边沁,这就证明边沁所吸引他的,主要是后者在这一领域的贡献。

---

① 伯恩(W. L. Burn),《保守传统及其再形成》(The Conservative Tradition and Its Reformulations),载金斯伯格,《20世纪的法律与舆论》,页46。

② 戴雪,《现代英国法》(Modern English Law),载《民族》,第23期(1876年11月2日),页273。

③ 戴雪,《边沁》,载《民族》,第27期(1878年)

在撰写《法律与舆论》的过程中,他写道:"不仅仅是'叽叽喳喳的老绅士'产生过像边沁那样的影响。我也不认为他的哲学易受公开批评以及他的人生理论有缺陷、狭隘这件事有多么要紧。他真正所做的是两点:一是持有[182]种种有关人类福祉的在英格兰被广为接受且大致合理的观点;二是坚持认为,法律必须体系性地从而科学系统地被用于这种福祉的产生,更精确地说,是被用于产生这种福祉之条件的生成。"①戴雪喜爱边沁的根本原因在于他对后者的法律改革活动的尊重。同样值得注意的是,对边沁哲学的不满并没有让戴雪疏远他。这本书出版之后,戴雪写下了这样几段有关边沁之重要性的睿智评论:

　　　　一个以其名字来命名一个运动的人,对该运动过程实际上施加了多大程度的重要影响?对于边沁,我的回答如下。如果他从未存在过,他和他的学派所倡导的许多变革(在倡导之前)也会发生。我以为这一点可适用于所有重要运动的思想或道德领袖,连基督教本身也是如此。进而也可以说,我们所有人都有一个不可避免的倾向,即将一个普遍的思想运动与某个以其名字来命名该运动的人等同起来。从我有限的阅读材料来看,以及从我听赫胥黎所确切说过的来讲,我推断培根在传播科学信仰方面做得很多,但实际上却很少去促进科学发展。

　　　　然而,在经过这些或类似的思考之后,我还是审慎地认为,当前,我们更可能是低估而不是高估了边沁的影响。一个人有时最能从他的失败中去理解……在这个问题上,我想强调的是,边沁拥有两个罕见的资质。他天赋异禀。他使其同代人(确切说是同代人中最优异者)相信,法律是可以出于公

---

① 戴雪致诺顿书信,1901 年 3 月 19 日,《诺顿书信集》。

益、根据不同的原则来进行系统变革,并进一步制定周密的计划来付诸实施的。甚至,假设他关于公益的观点是错误的——我想也是不完美的,但想一想,宣扬法律改革的人想得出一个哪怕过得去的体系这种情况都是多么的少。如果一个具有边沁那样的天赋的人,现在设想出一套系统的社会主义改革或革新方案。假定此人自学并掌握了[183]英格兰的现行法律。又假设,他宣扬其学说长达五六十年。还假定,当世界正明显趋向于社会主义的时候,他最终创造了一个拥有众多热情信徒的小型学派,而且引起了主要政治家的注意。那么,他的影响在我看来会是灾难性的,我想也是巨大的。而我假定的这些情况,依我看,都适用于边沁。

　　当然,我完全承认,边沁的著作是那些只受到其间接影响的人在传播。我还相信,他的影响实际上比我们现在想象的要大得多。[①]

这里,对边沁影响的假定再次取决于作为一个法律改革者的著作。戴雪对边沁著作其他方面的了解就相形见绌了,其熟悉程度不过是一个有教养的维多利亚绅士普遍都能达到的水平。

　　鉴于戴雪的历史观、有关公共舆论和功利主义看法的这个背景,《法律和舆论》的文本逻辑上源于戴雪的思想和政治假定。首先,该书并非建立在对 19 世纪英格兰的广泛研究基础上;如戴雪所言,它是一部"推演或反思"[②]的作品。他决心要做的,是去揭示足以解释法律和公共舆论之关联的某些基本思想。其次,为了让读者接受他的论辩,这些主要思想就不得不以确切的警句表达出来。在他测验布赖斯对如下说法的反应时,可以看到戴雪留意此

---

① 戴雪致布赖斯书信,1908 年 8 月 18 日,《布赖斯书信集》。
② 《法律与舆论》,第一版,序言,页 8。

事的最好的例子:"托利主义是一种追忆——功利主义是一种学说——集体主义是一种期望。"①在这本书面世之际,他对19世纪舆论划分又尝试作出新的概括:"布莱克斯通式托利主义是父权统治的历史追忆;功利主义是一种法律改革学说;集体主义是社会革新的一种期望。"②《法律与舆论》中存在大量这种试图对时代予以描述的过于简洁的语句,风格倒是诱人,但易于误导,教益不大。最后,戴雪依赖年轻时获得的教条来解释功利主义的经济影响。自由放任主义之于功利主义是不是本质性的这个问题,[184]不如以下事实来得重要:戴雪受这种流行观念的熏陶,将二者等同起来③,使之成为他自己主张的重要组成部分。对边沁的这种评价很可能是"极为独特的",④但戴雪何以接受这一定式(formula)应该是很清楚的;它直接源自他对功利主义三个组成部分的划分。戴雪欣然接受了这一价值体系,时间长达半个世纪。

如果说戴雪对于他赞同的思想理解得不准确,那么对于他反对的思想,包括社会主义、马克思主义,或者他笼统地称之为集体主义的其他任何哲学,他也没有给出任何证据表明他曾做过系统研究。他乐意承认戈德金于1898年曾提醒过他的一点,即他对集体主义现象并未进行过深入考察;这本书出版之后,他坦承这种无知状态已得到缓解,但并未在随后的探究中得以完全消除。⑤ 他对集体主义的界定,是从他极其珍视的个人主义的对立面来进行

---

① 戴雪致布赖斯书信,1904年1月10日,《布赖斯书信集》。

② 《法律与舆论》,页69。

③ 参见克劳奇(R. L. Crouch),《19世纪不列颠的自由放任主义》(Laissez-Faire in Nineteeth Century Britain),页199—215。该文令人信服地论证了,具有戴雪一样背景的人有合理的根据认为,维多利亚中期的英格兰存在自由放任主义。

④ 芬纳(S. E. Finer),《功利主义思想的传播:1820年至1850年》(The Transmission of Benthamite Ideas 1820 - 1850),载吉莉安·萨瑟兰(Gillian Sutherland)编,《19世纪政府的发展研究》(Studies in the Growth of Nineteenth-Century Government),页12。

⑤ 戴雪致戈德金夫人书信,1905年7月9日,《戈德金书信集》。

的。对于左派意见之间的细微差别,戴雪并不敏感,证据之一就是他将社会主义与关税改革等同起来,要知关税改革的反对者中,有许多是恶毒攻击社会主义的人。细节上的研究是不必要的,因为他只是想找出他所探讨的那些不同群体和思想的最小公分母。

或许,最能说明《法律与舆论》背后的社会哲学的事发生于1910 年,彼时他正处于罕见的自省状态之中。他从一个对穷人有直接了解的朋友那里听说,一生勤劳工作的妇女到了 60 岁的时候,还没有攒够钱让其过上宽裕的退休生活。于是,他写信给斯特雷奇说:

> 　　如果我朋友说得对,即便就广大的工作女性(不管是女主人,还是佣人)而言,现有支持国家援助的理由似乎比我目前所认为的要充分得多。但是,我目前心存的想法是,[185]那些不得不自食其力的男人和妇女,能够通过适当的行为攒够钱,按照他们晚年所习惯的生活水平来确保独立;如果是这样,那么在我看来,若非常宽泛地看待这一问题的话,贫穷就应当被视为表面上类似于犯罪的事情,即一个人没有充分履行其对于国家的职责。①

对于那些详细叙述 19 世纪 80 年代英格兰的贫困状况的文献,戴雪是没有留意的。即便过去了半个世纪,戴雪心存的仍然是 1860年的社会伦理。斯特雷奇回复他说,对此,他没有答案,他还提到英格兰人很少有保持节约习惯的,有这个习惯的都会对未来做些准备。② 这就消除了戴雪的疑虑,任其旧价值观存续下来;在相信国家没有理由干预公民的私人事务上,戴雪一如既往地感到心安。

---

① 戴雪致斯特雷奇书信,1910 年 3 月 14 日,《斯特雷奇书信集》。
② 斯特雷奇致戴雪书信,1910 年 3 月 15 日,同上。

就戴雪的许多著作而言，写作需要消耗大量精力，这个问题因他年事渐高而加剧。对于哈佛讲稿，戴雪在牛津又重写了若干次，努力让它达到他想要的那种精确性。直到1903年，他才有信心和《法律与舆论》的出版商接洽。[①] 他之前就抱怨过，把讲稿整理成书困难重重，对完成这一任务也不乐观。[②] 即使在前几章已交到出版社之后，他仍然烦恼不断。修改的任务让他一直感到痛苦，尤其是看起来徒劳无功的那个时候："但结果是令人不满意的；重复内容太多；句子之间没有紧密关联，还经常排列不当；但我几乎没有能力去修正了。"[③]尽管如此，书还是逐渐成形了。即便书稿最后已稳妥地交给了麦克米伦公司，戴雪仍然紧张不安，惟恐有其他作者出版一本构思与《法律与舆论》相类似的书。[④]

像以前一样，戴雪对这本书的出版充满忧虑。他说[186]这本书是肤浅的，承认这一主题需要再研究。[⑤] 后来，他将其与《宪法》相比较，认为前者相形见绌，"不是很有价值"。[⑥] 这种对于其重要著作是否取得成功的担忧，并非是故作谦逊，但这简直又一次证明，戴雪是多么不寻常地将学术上的不自信与政治辩论时的傲慢相结合。就本书的出版而言，担忧是不必要的，因为不论值当与否，它在1905年甫一出版就赢得了赞扬。

对戴雪在《法律与舆论》中提出的每一个主张都进行概括是不可能的。其中的某些命题比其他命题引发争议更多，因此重点关注那些更有影响的主张是必然的。在第四讲中，戴雪进入到他的

---

① 戴雪致麦克米伦公司书信，1903年4月3日，《麦克米伦公司文件汇编》(B. M. Add. Mss. 55084)。

② 戴雪致诺顿书信，1901年3月19日，《诺顿书信集》。

③ 戴雪致布赖斯书信，1904年1月10日，《布赖斯书信集》。

④ 戴雪致麦克米伦公司书信，1905年3月9日，《麦克米伦公司文件汇编》(B. M. Add. Mss. 55084)。

⑤ 戴雪致埃利奥特书信，1904年10月25日，《埃利奥特书信集》。

⑥ 戴雪致布赖斯书信，1905年6月6日，载雷特编，《戴雪回忆录》，页189—190。

核心论题,提出了著名的三阶段论,即将 19 世纪划分为三个阶段:旧托利主义或立法休眠时期(1800 年至 1830 年),功利主义或个人主义时期(1825 年至 1870 年)和集体主义时期(1865 年至 1900年)。本书的核心部分是接下来的四讲内容,其中他对每一阶段及其特征作了解释。很有趣的是,对于他憎恶的思想即集体主义,他用了两章的篇幅,但对于他喜爱的思想即功利主义,他却只用了一章。正如戴雪自己承认的,这些时间并不精确,但他又自我辩护说,要精确界定众意(a body of opinion)从何时开始产生影响是不可能的。① 批评者们经常提到他不重视分类时期的精确性,②但该倾向必须在他寻求的是基本事实这一背景下来理解。细节对他而言完全不像对读者那么重要。

戴雪认为,旧托利主义时期受布莱克斯通式乐观主义主导,致使在法律事务上满意地默认现状。法国大革命造成了对改革充满爱国主义的敌意,产生了一种由御前大臣埃尔登(Eldon)所代表的保守托利主义。保守思想与一种自满精神的合流,即不承认英国宪法有改进的可能性,将法律改革延缓了一代人的时间。许多法律拟制在这一时期保存下来,给人一种宪法安排不切实际的印象。这种对稳定的热衷逐渐[187]变成对立法活动需求的认可:"英格兰人终于察觉到,迅速变化的社会状况与法律实际不变之间有着无法忍受的龃龉。"③尽管他把旧托利主义的衰退归于社会中的许多变化,但对立法消极性的致命一击,却来自连贯的法律改革计划的功利主义。功利主义的胜利终结了立法停滞时期。

对于边沁,戴雪直奔主题:"边沁首先既不是功利主义道德家,

---

① 《法律与舆论》,页 66。
② 例如,参见亨利·帕里斯(Henry Parris),《19 世纪的政府革命》(The Nineteenth-Century Revolution in Government),页 24—25。
③ 《法律与舆论》,页 111。

也不是博爱主义者:他是法律哲学家和法律改革者。"①戴雪把立法功利主义的力量归于这种信念,人类存在的目的就是获得由科学立法来确保的幸福。他提到,自由放任主义逻辑上不是功利主义的内在组成部分,却是功利主义中最为重要的部分,因为它给法律改革提供了"力量与特性"。②自由放任理论用来抨击对人的自由的每一种限制,因为这种限制不能为功利原则所证成。在回顾维多利亚时代早期和中期时,戴雪断定,功利主义横扫了一切障碍。但是,需要他解释功利主义为何具有这种支配性的时候,他给出的理由却很模糊:功利主义"已形成一种氛围",或者它与英格兰人天生的保守主义相契合,或者是,功利主义等同于个人主义,而这在英格兰找到了其天然家园。正如批评者们所指出的,这些答案是没有意义的。③关于边沁的吸引力,戴雪写道:"其信条的影响力部分归结于其包含的诸多真理因素——现在对其评价甚低;部分归结于其教义的自洽、清晰和精确;还部分归结于其信徒的无限信念。"④在论及功利主义通过消除旧的限制而保护了个人的法律权利时,戴雪列举了许多例子。

　　在第七讲和第八讲,戴雪探讨了集体主义,他毫无困难地指出了国家干预在19世纪业已增多的一些领域。集体主义在多方面逐渐侵蚀了个人主义原则。[188]托利党的慈善事业,因其减轻了国家行为造成的损害,导致对工厂制度基于人道主义的干预。工厂改革运动引起了议会中个人主义和集体主义的冲突,而"在这一战场上,功利自由主义遭受了其最早且最严重的挫败"。⑤工人阶级放弃了宪章运动,而致力于奉行集体主义的工会主义。他们现

①　《法律与舆论》,页127。
②　同上,页147。
③　参见芬纳,《功利主义思想的传播》,页12。
④　《法律与舆论》,页411。
⑤　同上,页236。

在迫切要求进行法律改革,以促进所有追求其社会幻象的工人的联合。像基督教社会主义这样的新理论对功利主义形成挑战,预示着公共舆论中的革命即将到来。连现代法人的发展也对个人主义有妨碍,因为它降低了个人(the person)的重要性,从而限制了自由。大的法人的存在"将抽象的原则,即所有的财产、尤其是地产一定程度上属于国民,转变为议会每年经国民同意而行事的实践准则"。① 最终,1867 年和 1884 年的改革法案授权给了工人阶级,他们以一种含糊而不明确的方式要求制定能促进社会主义的法律。国家干预的优势在于,好的结果清晰可见,弊端灾祸却不易察觉。正如戴雪总结的那样:"很少有人意识到这一无可否认的真相:国家救助抹杀了自助。"②

戴雪在分析集体主义时,强调它是建立在两个假定基础之上的:一是否认自由放任主义是一个合理的立法原则;二是相信政府在社会和经济事务上的干预具有种种益处。在人类活动的许多领域,集体主义者曾促使立法的通过,以扩大国家对于个人福利的责任。戴雪完全懂得,1905 年的时事潮流不利于他。集体主义思想已经无处不在,连现代个人主义者也成为了某些问题上的社会主义者。异端邪说势不可挡,悖理的是,还具有一些源自功利主义的集体主义力量。

在第九讲,戴雪认为 1905 年间社会主义的成功,功利主义作出了三个主要贡献。他意识到,功利主义的某些方面助长了那个它所极力反对的集体主义。[189]功利原则一适用于劳工阶级,就引起了社会关系的根本变革,因为政府此前所关注的是富裕阶层的昌盛。议会主权为集体主义者提供了实行其计划的立法工具。最终,功利主义使得立法活动常规化,确保了政府活动的不断扩

---

① 《法律与舆论》,页 247。
② 同上,页 256。

展。功利主义含有一些不为其维多利亚中期信徒所知的专制倾向。这促使戴雪推翻自己的看法:先是在第 170 页赞许地引用边沁对于自然权利理论的抨击,而后在第 308 页彻底转变,称赞天赋权利理论构成对多数专制的限制。他悲痛地总结道:功利主义者"锻造了社会主义者最需要的武器"。①

《宪法》引起了持续的关注,因为它的三个原则总有一个或几个是相关的;与之不同的是,《法律与舆论》一开始引起了一阵热议,随后便归于沉寂,直到二战之后才又引起重视。当史学家们寻找新兴福利国家源头的时候,这本书就得到了非常狂热的赞美,赞美声出自在时间上与戴雪所讨论的事件最为接近的那代人。比如,哈罗德·拉斯基就在 20 世纪 20 年代给予了这本书极高的赞誉。② 在一段时间的沉寂之后,戴雪因其开拓性的工作而享有更高的声望:"一部极具原创性、充满活力和想象力的作品。实际上,它首次发现和详细说明了它试图解释的那些发展。"③随着史学家们越来越关注日益增多的政府活动,在有关"19 世纪的政府革命"的持续学术争论中,戴雪变成了焦点。自 1958 年之后,《法律与舆论》引发了比它在刚刚出版之后更多的讨论。

这种争论在 1948 年就预先发生过,当时,布雷布纳论辩说,在把边沁视为自由放任主义的倡导者上,戴雪误导了两代史学家;事实上,布雷布纳断定,边沁宣扬了戴雪厌恶的集体主义。④ 布雷布纳如此勉强的主张,是源于他对一个事实的忽略,即戴雪在第九讲中就认识到[190]集体主义的功利主义渊源。不久以后,许多学者

---

① 《法律与舆论》,页 309。
② 拉斯基致霍姆斯书信,1925 年 7 月 28 日,载《霍姆斯与拉斯基通信集》,第 1 册,页 771。
③ 奥利弗·麦克唐纳,《政府发展的模式:1800 年至 1860 年》(A Pattern of Government Growth, 1800—1860),页 324。
④ 布雷布纳(J. B. Brebner),《19 世纪不列颠的自由放任主义与国家干预》(Laissez-Faire and State Intervention in Nineteenth-Century Britain),页 59—73。

就抨击布雷布纳的论断,非常明智地总结说,某些语境下,功利原则意味着自由放任,而在其他语境下,它又支持政府干预。戴雪在《法律与舆论》中,自始至终都承认功利主义在这点上模棱两可。这本书的许多地方都易受到批评,但戴雪有关边沁的个人主义和集体主义遗产的论述却不在其中。戴雪关于功利主义内涵的原创性结论,经受住了像布雷布纳那样的鲁莽批评。

　　麦克唐纳和帕里斯分别于 1958 年和 1960 年在《历史杂志》上发表的两篇文章,激发了人们对 19 世纪政府发展的重新评价。[①]这些评价主要是对各个政府部门进行具体研究,或者是具体研究针对特定滥权的立法之实施,通常是为了判断其研究结论是否与上述二者的命题相一致:即麦克唐纳的实用主义政府发展命题,帕里斯的功利主义思想具有持续重要性的命题。这个过程后,产生了许多文章和几部著作,以及最终那些具有学术重要性的标志:若干参考文献和一个研讨会。[②] 在这场争论中,戴雪始终是个陪衬,那个在大家展示新的研究成果之前,就可能提出学术观点予以反对的作者。这个现象可见于这类陈述之中:"戴雪的解释已经无效,但它的幽灵却在继续推动着许多有关维多利亚时代行政史的讨论,他讨论中使用的分类,尤其是对'个人主义'和'集体主义'两极对立的特别强调,仍保留了下来。"[③]在这,我的目的不是对"政府革命"争论中的诸问题进行分析,也不是为了替戴雪辩护,让他免于批评。但是,确有必要[191]对《法律与舆论》进行再评价,因为它已经与维多利亚时代行政史这个研究领域融为了一体;是时候驱除幽灵了。

――――――――――

① 麦克唐纳,《19 世纪的政府革命》,页 52—67;帕里斯,《19 世纪的政府革命》,页 17—37。

② 我不认为有必要列举该叙述所涉及的大量著作。那些关注"政府革命"争议的人,自然对史学史很熟悉;而那些不关注的人,则对罗列一批著作不感兴趣。

③ 威廉·卢贝诺(William C. Lubenow),《政府发展的政治分析:1833 年至 1848 年》(The Politics of Government Growth, 1833—1848),页 9。

首先,"政府革命"之争已经日渐涉及对行政的专门研究。很难看出这一讨论为何要顺着《法律与舆论》的思路进行,因为戴雪对行政问题是一点兴趣都没有的。参与这场论争的多数学者都研究过一部法律的通过及以后的历史:这部法律有实效吗? 或者它是如何被修改的? 麦克唐纳正确地指出了戴雪的各种遗漏:没有公务员,没有部门报告,也没有议会调查。[1] 但这种疏忽是有意的,因为他只关心一部法律制定之前的情形。没有什么比让他描述一个政府部门如何运行更厌烦的事了。如果戴雪曾误导了行政史的学者,那么公正地说,这个错觉是因没有研究过这个人和这本书而一直存在下来的。行政史必须避开《法律与舆论》,因为戴雪在探讨功利主义的时候,没把它当成一个思想史上的问题,在讨论漫长的政府发展过程时,也没有把它看成是一个实用主义演化过程。

其次,麦克唐纳主张,戴雪避免了对 19 世纪历史的辉格解释,这个主张遭到帕里斯的有力反驳:"戴雪作为一个政治党人的职业生涯,对于理解他的思想具有高度相关性。"[2]帕里斯是正确的,但也有可批评之处,因为他没有将自己的洞察力运用到底:他从未将戴雪的政治观点与《法律与舆论》的内容联系起来。如果历史的辉格解释的最大错误在于以当今的标准来评判过去,那么对戴雪的指控是可以被坐实的。戴雪在叙述维多利亚时期的公共舆论时的分期,依据的唯一标准就是舆论所体现的对国家干预的态度。这本书不多也不少,包含的正是戴雪的政治信念。1905 年的价值观念不断被强加到对维多利亚时代的叙述之中。爱德华时代的斗争败坏了对维多利亚历史的解释。

《法律与舆论》是历史学者最常引用的戴雪作品,但这是不幸

---

[1]　麦克唐纳,《19 世纪的政府革命》,页 55—56。
[2]　帕里斯,《19 世纪的政府革命》,页 18。

的,因为正如对他的前提进行分析之后所表明的,这本书恰恰不是一部历史作品。[192]然而,历史学者却非要把这本书看成是一本理解他所描述的事件的准确指南。麦克唐纳称它是一部想象之作,这(尽管是在错误的意义上)触及了问题的关键。遗憾的是,戴雪几乎没有麦克唐纳所说的那种想象力,没有获得有关法律与舆论的更深刻的见解。相反,他熟练地、小心翼翼地构想出来的解释,源自他对过去事情的追忆。①《法律与舆论》描述的是戴雪记忆中的那个维多利亚世界,准确说是他希望曾所是的那个世界,因为这一描述对他 1905 年的政治观点而言至关重要。不管对这本书如何定位,历史学者都不应该把它视为一部其目标在于历史重构的作品。

这意味着此书毫无价值,应置之不顾? 它仍然值得历史学者去研究,把它当作了解维多利亚晚期和爱德华时代某些方面的思想的指南。讨论作为集体主义对立面的个人主义的人,感兴趣的是 1905 年的背景,而不是 19 世纪 30 年代甚或 70 年代的背景。②这本书作为一个学术作品,因为戴雪偏离了他的专业领域,所以不值得通常所受到的那种赞美;③作为爱德华时代精神的某些写照(a revealing part),它有其内在价值,使它在那个时代的重要著作中永久地占有一席之地。《法律与舆论》不应该再受到历史学者的攻击,因为戴雪从未想要让此书成为一部准确叙述行政变革的著作。

戴雪出于对当代政治的关注这一点,最引人注目的证据出现在《法律与舆论》1914 年第二版导论之中。他选择通过撰写导论

---

① 同上,页 24—26。帕里斯感觉这一点可以回答戴雪何以错得如此离谱的问题,但又几乎没有提出证据来证明本来有充分根据的那个感觉。

② 诺伯特·索尔登(Norbert. C. Soldon),《个人主义期刊》(*Individualist Periodicals*),页 17—26。

③ 帕里斯,《19 世纪的政府革命》,该文有一个方便的参考文献列表,页 17—18。

的方式来修订这本书，而不是对正文进行全面修改，是因为健康
状况不允许他这样做了。最后修订《宪法》时，他也是这样做的；
对于分别于1914年和1915年修订版中出现的长篇导论，他之前
解释了其中的原因。① "我很确信，这个做法是最适合我的"；这
让他决定撰写导论，以避免繁杂的[193]修订工作。② 1913年6
月，戴雪着手导论的写作，最后完成的时间比他预期的要长。③
结果是一通政治抨击，丝毫没有用客观性或学术性来掩饰。
1914年的导论中，被引用得最多的那部分记载着戴雪忧郁的沉
思："1900年的时候，自由放任学说，尽管还包含着大量真实成
分，已经多多少少在英格兰人中间失去影响。"④坎贝尔-班纳曼
政府和阿斯奎斯政府通过了许多法律，它们逐一受到戴雪式自由
放任主义的检验，但发现均有不足。戴雪指责公共舆论没有坚守
旧的价值观念。

　　如同戴雪设想的，1914年的导论成为了他最终的政治陈述：
"我活到了不属于我自己的一代人中间；我的遗言（last words）是
你们1913年听到的1886年的声音。"⑤每过一年，戴雪情感上很
依恋的遗产就遭到更多的抛弃，于是对社会主义的恐惧就更加强
烈。有一次，他称这篇导论"不过是一个维多利亚中期老人，活到
了一个他不属于、很可能也无法理解的时代的老人，最终的想
法……不过，我还是很高兴有机会把我有关这个话题的遗言大多
都说出来"。⑥ 当然，必须补充一点，戴雪除了执拗追求其年轻时
的目标外，他几乎没有花精力去了解时事。

---

① 戴雪致弗雷德里克·麦克米伦爵士（Sir Frederick Macmilan）书信，1912年7月日，
　《麦克米伦公司文件汇编》（B. M. Add. Mss. 55085）。
② 戴雪致布赖斯书信，1912年11月30日，《布赖斯书信集》。
③ 戴雪致麦克米伦公司，1913年6月20日，《麦克米伦公司文件汇编》。
④ 《法律与舆论》，第二版导论，页31。
⑤ 戴雪致布赖斯书信，1913年1月21日，《布赖斯书信集》。
⑥ 戴雪致洛厄尔书信，1914年5月27日，《洛厄尔书信集》。

《法律与舆论》对于他一生的公众声望起到了画龙点睛的作用。尽管初期他对这本书缺乏自信,后来却认为它是"我写过的最好的东西,比《宪法》成熟多了"。① 这证明了以下格言的真实性:一个人不应当成为自己案件的法官。但是,不只是戴雪自己给予《法律与舆论》以很高评价;埃利奥特收到此书的第二版之后,也称它"是[194]迄至 1913 年最上等的作品"。② 鉴于该书自始至终怀念和固守自由放任主义,最终的反讽是,戴雪在经历了一战之后,不情愿地承认,国家干预也可以实行他以前认为只有自由放任才能实行的改革。③ 到 83 岁高龄的时候,他才开始想点办法,逃离他一辈子都陷入其中的思想牢笼。但他的这一小步,来得太晚了,没有影响到《法律与舆论》;它已经作为一个纪念戴雪维多利亚中期遗产的标志,竖立在那儿了。

---

① 戴雪致麦克米伦公司书信,1912 年 7 月 1 日,《麦克米伦公司文件汇编》。
② 埃利奥特致布赖斯书信,1914 年 7 月 28 日,《布赖斯书信集》。
③ 戴雪致埃利奥特书信,1918 年 11 月 14 日,《埃利奥特书信集》。

第九章　英格兰的衰落:1899 年至 1914 年

[195]1898 年秋,戴雪在哈佛演讲期间,接受了英格兰一项新的任命:伦敦工人学院院长;这在他为伤心失望所困扰的岁月里,增加了他个人的成就感。他曾作为讲师在那有过一段不成功的工作时期,之后于 1866 年离开了学院,但是他凭借与学院职工理查德·利奇菲尔德(Richard Litchfield)及其妻子亨丽塔(Henrietta)的友谊而保持着与学院的联系。利奇菲尔德说服戴雪接受了院长职位,从美国一回来就正式到任了。[①] 戴雪一直很赞成学院的办学目标,因为他认为它是把工人变成生产力高的、独立的社会成员的最好的教育机构。他欣赏教员自愿服务的传统,让便宜的教育成为可能,也称赞老师与学生之间的友爱精神。他赞许地写到,学院"建立在非常宝贵的自助与互助之结合上"。[②] 戴雪从未对他担任这一职务感到后悔,因为学院报答了他的慷慨,让他产生很大的满足感。

---

① 哈里森(J. F. C. Harrison),《工人学院的历史:1854—1954》(*A History of the Working Men's College* 1854—1954),页 153。
② 戴雪,《学院的当前状况》(The College as It Is Now),载卢埃林·戴维斯(J. Llewelyn Davies)编,《1854 年至 1904 年间的工人学院》(*The Working Men's College* 1854—1904),页 253—254。

在任命戴雪之前,院长职位主要是荣誉性的,学院的管理工作实际是由副院长和财务主管负责。戴雪无法接受这种安排,迅速对学院的生活产生了个人兴趣。任职伊始,戴雪承担了一门由六场讲座组成的以英格兰公民权利为题的课程,还为学院的建设资金募集到了数额可观的捐赠。即便年龄不断增长,他也从来不曾动摇自己的决心,坚持要在学院事务中发挥积极作用:[196]"我不认为从长远来看一个傀儡对某个机构来说是真正有利的。我肯定,在工人学院从上到下的工作中,都应充满活力与干劲。"①戴雪经常在克朗戴尔路进行讲演,把他渊博的学识传授给那些没有机会定期在其他地方听到牛津教授讲课的听众。他负责将学院搬迁到现在的场所,不知疲倦地代表学校撰写基金募捐书,还经常恳请其学术同僚作为嘉宾出席学院讲座。所有这些工作,他都做得很愉快:"我简直无法完全表达我的喜悦感,这对建立我自己与工人学院的联系是有益的,而且对我们之间的友谊尤为有益。"②事实证明,戴雪的领导对学院和他自己都是有利的。

在 1909 年辞去瓦伊纳教职之后,戴雪也必然面临着要离开工人学院的状况。1911 年初,他就向学院当局提出了退职的可能性,其理由是,在这个年龄,他已经变得精力不济,而且他也不希望在这个职位上待得太久而不再受欢迎,从而损害学院的未来。他写道:"辞职通常有种悲伤感。这是不可避免的,但有站出来之日,必定就有离开之时;在我后来的生活中,很少像我回忆起自己与工人学院的联系时那样令人愉快,可以毫不夸张地说,那是一种纯粹的快乐。生活中很少有事情是我们能这样说的。"③第一次尝试辞

①　戴雪致查尔斯·卢卡斯爵士(Sir Charles P. Lucas)书信,未注明日期,1912 年,载雷特编,《戴雪回忆录》,页 176—177。
②　戴雪致雅各布书信,1910 年 6 月 3 日,《工人学院藏手稿》。
③　同上,1911 年 1 月 31 日,同上。

职失败了，因为戴雪夫妇在学院官方的请求下又重新考虑了一下，这事也就暂时被搁置了。在学院寻觅继任者之际，戴雪抓住机会建议，新院长至少应该"像我为工人学院所做的一样多，可能的话还要更多"。① 查尔斯·卢卡斯爵士(Sir Charles Lucas)从殖民部的退休让寻觅工作提前结束了；卢卡斯曾在1897年至1903年间担任学院副院长，因此他是最佳的候选人。戴雪力主与卢卡斯接洽，因为他[197]在各方面都具备院长资格。② 在他告别演讲末尾，他总结了自己与学院的关系："我不认为我所给予你的特别的好，但我总是尽力给予你我最好的。"③

戴雪保持着对于工人学院的深厚情感，因为他在学院繁荣中的作用给了他生活中新的兴趣："那是戴雪夫人的观点，而且毫无疑问，因他知道妻子与他有着完全共同的这种兴趣，他的兴趣就更加浓厚了，也更让他快乐。学院成了他晚年的产儿。它从未离开他的脑海。"④在一次对学院维修资金(Maintenance Fund)捐款的时候，戴雪补充道："对我而言，我与学院之间的联系是我生命中最开心的事情之一。"⑤戴雪从学院里结识了新朋友，并在他需要这种新生的时候找到了人生的新目标。

虽然，尽管戴雪在为学院的服务中感受到了极大满足，但学院在他的带领下获益更多。在1912年11月2日的一份感谢信中，学院当局证实了他的成就："在你上任之时，未来是不确定的：你让它有了成功的把握和取得持续成功的各种迹象。"⑥他的继任者卢卡斯证明了戴雪亲自关注学院事务的价值："不仅因为他的演讲，他的聪明才智，还因为一种全身心投入生活并与我们意气相投的

① 同上，1911年2月13日，同上。
② 同上，1911年11月5日，同上。
③ 查尔斯·卢卡斯爵士，《阿尔伯特·维恩·戴雪》，页225。
④ 查尔斯·卢卡斯爵士，载雷特编，《戴雪回忆录》，页179。
⑤ 戴雪致雅各布书信，1916年11月25日，《工人学院藏手稿》。
⑥ 这份鉴定书放于《工人学院藏手稿》中有关戴雪的材料之中。

个性。"①戴雪关心学院的命运,不只是我们了解他重要活动的一个方面,因为不管开始从事什么工作,他都会全力以赴做到最好。在这个问题上,他同样严格遵守适用于工作的道德标准。他所抱怨的在其工作中遇到的挫折,从未出现在他与学院的关系之中;他为自己的的成就感到自豪,从来没有抱怨过为学院的发展耗费了自己的时间。

就戴雪所关注的公共事务而言,19 世纪最后几年,他发现自己为战争问题感到不安:[198]一个是潜在的,另一个是实际的。1895 年,他对美国与大不列颠之间就委内瑞拉问题引发战争的可能性感到担忧。他对美国的感情没有变淡,因此两国之间的战争让他忧虑:"我一心想着与美国开战的可怕前景。克利夫兰(Cleveland)已经谋划着要犯下本世纪最严重的罪行;美国人正在证明——如果需要证据的话——一个民主国家可以像一个国王那样暴虐而任性。"②戴雪期望缔结一个体现门罗主义诸原则的条约,以使这样的争端不会在将来重演。他认为这两个在语言和文化上有着密切联系的国家之间发生战争是难以想象的。无论激怒对方的原因是什么,联合王国都必须确保使用一切战争以外的方法来解决问题,因为"战争一旦开始,很快就会演变成一场为了维持大英帝国而可能与全世界作对的战争,过早地结束战争与没有绝对必要而开始战争一样,都是一种大罪过"。③ 这一次,战争避免了,但戴雪还是很担心这种可能性,因此他采取措施预先阻止英美间再次发生误会。

1897 年 4 月,戴雪发表了一篇文章,呼吁美国与大不列颠之间建立共同的公民身份。④ 他并非想要政治统一,因为两国都不

---

① 卢卡斯,《戴雪》,页 224。
② 戴雪致斯特雷奇书信,1895 年 12 月 23 日,《斯特雷奇书信集》。
③ 同上。
④ 戴雪,《英语民族共同的公民身份》,页 457—476。

会同意放弃主权,严格地说,他是想要一个纯粹的共同公民身份。他承认,这一计划的即时影响会很小,尽管他相信可能随即产生间接的道德效果。共同的公民身份会增强整个英语民族团结一致的感情。共同法律观念的盛行,向任何一个聪明的观察者都透露出了英语民族本质上是团结一致的。英语民族的"重新联合"将会维护良好的结果,消除分离的弊端。戴雪在私下详细阐述了这一概念,认为如果不能真正结盟,缔结协约就是至关重要的。唯有这样"才能挽救盎格鲁-撒克逊的法律原则与自由,此外没有其他方法可以办到"。① 他与美国朋友共同继续探讨这个主题,[199]在这个过程中,他重申了这个信念:全球问题之解决,在于盎格鲁-撒克逊民族与理想的统治。② 利益共同体应该会形成一个共同的政策,以免这两个天然盟友陷入不必要的对抗。

对戴雪来说不幸的是,正如他许多次的公开呼吁行动一样,这一次的方案如他自己所说"完全失败了"。③ 他承认共同公民身份的提议不成熟,但是却认为英语民族注定会在一两个世纪内统治整个文明世界。他希望他的民族再联合的梦想会在某一天有助于这一进程。他1898年在美国的逗留丝毫没有减少他对两国团结的信心:"我两次旅行都如此开心,因此我不会冒险以第三次的失败来破坏我对那里的美好记忆。"④这种对于英美合作的强烈愿望使得他赞成美国的扩张,他相信盎格鲁-撒克逊民族的统治是必然的。⑤ 领导世界的目的不是为了自身的权力,而是为了传授英语文明世界的福祉:"但我越来越相信,传播英语世界的法律思想与正义是英语民族的一个志业,因为它很可能会是我们的一项永恒成就。"⑥戴雪并非

---

① 戴雪致布赖斯书信,1898年5月12日,《布赖斯书信集》。
② 戴雪致埃利奥特书信,1898年9月20日,《埃利奥特书信集》。
③ 戴雪,《英格兰与美利坚》,页441。
④ 戴雪致布赖斯书信,1898年12月29日,《布赖斯书信集》。
⑤ 戴雪致诺顿书信,1901年3月19日,《诺顿书信集》。
⑥ 戴雪致霍姆斯书信,1900年4月3日,《霍姆斯书信集》。

对美国的过错视而不见，因为在他对英美关系密切关注 10 年之后，他写道："在我看来，英语民族的两个分支在外交上都做得比各个欧陆国家要好些。但为了弥补这一点，两支英语民族都说服自己，他们在国际事务中追求的原则比在实际行动中遵循的原则要公正得多。"①这一结论从未动摇他对两国利益共同体的忠诚。戴雪继续促进大西洋两岸更好地相互理解。

　　布尔战争给戴雪提出了一系列不同的问题。他一开始支持战争，因为他对英国参与其中的必要性毫不怀疑。② 英国优越的[200]价值体系使得对布尔人的征服在道德上是正当的。这场战争让英格兰人产生了一种罕见的团结一致的感觉，以此为后盾，才能避免欧洲干预导致对大英帝国的全面攻击。即便刚开始传来的消息显示事态严重，他仍相信最后的胜利。③ 正如他所坚持的其他理想一样，一旦他信奉某个确定的政策，他就不会容忍反对意见。

　　例如，布尔战争伊始，戴雪就开始记录他所能找到的有关"爱尔兰民族主义者与德兰士瓦战争"的每一个信息。④ 由于爱尔兰问题是他判断所有其他问题的标准，所以战争证明也不例外。他收集关于爱尔兰民族主义者反对战争的报道，以便把他们说成是联合王国的叛徒，不值得英国政治家考虑。乌尔斯特支持战争的这个反应，他认为刚好证明赞成乌尔斯特的主张而非民族主义者的主张是正当的。

　　当最后胜利的希望似乎最为渺茫的时候，戴雪对战争的支持也最为强烈。比如，他反对《旁观者》上的一个说法，它暗示不列颠必须为奋力反对布尔人设定一个期限。他向斯特雷奇抗议道："我

---

①　戴雪致布赖斯书信，1911 年 3 月 23 日，《布赖斯书信集》。

②　戴雪致埃利奥特书信，1899 年 12 月 19 日，《埃利奥特书信集》。

③　戴雪致戈德金书信，1899 年 12 月 25 日，《戈德金书信集》。

④　《戴雪笔记》，页 93。

们打算为维护帝国而斗争,但这种对我们斗争时期的限制,据我判断是一个致命的错误。当然,没有哪次人类斗争是能够无限期地进行下去的。但一个想要获胜的民族必须准备着完全无限期地斗争下去。"①他害怕大不列颠的敌人把这个措辞理解成对弱点的承认。布尔战争扫清了其他政治问题;戴雪回忆,就其对国家的影响而言,唯有印度兵变可与之比较。② 当英军力量最终扭转了对布尔人的不利局面时,戴雪发现了战争在恢复自信的民族精神方面有一个意想不到的好处。胜利变得越是确定,他就越是相信它的正义性:"我个人认为,战争是必要的,也是正义的,与美国内战(Secession)冲突具有奇怪的相似性。"③[201]无论这一类比多么牵强,布尔战争在他眼里始终是正当的。④

　　布尔战争旷日持久,令人扫兴,这都没有改变他的上述看法,因为一旦参与进来,保卫帝国的战争就必须战斗到底。当有关英国政策造成苦难的故事在媒体上流传时,戴雪把它们当作不公正和危险的故事而不予理会:"对妇女和儿童的苦难怀有慈悲心肠,可能导致人们对陆军、政府和国家做出大量不公平的行为,这似乎具有相当大的危险。"⑤他对和平谈判采取了强硬立场,相信布尔人一定会在讨论和谈条件之前就被镇压。对布尔人的其他评价,"像极了格拉斯顿派的伪善言辞:帕内尔派准备效忠于联合王国"。⑥ 没有取得全面的优势让他感到沮丧,因为这阻止了大不列颠获得完全应有的胜利。在他看来,为帝国而进行的伟大道德斗争逐渐消失在了相互指责和附加条件的胜利之中。这种失望很快

---

① 戴雪致斯特雷奇书信,1900 年 1 月 9 日,《斯特雷奇书信集》。

② 戴雪致戈德金夫人书信,1900 年 3 月 18 日,《戈德金书信集》;戴雪致诺顿书信,1900 年 3 月 20 日,《诺顿书信集》。

③ 戴雪致霍姆斯书信,1900 年 4 月 3 日,《霍姆斯书信集》。

④ 戴雪致埃利奥特书信,1900 年 4 月 17 日,《埃利奥特书信集》。

⑤ 戴雪致斯特雷奇书信,1901 年 6 月 26 日,《斯特雷奇书信集》。

⑥ 同上,1902 年 3 月 15 日,同上。

让位于一场更大的危机。

1903 年 3 月，约瑟夫·张伯伦发起了关税改革运动。关税改革影响联合党的团结，它造成的分裂效果开始显现，据戴雪判断，它在英格兰引发的一系列灾难事件，直到第一次世界大战开始才会停止。这一过程意味着英格兰的堕落，让戴雪陷入卡珊德拉①的角色之中，为他所钟爱的英格兰的衰落而惋惜。内部自治、关税改革和社会主义的发展，这些都威胁着他极为珍视的价值观念。它们成功的希望日渐增大，所以戴雪对未来感到悲观。英格兰的堕落尽管由许多具体因素共同所致，但对戴雪而言是一个综合的过程。因此政治问题的任何绝对区分都必定是人为的。然而，由于爱尔兰问题才是终极问题，相较之下，其他事项都显得无关紧要，所以必须延迟考虑内部自治问题。即便没有爱尔兰争议，戴雪也能找到足够多让他担忧的事情。

关税改革的出现还导致了他对约瑟夫·张伯伦评价的另一个主要转变。[202]1886 年之前，戴雪就不信任他倡导的社会改革计划和他纪律严明的政治组织。1886 年后，鉴于张伯伦对联合的捍卫，戴雪改变了看法，从而认可了他的才能。直到 1901 年，随着布尔战争陷于处置不当并战败，戴雪仍有所保留，尽管较之这些保留意见，现在张伯伦的优点来得更重要："依我看，张伯伦作为一个政治家有很多缺陷。他鲁莽，而我也不认同他希望推行老年退休金计划一类的思想；但我私下却日渐得出一个结论，他几乎是我们唯一的强人和得力的管理者。"②关税改革运动再一次使张伯伦不受戴雪的欢迎。

他迅速认识到关税改革可能带给联合主义灾难这件事，以及

---

① 译注：卡珊德拉(Cassandra)，希腊神话人物，特洛伊国王布莱姆(Priam)的女儿，具有预知祸事的禀赋。

② 同上，1901 年 7 月 1 日，同上。

随后甚至把他自由贸易的信念置于相较于维持联合的次要地位,足以说明英爱联合在他的政治信念中处于核心地位,没有哪件事情可与之相比。此后不久,张伯伦开始实施关税改革运动,而戴雪加入了联合主义者自由食物联盟(Unionist Free Food League)。他认为真正的问题在于,联合主义队伍中即便有一个小的裂痕,也能引起选举形式的变化,足以推翻联合主义政府。[①] 他期待该党即便有任何分裂,都不会太大,但这证明是虚幻的。[②] 他在《当代评论》上的一篇文章中明确了自己的立场:他依然是一个自由贸易主义者,无法接受关税改革,新的财政政策给联合主义的拥护者造成了分裂,而且给了自由党人一个议题,可让他们为之重整旗鼓。[③] 戴雪写到,对除自己之外的许多联合主义者而言,维持联合比对严格坚持自由贸易来得重要。联合再次处于危险之中,因为随着联合党陷入混乱,内部自治就会复兴,甚至成功的机会更大。这一风险实在太高了,足以抵消关税改革理论上目前尚未证实的优势。他在给斯特雷奇的信中详细阐述了联合主义面临的选择:

> [203]如在 1886 年一样,现在我确信最重要的事情是维护与爱尔兰的联合,而且要不惜一切代价在爱尔兰维护法律的至上性。与这一目标相比,经济立法是很重要的,但却是第二位的。下次大选让现届政府连任或者选出联合主义多数之害处,在于因此而给予贸易保护主义政策以支持。另一方面,这些源自对现任政府的驱逐并让反对党领袖执政的害处是:
>
> 一、支持煽动内部自治……
>
> 二、失去一个让《土地法》取得成功的最好机会……

---

① 戴雪致马克西书信,1903 年 8 月 11 日,《马克西书信集》。

② 对于自由贸易联合主义者逐渐恶化的命运的解释,参见理查德·伦佩尔(Richard A. Rempel),《分裂的联合主义者》(Unionists Divided)。

③ 戴雪,《致联合主义者和帝国主义者》,页 305—317。

三、在爱尔兰强制执行法律的艰苦努力的中断。

四、我们在南非的政策被推翻……

五、对消极抵抗者阴谋的让步……

我不相信有关自治已死的任何教条。这个问题我用了16年时间来仔细考虑,在这一点上,我对自己的判断还是有一些信心的。

当然,我完全知道(没有忘记1885年)对爱尔兰民族主义的让步可能出自联合主义者。我们必须时刻警惕这个危险。对我来说,避免它的最好方式,按照目前的建议似乎是尽可能地让联合主义政府长期在任,如果可能的话还要在下届议会中选出一个联合主义多数,而且作为一个自由贸易主义者,我希望在这多数之中,还应该有尽可能多的自由贸易联合主义者。

然而,我有意避开了纯粹的经济问题。它不是我特别有资格去判断的一个问题,在我看来,当诚实的专家意见不一致时,那些不是专家的人在思考和说话时必须相当谦虚才行。①

从这以后,他虽然没有放弃自由贸易,但他始终力劝论战各方在经济问题上达成妥协,以便为联合提供最安全之保证。

[204]在随后的两年中,戴雪看到贝尔福政府疲惫不堪,日渐绝望。真正的问题在于这一事实,即两个政党都没有代表选民的大多数。② 联合主义政府没有满足戴雪认为国民所信奉的自由贸易理念;而反对党(即自由党)又并不代表维持联合的民族信念。结果便是政治混乱:坦率地讲,补救措施是政治中的稀有之物。只有自由贸易联合主义者已经明确了自身的立场,而内阁和反对党

① 戴雪致斯特雷奇书信,1903年10月28日,载雷特编,《戴雪回忆录》,页116—117。
② 戴雪,《宪法的瘫痪》(The Paralysis of the Constitution),页311。

却一直对其未来计划保持沉默。唯有公开而诚实的政策可以挽救这一局势,如果政治僵局可以破除的话。戴雪严重错判了关税改革给联合党造成的损害,高估了自由贸易联合主义者的力量。联合主义者在 1906 年的选举溃败,表明在经济问题上的妥协对联合主义的力量而言有多么重要。坎贝尔-班纳曼政府的出现促使戴雪做出更大的努力,以确保联合主义者成员内部的和解。

　　自由贸易联合主义者面临的困境是,应该重视哪个议题:自由贸易与贸易保护主义的对立,还是联合与内部自治的对立?戴雪毫不怀疑,应该是不断地保护联合,以防止胆小者为保存自由贸易而在联合上妥协。他的朋友阿瑟·埃利奥特,一个坚定的联合主义者,在 1906 年初写信给戴雪时阐明了这个问题:"关于政治,我们都同意这两个目标——联合与自由贸易都必须维护。不管对手有什么野心,有什么样的议员,这点我们都应该能够实现。"①戴雪无法接受把这两个问题等同起来。自由贸易主义者过于热切地推行自己的主张,而忽略了联合的优先性,因此戴雪经常提醒写信给他的人,不维护联合的联合主义是一句空话:"依我看,它必须被置于所有其他政治考虑之上。"②这一建议根本没人听,因为他的政治朋友中,几乎没有人像他那样赋予联合以绝对优先性。作为一个不熟悉政治世界的人,他反复劝告,联合主义者必须以对联合更忠诚的名义放弃所有其他计划。如果他们不团结一致便有潜在的灾难,这让他[205]绝望不已:"我承认我对联合的维持几乎不抱希望,除非所有阶层的联合主义者都愿意在他们即便最强烈坚持的事情上作出让步。"③他向每一个会听取他意见的联合主义者宣讲妥协的主题,认为这是对这一致

---

① 　埃利奥特致戴雪书信,1906 年 2 月 12 日,《埃利奥特书信集》。
② 　戴雪致埃利奥特书信,1907 年 6 月 12 日,同上。
③ 　同上,1907 年 7 月 5 日,同上。

命政策唯一可能成功的抵抗："恢复 1886 年的朴素联合主义，在自由贸易或贸易保护主义问题上让每个人和每个选民都坚持自己的想法，这是不可能的。"①接下来的几年里，他几乎不关心关税改革辩论的经济问题，因为他的唯一兴趣在于，在任何时候都维护联合党内部的团结。

到 1909 年，在劳合·乔治预算案提升政治热度之后，戴雪比以往更加坚定地认为，唯有联合主义者团结一致，才能阻止不列颠的毁灭。联合党内自由贸易主义者的弱点促使他向其自由贸易的朋友力陈让步的必要性："为了成功的机会，联合主义者必须作为一个团结的政党一起行动。按照目前的情况来看，这实际上意味着自由贸易联合主义者必须在下次大选中对关税改革者让步。我已经准备这样做，以阻止内部自治并反抗下议院的侵害。但大多数自由贸易联合主义者准备好了吗？"②斯特雷奇回复说，关税改革者对他们最终的成功非常自信，所以他们将通过放弃自由贸易主义者而寻求政党的团结。③ 戴雪未被这个预言吓倒，继续推行政党团结的运动：

> 一件至关重要的事情是，让联合党再次团结起来。除了联合主义本身和放弃妇女选举权之外，没有什么是我不准备作出重大让步的。我尽力一视同仁地向关税改革者与自由贸易联合主义者宣讲同一原则。没有一方不需要另一方的帮助，而爱国的真正标志是愿意放弃其他想法以促进联合抵御共同危险。我认为，有一两个显而易见的事实，自由贸易主义者在我看来似乎认识到了，但应该对此更加清醒，这是一个智

---

① 同上，1907 年 7 月 11 日，同上。
② 戴雪致斯特雷奇书信，1909 年 7 月 22 日，《斯特雷奇书信集》。
③ 斯特雷奇致戴雪书信，1909 年 7 月 27 日，同上。

慧问题。[206]无论原因是什么,在全世界范围内已经存在一种支持国家干预和社会主义的倾向,而且比 10 年前大家所预计的要强大得多,尽管朝着这一趋势的转变在当时就看出来了⋯⋯说得清楚一点,我们必须承认,自由贸易本质上对国家干预不信任,这点并未成为各政党下议员多数或者选民的共识。没有工人反对对他有利的贸易保护主义,尽管自身利益使他反对征收玉米税。我从中的推断是,自由贸易联合主义者在与关税改革者和解的过程中必须认识到,甚至是必须承认,自由贸易联合主义者,如同自由贸易主义者一样,没有得到普遍舆论的支持。①

这个令人沮丧的结论导致他接受自由贸易影响的必然消逝:"我认为,和解以及所有反对社会主义和内部自治的人的联合行动是当前所需的,我期望自由贸易联合主义者为实现这一目标将不得不作出艰难的让步。"②他自愿接受这一牺牲,如果它有助于维持联合的话。

戴雪兑现了向联合党两派传达同样信息的承诺。他向热切的关税改革者列奥·麦克斯极力宣扬妥协的好处,因为"应该努力避免"双方之间的争吵。③ 后来,他又增添了关于和解的这些信息:

> 对任何人,只要他不是一个明确而坚定的联合主义者,我肯定都不会投票支持的,事实上,我也从未投票支持过⋯⋯
> 除了关税改革(就其本身而言)问题,我想有一件事情你和我很可能是有分歧的,那就是,我坚信对各方作出让步,以便联合主义者团结起来抨击政府是有必要的,而且也是正义的。

---

① 戴雪致斯特雷奇书信,1909 年 9 月 16 日,同上。
② 同上,1909 年 9 月 22 日,同上。
③ 戴雪致马克西书信,1909 年 9 月 15 日,《马克西书信集》。

我对斯特雷奇说过，现在，我对你说，联合主义者的每一个分歧必定意味着大量让步。对联合主义让步得越多，越是爱国。

[207]对张伯伦的精力消耗与活力丧失，我也感到很遗憾，但是你必须记住，经历过巨大失败的领导人，是不能因为成功的军事指挥而获得信心的。在索尔兹伯里勋爵退职之际，联合主义者赢得了有力的议会多数，但自上次大选之后，它已变成相对不太重要的少数。在这一段期间内，少数派进行了令人赞赏的斗争，但对于议会解散将恢复联合主义者的权力这一点，我自己是一点信心也没有。我很可能被误解了——我相信我被误解了。①

戴雪从未真正原谅关税改革者，因为他们导致了联合党的分裂，从而将联合置于危险之中。他们给予了社会主义者和内部自治者此前从未有过的力量。本可以成为联合主义者的自由党中间派因害怕关税改革而拒绝加入联合党。② 关税改革在1910年的好处必须与其自身胜利造成的混乱相权衡。在1910年的两次选举中，戴雪再次请求，即两派联合主义者必须团结起来，防止自由党人获胜，从而双方都被毁灭。③ 戴雪所参与的有关经济政策的乏味辩论最终产生了一些影响。到1912年，随着内部自治议案送交下院，他很大程度上放弃了对于自由贸易的忠诚：他仍然坚持帝国内的自由贸易，但是他现在能够接受针对其他国家的贸易保护措施。他不承认自己已经变成了一个张伯伦主义者。他调整了有关自由贸易的看法（尽管与他更好的观点相对立）以服务于联合主义的目的。④ 只有爱尔兰问题才可能带来这一转变。

---

① 同上，1909年10月14日，同上。
② 同上，1910年1月15日，同上。
③ 戴雪致斯特雷奇书信，1910年11月21日，《斯特雷奇书信集》。
④ 戴雪致布赖斯书信，1912年7月31日，《布赖斯书信集》。

　　自由党政府在一战前通过的所有立法中，除了内部自治法案，没有哪部法律像 1906 年的《劳资纠纷法》那样让戴雪感到苦恼。在他看来，免除工会的侵权责任违反了他所宣扬的法治。此外，他刚刚才在《法律与舆论》中讨论了结社权，他把工会当作对自然经济规律的一个人为破坏者和对真正个人主义的威胁而加以反对。[209]而另一方面，工会以牺牲对国家忠诚来促进阶级忠诚。他工人学院院长的身份没有妨碍他反对工会，因为他在《泰晤士报》上发表一系列书信来分析该法案。其异议的关键涉及侵权责任的免除："这一特权实际上是实施不法行为的权力，却不会引起必须赔偿不法行为受害者的风险。试问，与所有正义原则相悖的一个特权，竟授予给这片土地上的每一个工会，这是国民深思熟虑的意志吗？"[①]戴雪希望上院在这一议题上斗争到底，但是正如他后来了解到的，贝尔福已经向上院暗示不会反对。[②]《劳资纠纷法》对戴雪而言代表着一次失去的机会，因为他深深地感觉到，"它与平等法律的多数基本原则相悖"，因此本可以基于这些理由而将它扼杀掉。[③]

　　他对该法案的担忧在 1911 年及以后变成了现实，当时劳资纠纷造成了各企业大量罢工与生产损失。他认为，这种糟糕的情况是他强烈反对工会的一个充足理由。在 1912 年的一场矿工罢工中，戴雪表现出一种好战的姿态，力主即便导致流血，也要强制实施法律。一个强大的政府必须不惜一切代价地维持秩序，以防下次罢工导致国家更强的压制。问题的根源在于《劳资纠纷法》："不论怎样掩盖事实，这部法律都旨在赋予（事实上也赋予了）工会不公正的特权，它已经产生了（至少是趋向于产生）所有抨击这部法

---

① 《泰晤士报》，1906 年 10 月 29 日，页 8。
② 斯特雷奇致戴雪书信，1912 年 3 月 21，《斯特雷奇书信集》。
③ 戴雪致斯特雷奇书信，1909 年 7 月 22 日，同上。

律的人所预言的一切恶果,甚至更糟。特权无论是赋予国王还是工会,都不过是专制的体面名称。我内心坚信,除非我们回到平等法律的统治,否则事情不会进行得顺利。"①尽管罢工没有以他预料的血腥对抗结束,但他并不感到满意:"依我看,没有哪一个心智健全的人会怀疑这一点,如果矿工重返工作岗位,那将是矿工们使用武力对抗国家的一次彻底胜利。我个人认为,[210]通过强调每一个选择在矿山工作的矿工的权利来解决斗争会更加明智一些,也更有益一些。"②后来,他以一种很审慎的心态强调,国家的法律必须适用于工会,"如果工会会员利用他们的特权以武力获得权力,那么国家必须以武力来与之斗争的时代就已经来临"。③ 这一以国家的名义进行阶级斗争的预测表明他的观点已经变得多么极端。劳工问题是戴雪在思考英格兰的未来时所担心的变化的另一个迹象。

围绕 1909 年劳合·乔治预算案的提出,1910 年的两次大选以及 1911 年《议会法》的通过而发生的政治骚乱,已被许多作者仔细研究过;这里的目的是从戴雪对大不列颠的命运日益悲观的视角来分析这些事件。在预算案提出之前,戴雪就觉得阿斯奎斯政府拟订了新而危险的计划:"黑暗的日子摆在我们面前。"④他对劳埃德·乔治提案的第一反应是可预见的;"该预算案令我大为惊慌。它在我看来似乎是要开辟一种可行的新征税办法,以有利于那些支持执政党的阶级。"⑤至 6 月底,预算案斗争实际上已吸引了他全部的注意力。此时,他认为哪怕只是为了抗议下院对财政法案的专属权利,预算法案也必须被否决。上院应该重申其作为国民守护人反对草率立法的正当权力。至于应该否决预算法案的

---

① 同上,1912 年 3 月 20 日,同上。

② 戴雪致布赖斯书信,1912 年 3 月 31 日,《布赖斯书信集》。

③ 戴雪致埃利奥特书信,1912 年 3 月 28 日,《埃利奥特书信集》。

④ 戴雪致埃利奥特书信,1909 年 4 月 2 日,《埃利奥特书信集》。

⑤ 戴雪致史密斯书信,1909 年 5 月 26 日,《史密斯书信集》。

全部,还是其中一部分,戴雪并不清楚,因为他不具有"公共生活的实践和经验知识"。① 这种经验缺乏并没有妨碍他关注他现在所称的"政府犯罪"。② 旁观者角色很快让位于一个积极行动的机会。

由于预算法案冲突变得更为严重,斯特雷奇[211]建议戴雪让人以自己的名义写一篇文章,为推翻劳合·乔治预算法案提供宪法上的理由。③ 斯特雷奇希望这一支持可以使上院的决心更加坚定,尽管他承认克罗默勋爵(Lord Cromer)已经告知他,上院将会出于政治原因而否决预算法案,他还是希望以一个公认的宪法权威的声望来掩饰这一行动。值得赞扬的是,戴雪虽然赞成联合主义者强烈的反对意见,但他还是拒绝了这一不名誉的交易。④ 他承认先例是支持下院的,但他认为政府为了摧毁上院而扩大了规则的适用范围。他指出,议会必须遵从国民的意志,因此国王或者上院保护国民权利的任何措施都是正当的。下院的特权如果限制了国民的权利,无一值得尊重。在接下来的两周,戴雪向斯特雷奇提出了化解议会僵局的若干建议。他认为,公民复决可以缓解紧张局势,尽管他更愿意是为了保护根本性的立法而保留这一手段。⑤ 戴雪将斯特雷奇的注意力集中于技术角度,即上院从未正式接受其失去对财政法案的控制,从而回避了对其权威的援用。⑥ 上下两院必须最终彻底明确各自的权力:"我不太清楚的是,这个预算案是否是我们斗争的最佳领域。"⑦斯特雷奇没有注意到戴雪的这些意见,他希望集中于土地条款以挫败预算案,因为它们在财

---

① 戴雪致马克西书信,1909 年 6 月 26 日,《马克西书信集》。
② 同上,1909 年 6 月 27 日,同上。
③ 斯特雷奇致戴雪书信,1909 年 7 月 2 日,《斯特雷奇书信集》。
④ 戴雪致斯特雷奇书信,1909 年 7 月 2 日,同上。
⑤ 同上,1909 年 7 月 4 日,同上。
⑥ 同上,1909 年 7 月 12 日,同上。
⑦ 同上,1909 年 7 月 20 日,同上。

政制度中引入了新的原则。① 到这时，很明显，戴雪提出了宪法问题；而斯特雷奇则为细小的政治问题感到困扰。戴雪甚至诉诸国民利益来反对宪法惯例的效力，以此证明自己的立场是正确的。②
[212]他从未意识到，无论其宪法论证多么有效，是政党策略决定了不同的政治行动。

　　在常规性地休完暑假之后，戴雪以更强烈的紧迫感回到争辩之中。他现在认为"这一社会主义革命"必须由上院首先进行斗争。③ 这似乎是最好的反抗形式，因为自由党人把预算问题与上院宪法权力的不同问题混淆起来，进而从中获得了很大的优势。联合主义者应该结识像罗斯伯里这样的老自由党人，他为了动员国民意见已放弃了内部自治。零敲碎打的反对不能取得成功，因此，每一个联合主义者的力量都必须利用起来。正如戴雪经常明确说明的："我或许应该补充一点，关于联合主义，我没打算做出丝毫妥协，不管是为了获得爱尔兰的选票，还是出于其他任何目的。"修改或者否决预算案，作为一个"抵制革命的合法手段是正当的，而且在这个意义上也是'合宪的'"。现在，戴雪逐步加强了对政府的攻击，不是针对它任何的具体政策，而是总体上的不道德。

　　例如，联合主义者中很少有人反对贿赂，如由政府提供给选民的养老金。他在给斯特雷奇的信中写道："非常确定，我们显然处于革命的危险之中——它就是严格意义上'革命性的'，因为至少在大不列颠，它很可能不通过身体暴力就能完成。"④戴雪担心，因否决预算案而导致的提前大选，可能只会将联合主义者的席位增

---

① 斯特雷奇致戴雪书信，1909 年 7 月 21 日，同上。
② 尼尔·布卢伊特提到《贵族、政党与人民》，页 95），戴雪拒绝预算案富有"极大弹性"。在他自己内心，戴雪仅仅坚持的是国民利益至上这一原则；然而，他确实把国民利益与联合党相等同。无论如何，正如布卢伊特在第 96 页中所指出的，联合主义者的领导使预算案落空，是出于选举的原因，而不是基于宪法的考虑。
③ 这一段的引用来自于戴雪致马克西书信，1909 年 9 月 15 日，《马克西书信集》。
④ 戴雪致斯特雷奇书信，1909 年 9 月 16 日，《斯特雷奇书信集》。

加到自由党人依赖爱尔兰选票的程度。这一情形会让一部新的内部自治议案比预期来得更早。除了具体的财政条款,对预算案的真正反对理由是:"一个非常不道德的大臣(阿斯奎斯),利用奇异情况下的公众舆论,孤注一掷地竞选公职,但绝不可能立即结束。"①他怀疑欺骗手段是没有限度的:"我不怀疑[213]阿斯奎斯,或者更确切地说,劳合·乔治和丘吉尔会承诺实行自治,如同他们在加拿大私下许诺给民族主义者的那样,同时还将提供某种进一步的贿赂(如 60 岁养老金)。"②由于自由党人又重新采取了不合规的政治策略,所以联合主义者必须在下一次处于劣势的大选中坚决进行斗争,因此,联合主义者完全有权谴责政府的道德破产。自由党人贿赂了选民中较穷的那部分人,"违反了所有宪法道德"。③ 戴雪认为,联合主义者与不诚实的对手斗争;自由党人通过卑劣的政治伎俩搞乱了所有行动,无论该行动多么的有原则性。联合主义者的任务是统一,它高于一切,领导人必须停止关于经济政策的内部争吵,全党都必须参加到战斗中来。

对联合主义者在新选举中失败的担忧使得戴雪建议其联合主义者朋友采取一项谨慎政策。他对那些预测联合主义将获得重大胜利的领导人没有多少信心。所有预兆都指向一个坏的结果:"我唯一能肯定的是,由于许多国家制度的命运可能会受到威胁,所以在我看来,各阶层的联合主义者所负有的职责是,促进内部团结,在内部达成和解,最重要的是不要增加使党分裂的问题,也不要对罗斯伯里这样的人的帮助怀有敌意——我觉得他实际上已经放弃了内部自治,至少不会再插手支持它。"④如果联合主义者没有斗争到最后,激进立法的洪流就会将国家淹没。面对各方令人不快的选

---

① 同上,1909 年 9 月 22 日,同上。
② 同上。
③ 同上,1909 年 9 月 25 日,同上。
④ 戴雪致马克西书信,1909 年 9 月 25 日,《马克西书信集》。

择,戴雪最后竭力主张上院否决预算案,即使这会导致一次大选。[①]
他赞成战斗到底,而不是批准预算而在政治上自杀。随着表决预
算案的高潮将近,他的反对就更加坚决。到11月时,他已准备着
"如果法案被否决的话,捍卫和支持上院的行动"。[②] 他无法同意
阿瑟·埃利奥特的看法,即该法案之否决在法律上、政治上或道德
上都是不可能的,尽管他再次承认,接受或破坏法案都充满了危
险。[214]在上院否决预算案的4天之前,埃利奥特回复说:"我认
为上院的要求绝对不能接受,而且在我们的宪法体制下,它无法被
付诸实施。"[③]这是直率的联合主义者之间的意见分歧! 上院于11
月30日否决了预算案,随后不久,阿斯奎斯便在下院通过了一个
动议,反对这一篡权行为。这给了选民一个机会去评价1909年的
事件。

投票第一天,即1910年1月15日,戴雪写到,除了选举的不
确定性,他什么都不能确定。之前对选民只关心狭隘阶级利益的
怀疑,现在他认为得到了证实。1909年预算案把选民的注意力吸
引到了阶级忠诚上,从而加速了这一进程:乡村劳动者因担心对食
品征税而投票支持预算案;工匠因预算案体现了社会主义思想,从
而也投票支持它。[④] 联合主义者的目标必须是:"如果可能,就把
政府赶下台,如果不成,就让其失去力量。总之,我在各方面都是
1886年那个不知悔悟的信仰未曾改变的联合主义者。"[⑤]第一次结
果出来之后,戴雪发现没什么可庆祝的,因为选民并不关心上院是
否否决了预算案。[⑥] 联合主义者在1910年第一次选举中的收获

---

① 戴雪致斯特雷奇书信,1909年9月29日,《斯特雷奇书信集》。
② 戴雪致埃利奥特书信,1909年11月2日,《埃利奥特书信集》。
③ 埃利奥特致戴雪书信,1909年11月26日,同上。
④ 戴雪致马克西书信,未注明日期,但在1909年12月底,《马克西书信集》。
⑤ 同上,1910年1月15日,同上。
⑥ 戴雪致布赖斯书信,1910年1月16日,《布赖斯书信集》。

没有让他振作精神,尽管其他联合主义者普遍欢欣鼓舞。正如戴雪预见到的,阿斯奎斯政府的多数得益于爱尔兰的投票支持。自由党人留任是十足的灾祸,因为只要他们这样做了,各种危险都是可能的:"我几乎留下了眼泪,尽管更明智的做法可能是,对政客们腐化人民的方式一笑置之。据我所知,迪斯雷利的行为都不如这个新联合政府的政策那样卑鄙。"①1910 年的第二次选举让自由党政府完好无损,它历经血腥,但尚未屈服,并仍旧依赖于爱尔兰人。

　　1911 年,戴雪的通信中逐渐开始讨论爱尔兰事务。英爱联合构成了他政治观点的精髓,这一点再次得到证实:1911 年 2月,议会法案被提出之后,他迅即予以指责。他之所以立即表示反对,是因为它限制了上院的否决权,[215]剥夺了上院在内部自治议题上所拥有的绝对否决权。他起初是一个"顽固分子",因为"未经修改的议会法案的通过是对英爱联合的破坏……"②如果联合主义者接受议会法案,内部自治就必然随之而来。戴雪的反对基于以下四点考虑:一、联合主义者决不能通过内部自治法案,因为这将意味着该党自身的毁灭;二、英格兰的国际处境将被置于最严重的危险之中;三、背叛爱尔兰联合主义者将是最糟糕的背叛;四、联合主义者仍然相信,选民与 1886 年和 1893年一样反对内部自治,因此不担心会在上院创设新的贵族。相反,斯特雷奇在联合主义者准备为其他议题进行斗争之时,建议议会法案不受阻碍地通过。因为这种态度,戴雪非常不公正地指责他在内部自治上表现软弱。斯特雷奇愤怒地拒绝任何这类意见。③

　　戴雪接受了责备,但仍然敦促斯特雷奇对他的反对做一个答

①　戴雪致斯特雷奇书信,1910 年 1 月 19 日,《斯特雷奇书信集》。

②　同上,1911 年 5 月 18 日,同上。

③　斯特雷奇致戴雪书信,1911 年 5 月 19 日,同上。

复。戴雪认为,议会法案的通过即意味着内部自治;而斯特雷奇则认为,即使该法案通过了,联合也可以持续。戴雪问他这种信心来自哪里;"我们遭到奸诈无耻的敌人的反对,"因此,戴雪希望澄清任何潜在的误解。① 对此,斯特雷奇回复说,为通过该法案而创设的那些新贵族,会保证支持内部自治,这样就使得它真正无可避免。斯特雷奇认为,接受了议会法案之后,又会再获得两年的斗争时间,而在上院中却没有支持内部自治的确定多数。② 反过来,戴雪反驳说,爱尔兰联合主义者必定视此举为对内部自治的绝望屈服。斯特雷奇打算在接下来的几年里以什么新武器来与内部自治斗争呢? 政治权宜很容易导致乌尔斯特的放弃。戴雪写道:"对英格兰人忽视爱尔兰人(即便他们是忠于英格兰的人)感受的习惯,我的担心难以言表。"③如果议会法案通过的话,他惯常的悲观情绪便会使得他几乎不会对联合抱任何希望。

[216]随着上院的关键投票临近,戴雪改变了想法,他现在认为:"坦率地对你说,我的看法⋯⋯是支持屈服,尽管政治感情与本能都支持抵抗政策。如果迫不得已,我必须按照我的判断行事。但是,本能在这种情形下比在大多数情况下都更重要,因为一个微不足道的人的感觉很可能就是成千上万个微不足道的选民的感觉。我的看法仍然是支持屈服。"④让他坚定地改变看法,相信斯特雷奇以理性战胜本能之建议的机会出现于7月24日,当时,一场协调一致的联合主义者示威拒绝了阿斯奎斯在下院的听证会。对这一可耻的联合主义者行为,戴雪迅速进行了谴责。在这种情况下,他认为这样的表现赢得了对自由党人的同情,也失去了对联合主义者的尊重。戴雪寻求斯特雷奇对他异议的支

① 戴雪致斯特雷奇书信,1911年5月21日,同上。
② 斯特雷奇致戴雪书信,1911年5月23日,同上。
③ 戴雪致斯特雷奇书信,1911年6月5日,同上。
④ 同上,1911年7月25日,同上。

持,因为他认为,这一事件严重损害了联合主义作为秩序党(the party of order)的形象:"我对这一蠢事不感到惊讶,因为联合主义者非常生气,而且不是事出无因,但这却是人类所能做的最愚蠢的事。"①他联合主义的党派偏见完全不能破坏他对议会政治传统的尊重。

尽管《议会法》于1911年8月通过,但戴雪并没有轻易放弃斗争。他在转向其他问题之前继续与最后的辩论者进行争辩。② 他写到,通过《议会法》这一革命性手段,阿斯奎斯政府破坏了对下院权力的最后宪法制约。任何一个联合政府都能够以国民的名义就他们不敢诉诸选民的事项进行立法。该法将以牺牲国民利益为代价产生特殊利益的派系。当然,这一法律为内部自治在无需诉诸国民的情况下取得成功提供了机会。在1912年至1914年的动乱中,这些论点从未如他所愿地引起公众注意。

在他的一生中,戴雪对青年时代开始接受的学说有着坚定的信念,仅在一个问题上,他的立场发生了改变:妇女选举权。在他年轻时,作为一个进步的自由党人,他曾支持[217]赋予妇女选举权的运动。直到妇女运动在1903年出现政治丑闻之时,他才转而强烈反对妇女选举权,正如此前强烈支持该运动一样。对于这次彻底转变,戴雪在他出版的有关这一主题的著作中进行了解释:

> 关于妇女选举权,影响我自身看法的因素,可概括为以下几点——它们不关乎具体论证:第一,维持英爱联合的运动第一次让我参与到某种积极的政治生活之中。我参与反对每一个内部自治的要求差不多有25年的时间。这改变了我看待

---

① 同上,1911年7月26日,同上。
② 戴雪,《〈1911年议会法〉与所有宪法保障的破坏》,载《公民权》(*Rights of Citizenship*),页81—107。

支持妇女选举权运动的方式。我的联合主义让我对以下思想
印象深刻:保守主义在某些情况下可能是坚持普遍正义至上、
维持一个伟大民族统一的一种努力,正如我强烈支持北爱尔
兰反对脱离联合王国也让我对该思想印象深刻一样。它令我
感到,一个阶级对政治权力或民族独立的纯粹渴望,无论有多
么强烈,也没有提供决定性的理由来说明为什么要满足这个
愿望。它引起了我心中的怀疑:我已经完全接受的自由主义
是否没有夸大这样做时所具有的智慧和正义,即尽可能地屈
服于我们大量同胞所怀揣的每一个愿望。自 1885 年以来,我
从不怀疑,大多数爱尔兰居民反对与大不列颠的联合。我也
从未发现有丝毫的理由去怀疑联合王国的人民应该坚持维持
联合。①

　　这里必须再次提到,对联合的关注引起了戴雪对妇女选举权态度
的转变。毫无疑问,他害怕如果赋予妇女选举权,她们可能站在内
部自治这边。当 1903 年后妇女选举权的要求变得更加迫切之时,
戴雪早已转而反对这一运动。

　　在质疑妇女参政权论者的主张时,戴雪强调[218]妇女公民权
利与政治权利之区别的极端重要性。他赞成赋予妇女平等的公民
权,还经常赞许地引用 19 世纪妇女在财产管理方面所取得的进
步。他支持通过制定法和司法立法来实现妇女在私人领域的解
放,而反对通过赋予选举权来实现她们在公共领域的解放。正如
1914 年前在其他政治立场上一样,他认为妇女选举权很可能是政
党玩弄伎俩的一个结果。② 如果必须这样做,他希望这是党派共

---

① 戴雪,《为妇女选举权事致友人书信集》(Letters to a Friend on Votes for Woman),
　　页 3—4。
② 戴雪致布赖斯书信,1907 年 12 月 23 日,《布赖斯书信集》。

识的结果,而不是寻求党派利益的一个策略。他个人没有从扩大选举权到妇女中看到益处,他担心这"可能对英格兰而言是一个巨大危险与损失"。① 当妇女选举权运动声势渐长之时,他认为有必要将其反对意见公之于众。

戴雪在1909年《评论季刊》上的一篇文章中首先公开了他的看法,预先展示了他同年出版著作中的论证。② 由于他长期反对扩大的男性选举权的影响,所以赋予妇女选举权会放大已有的缺陷,它们已经给政治制度造成了麻烦。他补充说,许多妇女抗拒承担这一政治负担,因而应该拒绝承认妇女的投票权,尽管蛮横无理之少数爆发出了这股力量。此外,政府的基础是武力,而且最终是身体力量,法律和主权最终取决于这个事实。在经典的奥斯丁逻辑中,男人构成实际有效的政治阶级,因为他们垄断了身体力量的行使。承认妇女选举权无助于行使权力,只能扰乱政府的有序运作。在他的书中,戴雪提出了另一个论点,明显是想把它当作一个归谬法。他声称,妇女选举权将不会结束国内骚动;它会导致妇女要求议会席位、内阁席位以及其他反常的政治发展,其结果是更加的混乱。③ 每一个论点戴雪都是通过顺便谈论妇女政治无能、感情用事和不堪重任而确立起来的。他断定,一个对英格兰具有潜在危险的实验在1909年的危险时期是不可行的。

[219]1908年赋予妇女选举权法案的失败让1909年的大部分时间暂时归于平静,一个戴雪视为"对国家而言是一件好事,但对我的书而言却是不幸的"事实。④ 1910年,运动又重新开始了,提出了一个旨在赋予一小部分妇女选举权的和解法案。戴雪认为

---

① 戴雪致埃利奥特书信,1908年12月24日,《埃利奥特书信集》。
② 戴雪,《妇女选举权》,页276—304。
③ 戴雪,《为妇女选举权事致友人书信集》,页62。
④ 戴雪致马克西书信,1909年6月19日,《马克西书信集》。

新法案是危险的，因为许多联合主义者认为那些有资格投票的妇女将成为保守派，这是他不赞成的一种看法。他对斯特雷奇强调，一个选举权法案中应当包含公民复决的内容："反对我一度信任的运动，对我来说是一件不愉快的事，但是，一个对国民极为重要的问题，最终竟然不通过诉诸国民而通过议会的一个骗人伎俩来决定，这是无可容忍的想法。"[1]如果阿斯奎斯认为自己可以从和解法案中获得政治利益，他和他的政党很可能会支持该法案，尽管他一贯反对妇女选举权。这让问题得到解决，把阿斯奎斯从妇女参政论者的攻击中解救出来。[2] 戴雪因此加入"男性反妇女选举权协会"，这是他加入的能表明他政治信念的众多政治协会之一。[3]当阿斯奎斯政府允许法案撤回时，戴雪并不满意。他责怪斯特雷奇没有看到阿斯奎斯为恢复政治信用而突然改变立场的危险。[4]在经过相对平静的 1911 年之后，妇女参政权论者在 1912 年 3 月 1 日对窗户进行了大规模的破坏，从而宣告了一部新和解法案的到来。

　　这次示威疏远了本来充满同情的公众舆论。到月末时，法案在下院的二读未获通过。戴雪断言，这一失败意味着选举权问题至少在接下来 5 年内沉寂下去，这是一个令他满心欢喜的前景。他向布赖斯驳斥了对他的这种指责：对妇女选举权的敌视源于憎恶女人的态度："目前，我有许多错误，有一些在我所有的朋友看来是显而易见的，有一些只有我自己最清楚，这些我都应该承认，但蔑视妇女却不在其中。"[5]此后不久，戴雪在写信祝贺克罗默勋爵成功当选"反投票权同盟"主席时，[220]总结了他在这一问题上的

---

① 戴雪致斯特雷奇书信，1910 年 5 月 30 日，《斯特雷奇书信集》。
② 同上，1910 年 6 月 2 日，同上。
③ 同上，1910 年 6 月 7 日，同上。
④ 同上，1910 年 6 月 21 日，同上。
⑤ 戴雪致布赖斯书信，1912 年 3 月 31 日，《布赖斯书信集》。

看法:

> 即使在未来的某个时候,结果是英格兰准备接受妇女选举权——当然,她现在是不会的,我相信,你仍然会被认为在对抗目前这场最后获得成功的骚乱之中做得很好。从来没有一个时期,像现在这样能够冒着对国家更大的风险而进行一场宪法形成中的新实验,进一步而言,绝对有必要让英国女性和男性都知道,一个宪法变革不能通过非法的暴力手段而实现。有许多女性,在道德上和智识上都应该对她们致以崇高敬意,但奇怪的是,她们却无法认识到,和平与进步的存在实际上取决于一个国家崇法守法的永恒决心。我希望你能长久地担当起立法者的角色,保护英国宪法中一切有价值的东西。①

这一直是他最终的态度,这是因为,尽管妇女参政权论者的暴力行为持续存在,但他在战争爆发的前两年里还有更重要的问题去思考。

在自由党政府的整个任期内,戴雪几乎对其每一条立法提案都进行了指责。这种对国家政治总体幻灭的一个表现就是他对阿斯奎斯的尖酸批评与厌恶痛恨。戴雪从未原谅阿斯奎斯在1890年充当帕内尔的辩护律师,根据牵连犯罪原则对他进行谴责。② 1890年之后,戴雪将未来的首相置于监视之下,因此在1908年,当阿斯奎斯取代患病的坎贝尔-班纳曼之后,戴雪就开始严密监视这位新的自由党领导人。戴雪担心的现代政党制度

---

① 戴雪致克罗默书信,1912年4月12日,《克罗默勋爵书信集》。我很感激英格拉姆(T. L. Ingram)先生逐字逐句誊写了这封信。

② 戴雪致斯特雷奇书信,1910年4月26日,《斯特雷奇书信集》。

所具有的有害影响，阿斯奎斯以独特的方式体现了出来。对阿斯奎斯的这一认知并非完全错误，因为正如戴雪写到阿斯奎斯时所说的，他"明显是一个忠诚的政党成员，坚定地相信政府的政党制度"。[1] 而就戴雪而言，他[221]总是指责政党政府妥协和缺乏道德承诺。

执政第一年结束之前，阿斯奎斯激怒了戴雪："在任何私人生活的事情上，我永远不怀疑阿斯奎斯或贝尔福的话。但当他们任何一个要处理政治事务时，我觉得我可以预料到模棱两可、含糊其辞，以及很多的诡诈，正如他们不会说出一个明显的谎言。"[2]阿斯奎斯对于留任没有任何顾忌，因此他有无限的能力去搞政治恶作剧。在预算案的争论过程中，戴雪声称："当今政府在道德品质和行为上远不如我在英格兰的一生中所见过的任何一个政府，尤其是，无论阿斯奎斯清楚与否，他实际上准备不惜一些代价地谋求连任，这一点劳合·乔治和温斯顿·丘吉尔是意识到了的。"[3]戴雪认为，如果阿斯奎斯丢掉了首相职位，他很快就会变成一个在政治上无足轻重的人；阿斯奎斯同样认识到了这一事实，会不惜一切代价地坚持不下台。这一对权力的欲望，戴雪习惯性地将其归因于自由党人发起社会立法，而阿斯奎斯不加掩饰地贿赂选民，因而犯下的过错最大。

戴雪认为阿斯奎斯政府逐渐破坏了传统的道德标准，一种使得不列颠的公共生活行为受到全世界尊重的标准。他抱怨"阿斯奎斯这种人似乎正在开发政党政府中所有最坏的东西，领导着一种道德败坏和丧失体面的政府"。[4] 在另一处，戴雪写道："我认为，本届政府正在降低公共生活的格调，其程度之严重，怎么夸张

---

① 马修(G. C. G. Matthew)，《自由帝国主义者》(The Liberal Imperialists)，页143。

② 戴雪致洛厄尔书信，1908年12月23日，《洛厄尔书信集》。

③ 戴雪致斯特雷奇书信，1909年12月25日，《斯特雷奇书信集》。

④ 戴雪致史密斯书信，1910年4月5日，《史密斯书信集》。

都不过分。"①对于首相的这种指责,尤其是他所认为的公共道德令人扼腕的滑坡现象,斯特雷奇表示同意。② 在内部自治的幽灵变成令人不安的现实之前,戴雪就已经得出了上述结论;当它发生的时候,他对阿斯奎斯的态度甚至变得更加粗暴。

《1911年议会法》通过之后,戴雪更加猛烈地攻击阿斯奎斯。他在1911年底写道:"我目前对国家政治趋势的担忧无以言表。[222]现任政府在我看来是最糟糕的政府,……它自19世纪初就开始执政。"③随着内部自治法案在接下来的几年里进入议会程序,戴雪的通信中会零星提到政府,比如"这届躲躲闪闪的政府"。④ 到1914年6月,随着内部自治法案即将出台,阿斯奎斯受到了戴雪盛怒下的全力攻击。斯特雷奇称阿斯奎斯是一个机会主义者;戴雪拒绝这种说法,认为它太温和了:"阿斯奎斯是最糟糕、最可鄙的政客,政治对他而言完全是场游戏,他玩得肆无忌惮。……我完全相信他将不惜一切代价地通过内部自治法。他会努力尝试通过一部修订法,乌尔斯特会拒绝它,然后他就说联合主义者应该对所有进一步的麻烦负责。"⑤戴雪经常把阿斯奎斯与他记忆中的政治英雄(尤其是哈廷顿)进行对比,阿斯奎斯当然是其偶像的对立面。阿斯奎斯政治上的过失代表了当代英国政治令人痛惜的发展趋势中所具有的另一个面向;阿斯奎斯象征着英格兰的政治衰落,这是戴雪在战争爆发前为之哀痛的。

戴雪持续关注的下一个主题,与他最为仇恨的几个事情密切相关,那就是1914年之前社会主义的发展。自1885年以来,他就对现代立法进程心存疑虑。1897年,在给彭布罗克勋爵所致的一

---

① 戴雪致斯特雷奇书信,1910年2月23日,《斯特雷奇书信集》。
② 斯特雷奇致戴雪书信,1910年2月24日,同上。
③ 戴雪致斯特雷奇书信,1911年10月26日,同上。
④ 同上,1912年1月27日,同上。
⑤ 同上,1914年6月8日,同上。

篇悼词（也完全可以适用于他自己）中，戴雪赞颂死者信奉绝对标准的个人主义。① 彭布罗克勋爵曾批评每一项旨在减少贫穷所带来的耻辱的革新；他与保护计划没有关系。最为重要的是，彭布罗克坚定地相信自由放任主义的种种原则，他不会为不科学的人道主义主张或党派斗争中的紧急要求而牺牲它们。准备《法律与舆论》讲稿的过程中，他敏锐地意识到了社会问题。他断定，个人主义与社会主义之间的斗争将持续很长时间，而且具有重大影响："此外，在我看来，社会主义很可能成为 20 世纪战争的起因，[223]就像宗教是 16 或 17 世纪战争的起因一样。"②保守党人发起所谓的社会主义立法，相当于为了选举利益而背叛联合主义。戴雪把反对联合分裂的运动等同于反对社会主义的运动，因此，为保护政治现状而斗争意味着同样是保存经济制度。

随着《法律与舆论》的出版，戴雪比以往任何时候都更加相信，公众舆论支持某种形式的集体主义，正如它在 50 年以前拥抱个人主义一样。政党制度加强了对地位与权力的竞争，由此产生的有害影响促使政府做出极草率的社会主义实验。③ 阿斯奎斯政府即是这一滥用权术的典型：

> 政府玩了一个不公正的把戏。他们作为自由贸易的狂热分子而当权，却作为社会主义者而留任。阿斯奎斯和格雷让政府看上去值得尊敬，但它的政策却是劳合·乔治和丘吉尔确定的。他们都是冒险家，而且丘吉尔无耻地违背了诺言。他们把对预算案的控制当作一种手段，以引出在一部普通的议会法中不能获得上院通过的政策和立法改变，这样做违背

① 戴雪，《彭布鲁克勋爵》，页 616—629。
② 戴雪致布赖斯书信，1898 年 5 月 12 日，《布赖斯书信集》
③ 戴雪致斯特雷奇书信，1908 年 5 月 20 日，《斯特雷奇书信集》

了所有的宪法惯例。此外,他们还贿赂较贫困的选民,而我怀疑这些贿赂会被欣然接受。

但是,这一形势的真实困难还远不止于此。我确信,一种半社会主义正在所有阶级之间普遍流传。很奇怪但又很确定的是,对基督教教义的怀疑目前与这样一种感受结合起来,即无论正确与否,归之于耶稣的经济学说应该付诸实践。说得再明白一点,政治冒险家们正在利用一种非常奇怪而且我认为很危险的情绪状态。但这一情绪,无论对与错都是真诚的。一个人看不到一个真正优秀的年轻门外汉坚信他具有帮助穷人的责任,是不可能去评价他的思想和行为的。

在这种年轻人对穷人苦难的关心中,戴雪希望自己找到了一种非立法的方法来缓解贫穷——[224]他认为贫穷是导致社会主义情绪产生的一个主要原因。他称赞"我们年轻的英国人对较穷的阶层表现出浓浓的善意",①并祈祷这种努力可以确保穷人受益,却不产生社会主义罪恶。最终,他还是选择自愿主义,而非国家强制。

政党竞争促使政治家们通过诉诸穷人来竞逐政治权力。如果理智和节制占了上风,这一危险的先例就可能被废除。各阶级间的关系只有"在政客和煽动者没有蓄意把穷人与富人对立起来"时才能得到改善。② 一战前的突发事件没有给他带来什么安慰。他承认自己对"非科学社会主义的迅猛发展"感到惊讶。③ 戴雪认为英格兰不存在天然的社会主义倾向,只是政党制度给予了它人为刺激。即使社会主义没有取得胜利,它也会造成严重的问题:"从

① 戴雪致雅各布书信,1911 年 2 月 5 日,《工人学院藏手稿》。
② 戴雪致·亚瑟·勒普顿书信,1912 年 7 月 26 日,同上。勒普顿于 1911 年继雅各布(Jacob)任工人学院副院长。
③ 戴雪致麦克米伦公司书信,1914 年 2 月 24 日,《麦克米伦公司文件汇编》。

长远来看,我不相信英格兰会变成一个社会主义国家。富人与受过良好教育的人将以某种方式占据上风,但我极其担心,长期的竞争与危险的实验会削弱联合王国的权力,也有可能毁掉大英帝国,也就是现存最伟大而自由的国家。"①因为他认为这个生死攸关的问题对不列颠的将来关系重大,所以他反对社会主义精神的一切表现形式。

戴雪想把社会改革与个人主义原则结合起来,这一点可以从他对 1908 年《养老金法》的态度中非常清楚地看出来。虽然戴雪确定某种老年人救济制度最终必定到来,但他还是希望上院否决提案,至少是对其作出修订,让该计划变成捐助性的。法案是不合时宜的,因为它的通过先于 1905 年任命的济贫法委员会的报告。如果延期,中产阶级将会背上沉重的财政负担。② 它的草率[225]通过"比我生命中发生的任何事情都更让我震惊",③而且阻止了法案所需要的谨慎评估。除非领养老金者为这一制度作贡献,戴雪才会接受这个法律;否则它将会构成使养老金领取者和政府都丧失尊严的大规模贿赂。上院拒绝采取行动,因为即便是联合主义者的领导人,也不敢推迟给予选民所认为的恩惠而去冒不受欢迎的风险。④ 一想到各政党的政治家告诉穷人,贫穷可以通过国家对经济的干预而得以消除,戴雪就不寒而栗。阿斯奎斯和自由党人可以通过建立户外救济制度来改革济贫法,使受助人摆脱"贫穷的污点"。⑤ 后来戴雪勉强认可《国民保险法》,正是因为它确立了缴纳保险金的自愿原则。⑥ 虽然有这一个反例,但他

---

① 同上。
② 戴雪致斯特雷奇书信,1908 年 7 月 8 日,《斯特雷奇书信集》。
③ 戴雪致史密斯书信,1909 年 3 月 22 日,《史密斯书信集》。
④ 戴雪致斯特雷奇书信,1909 年 7 月 4 日,《斯特雷奇书信集》
⑤ 同上,1909 年 9 月 25 日,同上。
⑥ 同上,1911 年 11 月 25 日,同上。

认为现代立法本质上总是集体主义的,有害于他赖以生存的个人主义准则。

从这一长串的政治失望清单中可以得出什么结论? 难道戴雪只是一个喋喋不休的老人,一个将时间都花在对他所不理解的人和计划的反击之上的政治老顽固? 这一控诉在这个意义上是准确的:戴雪在政治立场上几乎没有变通,从来没有尝试着富有同情地探究现代社会发展。他更喜欢年轻时的偏见,而不是寻求对当代社会的深刻理解。到20世纪之交,他年轻时神圣的维多利亚中期信仰已不容许他对自己长期以来所拥护的价值观进行质疑。因此,爱德华时代不可避免地显得如此陌生,如此新奇,而且实际上与他记忆的时代相比已经大为衰落。

就戴雪而言,对他政治斗争的老年病学解释有助于说明其日益孤独。在他生活的时代,年轻时的神圣理想已不再能激励后人。戴雪自己也承认这一基本事实:“意识到自己所处的时代已经成为过去的一部分,并且自己是在以一个维多利亚中期甚至早期的人进行严厉但不公正的批评,这虽然令人悲伤,却也有些古怪。”①[226]这一结论不只适用于他的政治观点,因为戴雪最终承认,爱德华时代的英格兰的学术特点也让他无法理解:“现在,1914年,每个人似乎都将注意力转向了精神研究,而且都倾向于认为,那些为维多利亚中期最能干的人所拒绝对待的问题,现在却值得研究。”②现代性的核心价值观念也非他所能理解,正如他在另一处所证实的:“就我个人而言,我更喜欢维多利亚时代中期那些已经去世的人的旧时尚。我相信我会追随他们,直至死亡。”③对于这个决心,他始终是忠实的。尽管显然不再有对于过去的迷恋,但在

①　戴雪致布赖斯书信,1911年8月4日,《布赖斯书信集》。
②　同上,1914年1月11日,同上。
③　戴雪致埃利奥特书信,1913年3月5日,《埃利奥特书信集》。

不断渴望回到更简单的时代的意义上，戴雪年轻时的政治观点使
得他对现代英格兰的认识发生了扭曲。他坚持认为，环境的改变
不一定意味着价值观的不同；他认为不管社会有多大进展，自己的
维多利亚中期价值观念都永远有效。只有在他的法律著作中，他
才表现出将过去与现在融合在一起的能力，了解当前发展的最新
情况：他对《论冲突法》连续几版的修订工作，证明他在这一领域具
有灵活性。作为一个法学者，戴雪从不认为 1860 年的普通法状态
是绝对的，不会随时代变化而改变；他把法律视为一个日益生长的
体系，它不断适应社会的需要。在政治观点上，他却持有一种截然
相反的态度：尽管半个世纪以来发生了巨大的社会与经济变化，但
1860 年的价值观念却不容许有丝毫改变。这种差别就是关键所
在，由此我们可以理解，为什么他作为法学者享有持久的声望，而
他的政治观点却默默无闻。

　　戴雪的严厉谴责产生了政治影响吗？他主要的政治通信者、
记者麦克斯和斯特雷奇，虽然都是联合主义者，但在关税改革问题
上却相互反对，两者都不具有联合主义者加文（J. L. Garvin）编辑
的名望。戴雪过于不切实际，过于教条，而且过于反对政治世界作
为常规的妥协。他对抽象宪法问题的偏好在选民投票时几乎没有
产生影响。因此，贝尔福的私人秘书约翰·桑达斯（John San-
dars），曾在 1909 年预算案辩论期间写到，保守党[227]必须坚持
一项简单的修正政策："我猜这听起来像极了场面话，但这是真正
的选举事务。它读起来更像是幕后操纵人的恳求，而不是戴雪或
安森的推理。但这是现实政治。"[①]戴雪从未进入这一政治现实的
世界。联合主义者的领导人在合乎其目的之时会引述他的宪法论

---

① 桑达斯致兰斯多恩勋爵（Lord Lansdowne）书信，1909 年 11 月 6 日，《贝尔福书信
　　集》（B. M. Add. MSS. 49730），引自布卢伊特，《贵族、政党与人民》，页 432，注释
　　63。

点,否则很少关注他们的教授支持者。戴雪 1914 年之前的评论几乎没有产生政治影响,但它们的确阐明了联合主义思想中的一个部分,这部分思想或许比历史学家所承认的要更重要一些。其中包含着政见上的一种强烈而不妥协的态度,这种态度隐藏在传统印象中的英国共识背后。如果这种敌意只在反对内部自治的情况下才完全显现,那么它仍是英国政治中苦涩的持久遗产。在 1899 年至 1914 年之间,戴雪抱怨过很多新生事物,但没有什么比爱尔兰问题更让他感到悲痛的了。戴雪一次又一次如飞蛾扑火般地回到爱尔兰问题。

第十章 再度为联合而斗争

[228]对大多数英格兰人而言,爱尔兰问题在 1899 年暂时被搁置了,他们想大概是 1895 年大选已将其彻底否定。爱尔兰的代表们在帕内尔传统上依然严重分化,并且自帕内尔下台之后,他们便忙于激烈的内部争斗。直到 1900 年,帕内尔主义者约翰·雷德蒙(John Redmond)领导下的爱尔兰议会党中才再次出现一些联合的表象。在此之后,它效仿了帕内尔党:"一个天主教徒居绝对多数但是不顺服于教会的政党,一个既非地方也非宗派的真正民族主义政党。"①戴雪从不允许自己满足于内部自治已行不通的想法,尽管其大多数同胞对这一问题已长期不予理会。捍卫联合,一直是他生活中巨大的政治热情所在,这要求他永远保持警惕。因为这个原因,他拒绝参加其他公共辩论,以免丧失他作为一个联合主义信徒所获得的一切声誉:"只要联合主义的争论还在继续,我就一直感到焦虑,而不让自己卷入其他的争论中去。对公众来说,没有什么比因处理各种问题,或者换句话说,倡导各种编织术而闻名更有损作家的分量了。"②戴雪坚持这一原则,尽管在其他问题

---

① 里昂(F. S. Lyons),《大饥荒以来的爱尔兰》(*Ireland since the Famine*),页 203。

② 戴雪致斯特雷奇书信,1899 年 8 月 18 日,《斯特雷奇书信集》。

上,只要如他所强调的从长远来看威胁到联合的持久性,他也参与过论战。

随着爱尔兰顺从于一个联合主义者的政府,戴雪便对爱尔兰问题的现状几乎没有什么不满。该问题有一个方面最终赢得了戴雪的注意,将他聚合到一个新的事业之中。在 1895 年和 1900 年联合主义者选举获胜之后,戴雪认为下院议席的重新分配是适当的,[229]尤其是在减少爱尔兰席位的情况下给予英格兰以更多席位。他在 1901 年写道:"没有哪个问题比这让我感受更为强烈,我还必须补充一句,我更加坚信我是对的……在任何情况下,反对必要改革的论据都不是审慎的,而是怯懦的。"[①]戴雪坚持不懈的理由在于,爱尔兰联合抵制的复苏以及联合主义政府在维护法律至上过程中的明显失败。一个联合主义政府绝不应顺应爱尔兰民族主义者的要求:"尽管必须公正地进行斗争,但必须要斗争,并且是不停地斗争。"[②]他一再迫切要求政府明确声明,议席的重新分配即将进行:"我知道我们联合主义者期待一场改革,但不管怎样,1895 年的胜利之后什么也没说,对此,我深感失望。"[③]戴雪重视原则的一致性,胜过政治计谋之需求,因此,当他认为普遍正义需要增加英格兰议席时,他无法接受政治要求爱尔兰归于平静这个理由。这种崇高的基调,加上未能察觉到日常政治运作中的许多轻微妥协,妨碍了戴雪产生他热切渴望的政治影响。

戴雪的公民义务意识促使他向一般公众表达他的想法。[④] 他认为,一个联合主义政府的基本义务,在 1901 年仍与 1886 年时一样:维持并巩固联合。忠于联合主义原则必然使政府愿意为英格兰提供合理比例的议会权力。爱尔兰不成比例的代表增加了民族

---

① 戴雪致斯特雷奇书信,1901 年 6 月 26 日,《斯特雷奇书信集》。
② 同上,1901 年 7 月 1 日,同上。
③ 同上,1901 年 10 月 2 日,同上。
④ 戴雪,《英格兰的适当代表》(The Due Representation of England),页 359—382。

主义少数派的权力,他们在布尔战争期间再次表现出对联合王国的不忠。政治领导人必须将党派考虑置于一旁,去完成对国家统一而言至关重要的一项改革。甚至连自由帝国主义者的领袖罗斯伯里勋爵对内部自治的拒绝,也没有让戴雪感到满意。戴雪认为这是 1886 年以来联合主义政策所具有的一个正当理由,但是,正如他向麦克斯所指出的那样,[230]改变论调是不够的。① 罗斯伯里还曾谈到为爱尔兰设立一个从属议会,但是戴雪坚持认为,无论其倡导者怎样掩盖事实,这一计划都破坏了联合。以往的自由党领导人因支持 1893 年那个戴雪永远不能原谅的内部自治法案,而让他产生了永久的怀疑。在 1903 年张伯伦关税改革运动介入之前,增加英格兰的代表一直是主要目标。他认为,联合有可能通过这个手段得到永久保护,称之为"一项绝对必要的改革"。② 但是,自由贸易联合主义者与关税改革者之间的分裂让这一改革变得不合时宜,因此,戴雪珍视的这一计划再次失败。

　　由于关税改革和贝尔福政府的不断失势,联合主义者内部的分化在接下来的几年里一直很突出。尽管自由党执政的可能性越来越大,但自治的幽灵并不一定会随之而来。布赖斯,戴雪与自由党政治的唯一联系,曾就内部自治写道:"向下一届议会提出一个类似于 1893 年那样的议案,没有人认为具有这种可能。"③毫无疑问,戴雪知道这一态度,但这并没有什么不同。他献身联合的精神没有动摇,因为他在 1905 年末写道:"以我的个人经验,我认为自己作为一个联合主义演讲者的激情演说,比我以一种更温和的语气来谈论联合主义,更加接近真理。"④这个自

---

①　戴雪致马克西书信,1902 年 3 月 15 日,《马克西书信集》。

②　同上,1903 年 8 月 11 日,同上。

③　布赖斯致史密斯书信,1905 年 1 月 26 日,《布赖斯书信集》。

④　布赖斯致艾格尼丝·弗赖伊小姐书信,1905 年 11 月 29 日,载雷特编,《戴雪回忆录》,页 192。

我评价可以从戴雪的如下快速反应中得到证实:1906年1月自由党取得压倒性的胜利之后,他迅速指出了它对爱尔兰的影响。仅在一个月之后,戴雪仔细评估了自由党的胜利对于联合主义的危险。① 鉴于对联合的威胁迫在眉睫,联合党内应该平息有关经济政策的一切争论。联合主义者追求统一,此目标高于一切,直到联合再次稳固。联合主义已经因运气不佳的财政问题而遭受了如此严重的大选失败。内部自治与联合主义在每一点上都互相对立,因此,在任何情况下,[231]联合主义者都不应该支持一个内部自治政府——戴雪对坎贝尔-班纳曼政府就是这样称谓的。联合主义之产生,是由于全国谴责一个英国政党与阴谋者和叛乱者达成任何妥协。戴雪与自由党政府关于爱尔兰政策的长期斗争,自他任职之初便开始了。

　　起初,戴雪并不必担心。布赖斯成为了内阁成员,负责爱尔兰问题,内部自治退居幕后后,政府推进的是其他法案。正如布赖斯所说:"我们根本没有考虑爱尔兰的任何革命性事务。现在,我的目标主要是改善他们的物质和社会条件,并让他们摆脱混乱。"②对他而言,戴雪之所想,无异于刻板地维持现状。戴雪自己说明了这一点,他对布赖斯说,自1886年以来,他的观点就没有发生过改变:即使英格兰与爱尔兰完全分离,也比内部自治造成的危险要小。③ 戴雪所接受的唯一一个有利于内部自治的论点是:"对爱尔兰无论是强有力地统治,还是前后一贯地统治,几乎与公正地统治一样,都面临着巨大的困难。"④戴雪回忆说,直到1886年,联合给两个国家都带来了重大好处,因为英格兰的舆

---

① 戴雪,《联合主义者会支持一个自治政府吗?》(Can Unionists Support a Home Rule Government?)页247—266。
② 布赖斯致史密斯书信,1906年6月16日,《布赖斯书信集》。
③ 戴雪致布赖斯书信,1906年9月2日,同上。
④ 戴雪致诺顿书信,1906年12月30日,《诺顿书信集》。

论在爱尔兰的统治问题上是一致的。格拉斯顿的鲁莽已经动摇了爱尔兰政府的基础。严格实施法律成了联合主义的一个政治标志；自由党人通过放宽法律来安抚民族主义情绪。虽然他依然如 20 年前一样坚定，但"从我看到的迹象中，我担心内部自治斗争将不得不再次进行"。① 戴雪从未理解内部自治对于英国自由党人意味着什么。一些人仍然在格拉斯顿的嘹亮号角下前进，而另一些人则认为这个问题是危险的。许多人认识到，提出内部自治问题，只能导致意见纷争和又一个政治无能的时代。因此，虽然戴雪从一开始就感到焦虑，但是内部自治直到 1909 年都没有成为不祥的现实。

自 1909 年至一战开始期间，戴雪着迷于爱尔兰问题，但这一期间被《1911 年议会法》分成了两个时期。[232]在该法案成为法律之前，戴雪与在 1886 年一样，仍然是联合主义者事业的一个炽热信徒。在这一期间，内部自治仍然构成一个潜在的威胁，因为上院保留着对任何议案的否决权；因此，戴雪重申了他支持联合的惯常宪法主张。《议会法》通过之后，他放弃了正面论证，转而采取一种情感上的消极主义，由此导致他支持危险的政治活动。对联合的热情使他彻底否定了他所宣扬的宪法原则。对联合的完全信奉阻止他妥协，使他对其他选择不加考虑，最终使他这个现存的最大宪法权威几近于要危险地促进内战。

1909 年初，戴雪不情愿地认识到，反对内部自治不再像 1886 年或 1893 年那样引起公众的兴趣。关于这种令人苦恼的情况，他写信给戈德温·史密斯说："整个政治状况令我感到沮丧。很明显，英国公众现在对内部自治已经变得漠不关心。我自己的看法是，一项公开提出自治计划的法案，如 1893 年法案，不能被通过，但与此同时，一个支持内部自治的政党对爱尔兰管理不善，

---

① 同上。

加之联合王国政府未能支持爱尔兰的法治,我认为这会把联合的忠诚支持者变成分离主义者。"①最重要的是,戴雪担心自由党人容忍爱尔兰的无法无天和对民族主义者影响力的让步,会将爱尔兰变得混乱不堪,以至于内部自治很可能成为英国公众舆论的唯一选择。在削弱联合方面,自由党人的管理不善,要比格拉斯顿对内部自治的公开肯定发挥的破坏作用更大。因此,联合主义者必须"保证在爱尔兰恢复法治"。② 戴雪认为,自由党人于 1907年提出的爱尔兰议会法案故意破坏了这个不成文规定:内部自治不应在 1906 年议会期间被提出;联合主义者必须整顿自己的队伍来应对这一挑战:"我考虑更多的是联合主义,而不是任何其他事情,在我看来,联合党的两大派别都太不关心[233]真正把他们团结在一起的一种信念了,即他们的联合主义。"③由于 1909年发生了其他的紧迫问题,戴雪不太容易让通信者意识到内部自治问题的迫切性。

　　他一再向其朋友要求,一定不能对内部自治让步,因为对英格兰而言,一项温和的政策会比一种极端的内部自治,甚至比爱尔兰的独立,更具毁灭性。爱尔兰政策可能引发新的争议,这一前景激发了他的好斗本能:"在我看来,联合主义者的任务是明确的:努力斗争,最重要的是,坚决斗争。"④戴雪一直纠缠着斯特雷奇让《旁观者》突出内部自治的危险迫在眉睫。因为他看清了政治形势,民族主义者从未放弃他们对于独立的要求,而且政府是由那些承认这项要求为正义的人组成的。自由党人以民族主义原则统治爱尔兰,尤其是拒绝实施《犯罪法》。如果民族主义者在下院中掌握了举足轻重的权力,这可能会导致无尽的混乱:"我所绝对坚持的是,联合党

① 戴雪致史密斯书信,1906 年 3 月 22 日,《史密斯书信集》。
② 戴雪致斯特雷奇书信,1909 年 7 月 26 日,《斯特雷奇书信集》。
③ 同上,1909 年 9 月 29 日,同上。
④ 同上,1909 年 10 月 1 日,同上。

应当将联合主义看得高于一切。"①这项任务,说鼓励的话容易,要完成却很难,尽管戴雪在努力的过程中从未犹豫过。

　　联合主义者在 1910 年第一次选举中得益,毁掉了自由党人自1906 年以来所拥有的绝对多数,他们要留任就必须依赖爱尔兰的代表们。自由党人必须依赖爱尔兰的代表这点,在这种情况下是符合逻辑的,但戴雪却认为这完全是见利忘义。它再次证明阿斯奎斯没有"道德感"。② 联合主义者未能把自由党人赶下台,这让戴雪陷入比往常更加悲观的情绪之中。随着阿斯奎斯政府爱尔兰政策的展开,这层阴霾就更加深厚了:"对于政治,我十分沮丧。我所关心的联合主义似乎处于一种非常糟糕的状态。"③戴雪向自由贸易主义者同道斯特雷奇哀叹说,要是关税改革没有分裂联合主义者,这种动乱根本就不会发生。唯一的一线希望是他相信,如果将联合付诸一次公正的[234]投票,它将获得令人瞩目的多数。但是,选举涵盖了很多问题,所以问题在于,有可能直接对联合问题进行决定之时,将它与其他问题区隔开来了。因此,公民复决在戴雪看来似乎是唯一的政治工具,由此可实现这种直接投票。然而,他自己也承认,1910 年的氛围与 1886 年和 1895 年反内部自治的氛围并不相同。斗争将不得不再次进行,"一个人到了 75 岁才知道未来属于年轻人"。④ 在政府这边,布赖斯"政治形势艰难",比1886 年和 1892 年的情况更糟,戴雪由此感到安慰。⑤ 由于戴雪完全只考虑联合主义问题,所以他很少洞察到全局的现实情况。

　　虽然自由党人在 1910 年的第一次选举中丧失了一些席位,但政治形势并没有好转。政府对爱尔兰选票的依赖表明了自由党政

---

① 同上,1909 年 10 月(日期不详),同上。
② 同上,1910 年 1 月 19 日,同上。
③ 同上,1910 年 2 月 1 日,同上。
④ 同上。
⑤ 布赖斯致梅西教授书信,1910 年 2 月 3 日,《布赖斯书信集》。

策的破产:

> 在我看来,现届政府在本质上是不法的。比起对从未假装对英格兰有任何忠诚的爱尔兰阴谋者,我对自由党人中或多或少的温和派感到更加愤怒,他们与爱尔兰派系结盟,希望建立一个完全不受控制的下院,可以立即实现一个议会多数党的意愿。他们背后有着某种理由(如果可以称之为理由的话),就如同在《天主教解放法》之前的几个世纪里,从爱尔兰的管理不善中找出这种理由一样。今年之前,我从未料想到一个英国政府竟会像阿斯奎斯、温斯顿·丘吉尔和劳合·乔治表现出来的那样卑鄙。我满脑子都是这件事,以致我毫无理由地把自己牵扯进去。①

戴雪所期望的一致行动从未出现。他指望巴尔福担任领导,但他昔日眼中的这位英雄却在经济原则上含糊其辞,由此必然导致统一党内部的分裂。戴雪担心,政府可能[235]出于自身利益的考虑而滥用公民复决,从而像法国的公民投票助长暴政那样,起到不好的促进作用。② 在英格兰,似乎没有一个地方具有一个陷入困境的国家所必需的真正爱国精神;自由党人早已放弃了任何民族感情的伪装,甚至关税改革者也不会"达到公共精神的必要高度"。③ 这种悲观情绪促使他发表了一篇文章,毫不含糊地抨击阿斯奎斯和内阁其他成员所做出的政党政府的恶行。④ 戴雪所预见的危险处境在于,有可能在政府眼中,对党的忠诚可以取代对国家的尊重。阿斯奎斯决心将一种美式"机器"强加于大不列颠,由此显示

---

① 戴雪致史密斯书信,1910 年 4 月 19 日,《史密斯书信集》。
② 戴雪致斯特雷奇书信,1910 年 4 月 20 日,《斯特雷奇书信集》。
③ 同上,1910 年 4 月 25 日,同上。
④ 戴雪,《濒临深渊》,页 779—785。

出他对于政党制度的坚定信奉。这个过程降低了英国公共生活的格调，因为政府政策服从于政党自身的考虑，而政党考虑只会导致民众政府的堕落。如果国家的权威要继续存在，下院的权力就必须削减。

1910 年的结束，从另一个方向带来了统一党内的又一场危机。10 月，由加文和奥利弗（F. S. Oliver）领导的党派在报界发起了一场运动，要求用联邦制来解决爱尔兰问题，以期在更大程度上实现帝国的统一。① 这种解决爱尔兰问题的方式，戴雪早就摒弃了，因此，它在联合主义阵营内的复兴令他觉得尤其痛苦。他写到，内部自治斗争的这一结局意味着，"雷德蒙及其爪牙的胜利，与被德国打败比起来，将更为可耻，但也许其实并不会更加危险"。② 联合主义者真正的选择是让阿斯奎斯政府下台。戴雪恳求《旁观者》抨击联邦主义者的异端邪说，斯特雷奇强调，他已经这么做了，因为《泰晤士报》曾考虑支持这一联邦主义方案。③ 联合主义者与联邦主义的浪漫关系在 11 月结束，[236]当时，1910 年的第二次选举把政治家的注意力全都吸引到了实际问题之上。戴雪确信："我痛恨极为荒谬地称之为'联邦主义联合制'的东西。在我看来，这似乎是一种最为愚蠢的想法，因为它的模棱两可，也是自治狂热最危险的形式之一。"④至少在目前，因政治环境使然，纯粹的联合主义信条没有被冲淡。

联邦主义在 1911 年以另一种幌子出现，当时一伙保守党人提议设立一个单独的帝国议会。戴雪不赞成这些建议，他敦促斯特雷奇确保联合主义者不会支持这样的计划。在众多反对意见中，

---

① 参见阿尔弗雷德·M. 戈林（Alfred M. Gollin），《1908 年至 1914 年间的〈观察家报〉与 J. L. 加尔文》（*The Observer and J. L. Garvin* 1908—1914），页 208—226。
② 戴雪致斯特雷奇书信，1910 年 11 月 21 日，《斯特雷奇书信集》。
③ 斯特雷奇致戴雪书信，1910 年 11 月 22 日，同上。
④ 戴雪致斯特雷奇书信，1910 年 11 月 23 日，同上。

戴雪担心自由党人会利用这种看法来作出如下解释,即爱尔兰自治是统一大英帝国整体计划中的一部分。① 例如,联合主义的忠实拥护者沃尔特·朗(Walter Long)在颇有分寸地拒绝了联邦式自治的一切想法之后,对效仿《南非法》但保留了少许例外的一个方案却表示赞成。② 这个提议更加不合时宜,这不仅是因为戴雪在原则上拒绝联邦主义,还因为他刚刚出版了《冒险行动》的第二版,其中保留了他对联邦式自治的彻底批判。此后不久,戴雪写信告诉斯特雷奇,有几个政界人士(他无疑是把朗包括在内的)联系过他,"好像我有可能赞同这个愚蠢的想法一样"。③ 如同在其联合主义生涯的开始,戴雪拒绝妥协,即便它是由联合主义的领导提出的。联邦制从未给戴雪留下深刻印象,他也没有从联邦制最近的表现中看到任何可以改变他想法的东西。

　　《1911年议会法》通过之后,内部自治形势对戴雪而言变得更加危急。从1905年自由党人就任到1911年这个时候,他亲眼目睹了"我作为一个联合主义者所关心的一切都逐渐受到挫败"。④ 他承认,当霍勒斯·普伦基特爵士(Sir Horace Plunkett)肯定地说,为土地收购花费了数百万,但并没有减少对内部自治的要求时,他感到非常震惊。这个披露直接挑战了戴雪25年来一直怀有的一个想法,[237]即爱尔兰的动荡出于经济原因,因此爱尔兰的民族主义是短暂的,无需认真对待。普伦基特的陈述给戴雪留下了短暂的印象,但他很快便回到了反对内部自治的老一套论点。他对爱尔兰的信念已经僵化到没有新的证据可以推翻他一生的结论的地步。他的建议是,一如往常,"我们必

---

① 同上,1911年6月14日,同上。
② 沃尔特·朗(Walter Long)致戴雪书信,1911年7月1日,《手稿全编》,508(39),格拉斯哥大学图书馆。
③ 戴雪致斯特雷奇书信,1911年7月12日,《斯特雷奇书信集》。
④ 同上,1911年10月26日,同上。

须拼命抵制内部自治"。①

　　焦点现在转移到了爱尔兰海对岸,在那里,乌尔斯特的作用已逐渐突显出来。戴雪对乌尔斯特凭借严格遵守合法抵抗来摧毁内部自治寄予厚望,合法抵抗可能与政府的无法无天形成对照。②乌尔斯特的地位刚被放大,统一党内就突发了一场新的危机,阿瑟·贝尔福遭到攻击之后辞去了统一党领袖的职务。尽管戴雪针对反对派领袖贝尔福提出了批评,但他称贝尔福的离开是"联合主义的灾难"。③ 他选择的第一个继任人选是沃尔特·朗,尽管他有一些暂时性的失常,但他已很好地服务于联合主义事业。如果这一选择证明不可行,那么戴雪也没有想到其他人选。他担心无论选择谁,全党都会支持新的领导人。④ 最终选择安德鲁·博纳·劳(Andrew Bonar Law)担任保守党领袖,结果令人非常满意,尽管这位新领导人的经济观点与戴雪的不一致。戴雪敬重博纳·劳对于联合的忠诚,这是担任联合主义领袖最重要的条件。

　　然后,戴雪转向了支持公投的新一轮游说活动,他视之为一种策略,目的是推迟内部自治,直到可能被迫举行新的大选。他期望公民复决可以阻止内部自治法案的通过,让选民对爱尔兰问题作出最终决定。⑤ 在戴雪最糟糕的时刻,他考虑到了一个令人沮丧的结果,内部自治有可能在公民复决中获胜。关于这一结果的可能性,他写信给斯特雷奇:"很遗憾,我有时候担心选民比你想象的还要愚蠢。"⑥[238]斯特雷奇告诉戴雪,上院原则上绝对不会批准公民复决,从而让戴雪不再有这些猜测。⑦

---

① 　同上。
② 　同上,1911 年 10 月 30 日,同上。
③ 　同上,1911 年 11 月 8 日,同上。
④ 　同上,1911 年 11 月 10 日,同上。
⑤ 　同上,1911 年 12 月 2 日,同上。
⑥ 　同上,1911 年 12 月 4 日,同上。
⑦ 　斯特雷奇致戴雪书信,1911 年 12 月 5 日,同上。

　　由于避免内部自治的策略取决于它被通过之前强行解散议会,所以戴雪在公民复决梦想破灭之后的反应是,第一次提出了一种可能性,即国王可以而且应该在这场愈演愈烈的政治闹剧中发挥作用。戴雪建议联合主义的诸位领导人宣布自己在内部自治法案被提出之时愿意走马上任,然后让国王下令解散议会,把问题交给国民来判断。① 让戴雪满意的是,柏克关于在任何重大危机中都可以使用君主特权的名言,证明了这一干预是合理的。他重复了很多次,承认这对国王和政治制度而言伴随着严重风险。② 戴雪曾在《宪法》中对特权限制作出了经典解释,现在他却发现自己不得不对自己 20 多年来所宣扬的教义进行限定。随着内部自治日益成为现实,他所支持的补救办法也变得更加激进,导致他的政治立场与他自身的宪法学说相矛盾。

　　1912 年初,斯特雷奇试图用一种对联合主义前景的乐观评估来鼓励戴雪。③ 斯特雷奇强调联合主义者团结在博纳·劳周围,而自由党的宗派主义迹象却成倍地增加。在谈到他的朋友所描绘的美好前景时,他沉迷于回顾自 1886 年以来的内部自治争议(他很少这样做)。为什么与 1886 年和 1893 年的强烈抗议相比,民众在 1912 年捍卫联合的呼声如此之低? 对这个问题,他给出了六个不同的答案,合起来解释了现代联合主义的失败。④ 第一,内部自治使选民感到厌烦,他们几乎不关心宪法原则;他们以前关注更重要的事务,但现在感兴趣的却是社会问题。第二,戴雪认为政党制度日益增加的权力有助于内部自治运动达到它的效果。在爱尔兰,严格的纪律保证这一目标处于首位;在英格兰,一个党派借助于党纪让这一运动继续下去。他提出的第三个原因最令人惊讶,

---

① 戴雪致斯特雷奇书信,1911 年 12 月 12 日,同上。
② 同上,1911 年 12 月 26 日,同上。
③ 斯特雷奇致戴雪书信,1912 年 1 月 1 日,同上。
④ 戴雪致斯特雷奇书信,1912 年 1 月 7 日,同上。

[239]因为戴雪很少在讨论内部自治时考虑爱尔兰事务。他承认，近30年来，爱尔兰反对联合的骚乱一直有增无减，甚至历经帕内尔的没落和死亡而继续存在。这种目标的一致性给英国公众留下了深刻的印象。鉴于戴雪对爱尔兰民族主义者的评价较低，这一让步就更引人注目。第四个原因是，他认为1912年的这代人不理解内部自治不仅是爱尔兰政府的一项计划，而且还损害了不列颠所有的宪法安排。第五，格拉斯顿在1885年的转变，以及自由贸易主义者与关税改革者在1906年大选期间的对抗破坏了一个信念，即整个英格兰都反对内部自治。第六，英国政党的交替，及其伴随的对爱尔兰政府的不同看法，让爱尔兰事务竟然依赖于英国政党政治的变幻莫测，这使人无法容忍。由于这种情形，反对内部自治似乎成了联合党独有的职责，而不是如戴雪一直认为的，是整个不列颠国民的职责所在。他以他从一开始就发出的警告结束了这次考察："我感到，1912年就像1886年一样，我不得不回到另一选择：对英格兰而言，分离比内部自治更好。"①戴雪无法接受斯特雷奇充满希望的评估，因为他全身心投入其中的事业现在面临着有史以来最严峻的挑战。

在这种情况下，戴雪接下来开始与新的联合主义领袖安德鲁·博纳·劳通信。他相信博纳·劳会从他作为联合主义作家和演说家所做的工作中知道他的名字。当统一党集中力量为维护联合而进行决战时，戴雪向博纳·劳保证，他打算像忠诚于德文郡公爵和贝尔福那样，忠实地服从他的领导。在重新考虑了联合主义的前景，为联合主义的困境提出通常的对策之后，戴雪引入了一个新的关注因素。②温斯顿·丘吉尔计划于2月8日在贝尔法斯特

---

① 同上。
② 戴雪致安德鲁·博纳·劳书信，1912年1月21日，《安德鲁·博纳·劳书信集》，伦敦比弗布鲁克图书馆。

发表演讲,但是联合主义信徒否认他有公开露面的资格。① 戴雪
称这个策略可能是联合主义者犯下的最严重错误。否认贝尔法斯
特的天主教内部自治者享有言论自由,[240]是一件有利于丘吉尔
的事,他蓄意挑起纷争,以获得对内部自治事业的支持。联合主义
者不应该如此愚蠢,以致落入丘吉尔的陷阱。戴雪对此感受非常
强烈,因而他向《泰晤士报》提出了抗议。他向斯特雷奇为自己公
开批评联合主义者作了辩护,其理由是,如果贝尔法斯特的联合主
义者否认民族主义者享有言论自由,那么对内部自治的反对很容
易就被描述为恢复新教徒的统治地位。② 对天主教徒或新教徒的
宗教狂热的憎恨,激起了他的欲望,想要在它败坏联合主义政策之
前,清除这种丑陋的污点。尊重法律已经成为联合主义的一项基
本原则,因此,"在我看来,联合主义者为阻止自由辩论而违反法律
乃疯狂之举。正因为我能想象乌尔斯特应该在什么情况下战斗,
所以我确信,在她没有被剥夺任何合法权利的情况下,她不应加入
战斗。"③对法律一丝不苟的精神,有助于让公众相信联合主义运
动的正当性;对法律的任何一种不尊重,都会有损联合主义的道德
目标。

　　这年 2 月,戴雪与麦克米伦公司接洽,商谈一本名为《关于〈议
会法〉的思考》的书的出版事宜,此书内容选自他写给《泰晤士报》
的部分书信。拟出版的这本书,其目的在于证明"尽管从某个角度
来看,上院几乎完全被压制了,但它仍然保留着搁置否决权,它最
后有可能是一个相当大的权力;最终还在于强调一个事实,即联合
党的整个政策必须以《议会法》的存在为依据"。④ 尽管麦克米伦

---

① 参见彼得·罗兰(Peter Rowland),《最后的自由党政府》(*The Last Liberal Govern-
　　ment*),页 145。
② 戴雪致斯特雷奇书信,1912 年 1 月 27 日,《斯特雷奇书信集》。
③ 同上,1912 年 1 月 30 日,同上。
④ 戴雪致麦克米伦公司书信,1912 年 2 月 4 日,《麦克米伦公司文件汇编》。

公司对这个提议的拒绝很委婉,但拒绝的理由让戴雪感到非常失望。1877年,《联合主义者的错觉》一书很畅销,因为公众当时关心内部自治问题;1912年,戴雪悲伤地承认,它与其他任何政治话题都没有引起太多的兴趣。① 公众对内部自治的冷漠,甚至是无奈的顺从,使戴雪感到震惊,因为对他而言,关注联合已经成了他的一种生活方式:"当我听到一些我本以为是明智的联合主义者所使用的措辞时,我简直目瞪口呆。似乎流传着一种看法,认为内部自治必将到来。我无法向你表达这种错觉带给我的痛苦。我认为,[241]如果联合主义者不将保卫联合斗争到底,对衡量英国政治家的政治才能在道德上而言,是一场灾难,怎么夸大都不算过分。"②公众的冷漠情绪超出了戴雪的理解,尽管过去的每个月都证实了这种情绪越来越强烈。

1912年的内部自治法案提出前夕,戴雪预言,无论结果如何,这都将开启最后一场内部自治运动,因为阿斯奎斯和爱尔兰民族主义者在每一次盛衰兴败过程中自始至终结成联盟,以在新的选举之前通过法案。只有像阿斯奎斯这样不正直的政客才会试图不诉诸选民而推进内部自治,因此,阿斯奎斯"一天也不应该被允许留任"。③ 新的法案一公布,戴雪就一丝不苟地对它的条文进行分析。他钦佩法案的巧妙之处,但对它的内容却只是感到恐惧。阿斯奎斯提出这个法案,以保持他的邪恶联盟不解散,因为这使得他一直在任,其他考虑对他都没有如此重要的意义。联合主义者必须以前所未有的方式,通过讨论和辩论将他们的论点呈现在公众面前。选民看得到内部自治的疯狂吗?戴雪对此感到怀疑,因为1912年的一代人需要1886年时人们普遍受到的那种政治教育。

① 同上,1912年2月6日,同上。
② 戴雪致埃利奥特书信,1911年3月20日,《埃利奥特书信集》。
③ 同上,1912年4月9日,同上。

如果其他一切都失败了,那么国王就必须在法案被第三次提交上院之前坚持举行大选,以阻止内部自治。戴雪意识到了这一策略中所固有的对国王的危险,但是他相信,如果事先得到联合主义者的领导人的批准,这个计划就会奏效。唯一的缺陷是,他怀疑国王是否有足够的意愿去彻底理解这一计划。一切事情都必须从属于联合之维持,因此,联合主义者的领导人必须想出一项前后一贯的政策,让联合主义者公众可以团结在它的周围。① 正如写信给布赖斯时所说的,现在要远离自由党人的计划:"我将在我的老路线上继续战斗——回想起格兰特的名言——用一整个夏天甚至更长的时间来战斗。它对我而言是自然而正确的路线。我是1886 年的老联合主义者,从未改变,也从不后悔。"②戴雪很快就意识到这种态度让他变得有多么孤立,因为他现在唯一的政治知己斯特雷奇曾告诉戴雪,[242]自己有多么的不受联合主义者领导人的重视。关税改革者控制着政党,他们认为他是一个可恶的自由贸易主义者。③ 尽管这一消息令人沮丧,但戴雪知道他的职责需要继续进行一场激烈的战斗。

当乌尔斯特联合主义者明确表示,在任何情况下,他们都不会接受内部自治时,一个复杂的问题呈现在了戴雪面前。他相信乌尔斯特会抗争,而且政府推进内部自治法案的结果将会是内战。戴雪会在多大程度上支持乌尔斯特对抗? 视具体情形而定,因为他不会仅仅为了论辩而想象出一些宪法理由。④ 当有必要作出这样痛苦的选择时,他会根据当时所了解的事实作出决定。对不列颠国民的意志,乌尔斯特不享有绝对的否决权。如果内部自治法案在未诉诸人民的情况下通过,乌尔斯特一方的

---

① 戴雪致斯特雷奇书信,1912 年 5 月 13 日,《斯特雷奇书信集》。
② 戴雪致布赖斯书信,1912 年 5 月 17 日,《布赖斯书信集》。
③ 斯特雷奇致戴雪书信,1912 年 5 月 14 日,《斯特雷奇书信集》。
④ 戴雪致斯特雷奇书信,1912 年 6 月 30 日,同上。

理由就会增强。如果乌尔斯特的抗议退化成对天主教徒的攻击，那么他一定会放弃乌尔斯特。对这个论点，斯特雷奇的回应是，抵抗改变一个公民的地位的法律是正当的。斯特雷奇写道："只要我在船上，我就必须要服从船长；但我认为，我具有一项抗拒被推出船外的道德权利。"①戴雪反驳说，乌尔斯特必须走消极抵抗路线，直至诉诸国民。② 如果不列颠选民以绝对多数赞成内部自治，乌尔斯特就不能指望绝对的否决权。

　　曾经的现实主义者斯特雷奇告诉戴雪，乌尔斯特会藐视都柏林议会，她将组建一个临时政府。那么，一个英格兰联合主义者的职责是什么？③ 斯特雷奇认为，联合主义者必须提出内战的不可避免来迫使它解散，以避免这种局面的出现。戴雪在答复中仍然不愿表态，因为不满是潜在的，而且至少会持续到 1914 年 5 月。联合主义者的合法抵抗可以通过运用《议会法》来阻止内部自治法案的通过；为此目的，英格兰联合主义者应该不惜代价。与此同时，乌尔斯特必须严格自律。[243]戴雪在这方面对乌尔斯特几乎不抱希望："最近发生的事件证明我的担心是有理由的，乌尔斯特不具有相应的自制力，这是在法律限度内实行极为困难的消极抵抗政策所必需的，尽管我认为这种政策会取得成功。"④乌尔斯特已经开始备战了，戴雪无疑也提到了史密斯（F. E. Smith）7 月 12 日在贝尔法斯特的演讲，他向乌尔斯特保证联合主义者永远支持她。⑤ 戴雪担心最近的这些情况混淆了他认为最好应该分开的两个问题。乌尔斯特在多大程度上有权通过宪法手段来实施抵抗，与议会少数能够在何种程度上进行武力抵抗不是同一个问题。⑥

---

① 斯特雷奇致戴雪书信，1912 年 7 月 2 日，同上。
② 戴雪致斯特雷奇书信，1912 年 7 月 7 日，同上。
③ 斯特雷奇致戴雪书信，1912 年 7 月 9 日，同上。
④ 戴雪致斯特雷奇书信，1912 年 7 月 14 日，同上。
⑤ 罗兰，《最后的自由党政府》，页 175。
⑥ 戴雪致埃利奥特书信，1912 年 11 月 21 日，《埃利奥特信集》。

戴雪最终认识到，对这些道德和宪法难题的回答不能被无限制推迟。

1912 年 10 月，随着政治气氛变得越来越热烈，戴雪与斯特雷奇之间的私下辩论也显得更有紧迫感。戴雪主张，如果联合解散之后，多数选民赞成内部自治，那么英格兰人就必须服从国民的命令。[①] 他坚持认为，像这样批准内部自治与仅凭《议会法》通过的法案之间存在重要区别。[②] 斯特雷奇对这种情况持保留意见，对乌尔斯特的胁迫采取了更加好战的态度。他认为戴雪的区分不具有相关性。对斯特雷奇来说，政治现实比宪法细节更重要；他痛恨内部自治，与它加于乌尔斯特的不公正相比，其通过方式也显得苍白无力。[③] 两人最终一致认为，联合主义者不应将未来的行动拘泥于单一的行动方针。随着内部自治的出现，乌尔斯特人和英格兰人的职责将显著不同，所以对未来的预期不会带来任何好处。联合主义者可以做出的唯一承诺是，保证如果在下次大选中获得成功，他们就将废除内部自治，从而确保其立场在道德上的一致性。[④] 发生于乌尔斯特与伦敦的事件[244]对这种冷静思考爱尔兰动荡局势的不现实性进行了反复嘲弄。

例如，11 月 13 日，下院发生了一场著名的骚乱，最后以丘吉尔被一名愤怒的乌尔斯特人扔出的一份《长期有效规则》击中而收场。戴雪对这种行为感到震惊，以至于他立即给《泰晤士报》写了一封信，抗议联合主义者的这一可悲轻率之举。联合主义者应对自由党人的挑衅时，应该"保持尊严，有时保持沉默，但要经常报以蔑视"。[⑤] 联合主义者的不当行为使政府处于一个非常有利的道

---

① 戴雪致斯特雷奇书信，1912 年 10 月 13 日，《斯特雷奇书信集》。
② 同上，1912 年 10 月 19 日，同上。
③ 斯特雷奇致戴雪书信，1912 年 10 月 21 日，同上。
④ 戴雪致斯特雷奇书信，1912 年 10 月 22 日，同上。
⑤ 同上，1912 年 11 月 14 日，同上。

德位置之上,并得到了公众的支持。他的抗议很可能使他失去最后的政治友人,因此他恳求斯特雷奇支持他的立场和他的这个一般建议,即联合主义者应该避免进一步的骚乱。戴雪没有从斯特雷奇那里得到任何安慰,后者坚持认为,阿斯奎斯政府应该受到重击,而且这种爆发鼓舞了联合党的斗志。① 同一天,斯特雷奇向博纳·劳表达了他的看法:"我认为你完全无需为亲爱的老戴雪爆发怒火而有任何的担心。他是一位杰出的联合主义者,但他容易被幽灵似的恐惧所迷惑。"②这种居高临下的态度,暗示了戴雪在政治上的无能,但戴雪并不知道这次对他的提及,他仍向斯特雷奇坚称,这样的议会行动尽管从短期来看是有用的,但归根到底还是破坏了联合主义者的事业。③ 戴雪从未解决过这样一个难题:作为维系联合所必要之工具的统一党,如果它未能达到他眼中为联合主义取得最终成功所必需的崇高道德标准,这时该提倡什么?

　　戴雪随后寻求阿瑟·埃利奥特对抗议的支持,因为有若干联合主义者已经写信给他,对他那封信进行斥责。要接受这种批评是很痛苦的,因为他从未有意识地做过任何损害联合主义的事情。戴雪现在怀疑自己是不是行动太快,他承认自己"内心真的很困惑"。④ 1905 年以来,联合主义者忍受了自由党人的许多次恼怒,而这一次的粗暴行为则鼓舞了党的士气。但是,联合主义者无视议长的权威,[245]才取得了这种胜利,这为一个致力于法律与秩序的政党赢得的荣誉寥寥无几。戴雪认为,使用暴力来终止辩论,可能是联合主义者帮助建立的更糟糕的先例。如果他们重复这些不适当的活动,联合主义的道德地位就必定遭受损害。如果未来的爱尔兰民族主义者或者工党党员仿效联合主义者的行为,那么

①　斯特雷奇致戴雪书信,1912 年 11 月 15 日,《斯特雷奇书信集》。
②　斯特雷奇致博纳·劳书信,1912 年 11 月 15 日,同上。
③　戴雪致斯特雷奇书信,1912 年 11 月 17 日,同上。
④　戴雪致埃利奥特书信,1912 年 11 月 18 日,《埃利奥特书信集》。

可能会有怎样的回应？正如他写信给埃利奥特时所说的："我不相信任何一个活着的人会比我更关心这个内部自治法案应该被否决，以及这个自治政府应该被赶下台。我是一个老人——我已活到了我可能无法理解其情感的一代人中，但我无法让自己相信，从长远来看，任何政党都将或都应该以议会呼喊代替议会辩论来获得任何东西。下一步将是以互殴来代替论辩。"①与斯特雷奇相比，埃利奥特证明更乐于接受戴雪的坦率与诚实，他称赞戴雪长期以来对于联合主义的贡献。当内部自治争议中的每一个感情因素都消失之后，他的工作将会持续："不管怎样，在我看来，在理性的法庭上，你已经彻底打败了内部自治运动。"②这种来自老朋友的认可，尽管很有裨益，但几乎没有缓解他对未来的绝望心情。

1913年1月，戴雪出版了最后一部关于内部自治的血泪史。③这部新著重申了他1886年首次提出的那些论点，只是形式上略有改动。如他所承认的："我怀疑人类的聪明才智现在是否能够在爱尔兰内部自治问题上产生新的论点或谬误。"④《愚人的乐园》一定是亏本的，因为英格兰的舆论已经彻底厌倦了内部自治；尽管如此，如果联合主义者在最后的这次运动中取得胜利，他相信内部自治将在一代人的时间里不会困扰不列颠。⑤戴雪认为此书"实际上完全就是把1886年的意见表达给1913年的新一代人。在这些情况下，一个人不能期望很多都得到实现。总的来说，年轻人必须对现在与未来事件的进程作出决定"。⑥最近的这部著作真正令人感兴趣的地方在于它的宪法学说，[246]因为他的政治结论就建立在这些学说的基础之上。如果反对内部自治的政治论点没有改

---

① 同上。
② 埃利奥特致戴雪书信，1912年11月20日，同上。
③ 戴雪，《愚人的乐园》(A Fool's Paradise)。
④ 戴雪致博纳·劳书信，1913年2月12日，《博纳·劳书信集》。
⑤ 戴雪致斯特雷奇书信，1913年1月18日，《斯特雷奇书信集》。
⑥ 戴雪致埃利奥特书信，1913年4月22日，《埃利奥特书信集》。

变,那么反对的宪法理由自 1885 年《宪法》出版以来就发生了巨大变化。

　　例如,在 1913 年讨论联合主义者的职责时,戴雪声称,如果阿斯奎斯政府未解散议会而通过了内部自治法案,那么联合主义者就应该将内部自治法视为缺乏宪法权威和道德有效性。英格兰的抵抗难题将大为简化,因为抵抗一部不合宪的(unconstitutional)法律不会出现道德困境。这些论辩值得深入研究。关于宪法权威问题,戴雪在 1913 年已经以一个宪法专家而闻名,他充分宣扬了议会绝对至上原则。根据他自己的定义,议会通过的法律都是合宪的;他本人也尽了最大努力去消除英国法中的违宪(unconstitutionality)思想。对他而言,认为一部法律的通过方式可能以任何方式影响其有效性,这违反了他所描述的一项基本宪法原则。现在,他有关内部自治的政治观点使他得出这样一个结论,如果在该法案通过之前,未出现一系列特殊的情况,那么该法案就会是违宪的。这种规则的选择性适用理论,确实是一个奇怪的宪法教义,因为它出自一位杰出的学者——戴雪。

　　这个观点,即内部自治法可能缺乏道德有效性,之所以引人注目,还因为它出自这样一位法学者,当与自己的目的相符时,他会严格遵守奥斯丁式的法律与道德分离学说。戴雪曾教导说,英国法上的法律义务决不依赖于其内容的合道德性或者不合道德性。尽管戴雪曾经常强调法律与道德之间具有密切联系,但这种看法很少在他的宪法著作中出现。戴雪在多大程度上偏离了自己的宪法原则,可以比较他几年之后有关英国法中拒服兵役者地位的观点,然后从中得到答案。1918 年,戴雪明确说,遵守法律是国家每个公民的一项首要义务。[①] 这个表述是真实的戴雪作出的,完全符合他的宪法教义。然而,在服务于联合主义时,他抛弃了通常的

①　戴雪,《拒服兵役者》(The Conscientious Objector),页 359。

法学教义,在这个[247]过程中,也违背了他本人法律学说的字面意义和精神。就宪法权威与道德有效性而言,戴雪承认,他所倡导的宪法惯例是异乎寻常的,它们的合理性建立在如下基础之上:是自由党政府首先沉溺于不道德和不合宪的行为。这个断言不仅本身是可疑的,而且即便是真实的,这一事实几乎也不需要采取他现在所赞同的对策。这些新奇的学说与他宪法学术上少有的杰出成就相矛盾;就此而言,它们配不上戴雪。他全身心地投入于内部自治问题,让自己的情感而不是智力来解释宪法。

在《愚人的乐园》中,戴雪回到了他关于爱尔兰事务的基本前提:"我是一个年老、不变且无悔的功利主义者。我坚信,在一个国家里,四千万人的福利必须与四百人的福利进行权衡,数量更多的人的福利应该占上风,在这里,我的功利主义得到这一结果的证实:四百万爱尔兰居民中,有一百万人不要求内部自治,相反,还很痛恨它。"①自始至终,戴雪从未动摇过这样一个假设:爱尔兰没有形成独立的国家。承认爱尔兰的独立国地位,将显著改变功利主义的计算法。如果它仅仅是一个四百万爱尔兰公民的问题,那么内部自治一定会获胜,因为绝对多数支持它。戴雪否认爱尔兰的独立国地位,在此基础之上,进而强调它在联合王国内的地位,由此,戴雪避免了对其功利主义价值观的棘手挑战。爱尔兰问题意味着经济或是政治争议,但它绝不是一个民族主义冲突的问题。

《愚人的乐园》在联合主义者圈子里获得了惯常的赞扬。奥斯汀·张伯伦称,他为公众对内部自治漠不关心而沮丧,所以这本书"既是一个鼓励,也是一个斗争的武器"。②爱德华·卡森爵士(Sir

---

① 《愚人的乐园》,页 ix。
② 奥斯汀·张伯伦致戴雪书信,1913 年 2 月 13 日,《手稿全编》,508(41),格拉斯哥大学图书馆。

Edward Carson)希望"任何一个关心国家的人都会阅读这本书以及作者此前的其他书"。① 鉴于 1913 年的紧张局势,这本书的[248]影响力甚至不及他之前的几本书。戴雪承认,"有争议的著作本来就是枯燥的"。② 他对这本书不会产生大的影响做好了准备;尽管如此,与冷漠相比,他更能够接受自由党的猛烈批判。拒绝认真对待内部自治问题,让他更加确信,新的一代人不像戴雪那样高度重视对于内部自治的抵抗。

　　整个 1913 年,戴雪不懈努力,坚持写信,以维护联合主义的精神。他比以往任何时候都更加密切关注时事政治,因此与博纳·劳和斯特雷奇之间的通信数量变得庞大。他一再强调,联合主义者有必要在内部自治法案通过之前,迫使政府解散议会。戴雪就这一个要求的书信,内容详实,数量之多,前所未有,尤其是写给联合主义者领导人的那些信件。他写到,关于它们,我唯一的借口是"我对联合主义的热诚"。③ 在这一年间,戴雪因公众的冷淡而苦恼,对自己异乎寻常地投身于联合,逐渐开始自我反省。他解释道:"在我身上有一种东西,它让内部自治及其弊端充斥着我的内心。我的同代人,不知为何,似乎对一件像 1887 年那样纠缠着我的事,竟变得漠不关心了。"④因为这种态度,斯特雷奇给予他"最坚定的联合主义者"的褒奖。⑤ 戴雪的个人思考没有产生新的结论,因为关于英格兰与帝国面临的危险,他保持着一贯的虔敬之心。他承认,在这个问题上,他很狂热,但他辩解说,对内部自治的反对者来说,时间很紧迫。阿斯奎斯政府没打算在法案通过成法律之前,让人民作出选择。⑥ 因此,他认为迫使政府尽快解散议会

---

① 爱德华·卡森爵士致戴雪书信,1913 年 7 月 19 日,《手稿全编》,508(35),同上。

② 戴雪致霍姆斯书信,1913 年 7 月 15 日,《霍姆斯书信集》。

③ 戴雪致博纳·劳书信,1913 年 1 月 3 日,《博纳·劳书信集》。

④ 戴雪致利奇菲尔德夫人书信,1913 年 4 月 4 日,载雷特本,《回忆录》,页 218。

⑤ 斯特雷奇致戴雪书信,1913 年 2 月 18 日,《斯特雷奇书信集》。

⑥ 戴雪致斯特雷奇书信,1913 年 5 月 11 日,同上。

乃势在必行。

　　要如何完成这一艰难的任务,戴雪仔细地向博纳·劳作了解释:需通过这些方式来完成:收集和呈送请愿书,不断召开联合主义者会议,以提出解散议会的要求,[249]在每次补选中强烈要求解散议会,竭尽所能地赢得补选,以及将所有其他政治目标都置于这一要求之下,"以某种多少公开的方式宣布,联合主义者的领袖们愿意为解散议会之缘故而上任,即使这伴随着面对下院中的敌对多数"。① 戴雪认为这一运动的益处是显而易见的。联合主义者应该摆出一个选民权利的捍卫者姿态,吸引众多非联合主义者的参与。这将加强联合主义者的力量,如果自治法案未经解散议会而通过,就运用这种力量来攻击它。这种骚动会让国王意识到自己的宪法权力,这是戴雪极为注重的一点。这一运动还提出了一项政策,所有联合主义者都可能毫无保留地加以支持。② 博纳·劳礼貌地听取了戴雪的建议,然后沿着政治现实所要求的道路前进。这个结果让戴雪倍感绝望,因为他挫败内部自治的希望落空了。

　　除了博纳·劳之外,联合党的领导人都没有拼死地反对内部自治,这使他们受到了严厉的谴责。据斯特雷奇说,他们更加重视关税改革,而不是联合的维持。③ 对这个分析,戴雪悲伤地表示同意。他们无法领导联合主义者,"因为他们既不信任自己,也不信任自己的追随者。他们既不光明,也不磊落"。④ 联合主义者的领导人宁愿以内战相威胁来迫使议会解散,也没有采用戴雪所建议的较不危险的方式。博纳·劳同意坚持解散议会,但他认为,避免内战的最大希望在于让政府相信,对将要到来的议会解散,联合主

① 戴雪致博纳·劳书信,1913 年 3 月 28 日,《博纳·劳书信集》。强调为作者所加。
② 戴雪致斯特雷奇书信,1913 年 4 月 27 日,《斯特雷奇书信集》
③ 斯特雷奇致戴雪书信,1913 年 4 月 29 日,同上。
④ 戴雪致斯特雷奇书信,1913 年 5 月 11 日,同上。

义者的态度非常严肃。① 联合主义者的这位领袖补充说,这个政策已经生效,自由党人无法坚持推行内部自治,而且议会解散很快就会到来。突出议会解散的必要性,令戴雪感到高兴,但他认为,[250]任何形式的绝望的政治冲突都比内战更可取,因此,他对博纳·劳的逻辑表示默许。② 为此,他强调了联合主义所面临问题的另一种解决办法。

此前,戴雪曾多次暗示,有可能介入,以打破政府推进地方自治与反对派谈论武装抵抗之间的僵局。他现在强调,根据宪法,国王有责任要求建立一个联合主义政府,"纯粹是为了把内部自治法案提交给选民,让他们批准或否决"。③ 同时,戴雪公开谴责联合主义者在国王否决权复兴上的花言巧语,因为类似言论会在选举投票时损害联合主义。他极力主张,必须在法案通过之前反对内部自治,联合主义者一定不能在它变为法律之后再依赖否决权的使用。④ 他写道:"作为一个坚定而狂热的联合主义者,我不敢在这场危机中建议使用否决权。"⑤ 有一次,他一边称赞卡森在反对地方自治方面的"卓越努力",一边敦促博纳·劳澄清卡森支持国王否决的愚蠢想法。戴雪从未否认这一权力的存在,但他认为现有的危机尚未达到需要使用该权力的程度。当形势需要时,"作为一个立宪主义者,我完全准备着捍卫否决权的使用"。⑥ 与此同时,联合主义者应当不厌其烦地强调解散议会的道德必要性,但对国王否决权却谨慎地保持沉默。然而,如果政治形势需要作出选择,"就个人而言,我更愿意选择否决权的使用,而不是内战的爆发和大枪大炮的使用"。⑦ 像这样不认真对待国王权

---

① 博纳·劳致戴雪书信,1913 年 6 月 12 日,《博纳·劳书信集》。
② 戴雪致博纳·劳书信,1913 年 6 月 13 日,同上。
③ 戴雪致斯特雷奇书信,1913 年 2 月 19 日,《斯特雷奇书信集》。
④ 戴雪致博纳·劳书信,1913 年 3 月 28 日,《博纳·劳书信集》。
⑤ 同上,1913 年 3 月 25 日,同上。
⑥ 同上,1913 年 6 月 13 日,同上。
⑦ 戴雪致斯特雷奇书信,1913 年 5 月 21 日,《斯特雷奇书信集》。

力,再次展示了戴雪所陷入的宪法困境。他断言,对国王有约束力的一项宪法原则是:"他不得反对真正的国民意志。"①这一主张忽视了 19 世纪宪法发展的总体趋势,这期间,国王的政治权力已被剥夺;国王被免除了[251]确定民众意志的任务。对于全国人民反对内部自治,戴雪是如此之确信,以至于他从不认为国民会批准内部自治法案。国王干预可能会被理解为代表联合党的党派行动,有损君主政体的宪法地位。对这种可能性,戴雪却视而不见;如果必要的话,必须使国王加入到反对内部自治的斗争中,而不论结果如何。

一些联合主义者在内部自治法案通过为法律之后才抵制内部自治,他们公开宣称的目的让戴雪深感忧虑。在他看来,在它成为法律之前,全力反抗政府似乎才是唯一合理的做法。当决定迫在眉睫的时候,他为乌尔斯特挑战政府的道德问题大伤脑筋。查尔斯·埃利奥特已告诫过他,《愚人的乐园》在鼓励阻碍法律实施方面做得太过头了;戴雪坦率地告诉霍姆斯,他在书中没有撤回任何声明。②"当这部可恶的法案成为国法,以及从法律的角度看没有联合可以捍卫时",③面对联合主义者发动内战的呼声,他的迷惘找不到什么解决的办法。戴雪再次自我反省,提出几个假设性的问题向斯特雷奇表达了这种不安。如果内部自治法案在没有事先解散议会的情况下通过,英格兰的联合主义者能够怂恿乌尔斯特进行反抗吗?④ 戴雪认为这是叛国。假设阿斯奎斯在该法生效之前解散了议会,然后大选的结果仍然让他拥有依赖于爱尔兰选票的多数,又当如何呢? 在同样的情况下,假设阿斯奎斯获得了他自己的微弱多数呢? 斯特雷奇这位一贯的政治现实主义者,毫不费

---

① 同上,1913 年 8 月 18 日,同上。
② 戴雪致霍姆斯书信,1913 年 7 月 15 日,《霍姆斯书信集》。
③ 戴雪致斯特雷奇书信,1913 年 5 月 18 日,《斯特雷奇书信集》
④ 同上,1913 年 5 月 21 日,同上。

力地回答了戴雪的两个问题。① 对第一个问题，他的回答是，无论叛国与否，他都将尽其所能，尽可能多地公开支持乌尔斯特的抵抗运动。对第二个问题，斯特雷奇认为有太多不确定之处，因而没有提出意见。如果最后一种可能性出现了，他就没有权利支持乌尔斯特，反而必须尽其所能地阻止对抗法律。朋友的这些回答几乎没有缓解戴雪的忧虑，因为他并没有轻易想到叛国。② 这年余下的时间里，这一[252]道德难题继续困扰着他："我的内心充满疑惑，我也不希望在没有作出最审慎的考虑之前得出任何结论。这是最严格意义上的秘密。"③当向爱尔兰联合主义者同盟捐赠 50英镑时，他就严格遵循了这种谨慎的态度：他明确表示，这笔钱只用于演讲者，以说明他不会以任何方式支持可能发生的内战。④困境仍然存在，将来还会面临。

　　戴雪坚持认为，在任何情况下，即便不考虑乌尔斯特，联合主义者都不能赞成内部自治，因为有这部法律的存在，他们废除内部自治是不可能的。他们不能某一年同意它通过，然后在自己重新掌权时又废除它。⑤ 这种明显的伪装，就相当于使联合主义者自己同意"放弃他们自 1886 年以来为之奋斗的一切"。⑥ 即便是出于避免内战的考虑，联合主义者也不能协助通过任何形式的内部自治法案。在爱尔兰问题上，他一如既往地坚持强硬立场，妥协是不可能的。联合高于一切，因为一旦失去就不能恢复。他恳求斯特雷奇放弃"乌尔斯特豁免"方案，该方案"在我看来只不过是举起投降的白旗"。⑦ 斯特雷

①　斯特雷奇致戴雪书信，1913 年 5 月 22 日，同上。
②　戴雪致斯特雷奇书信，1913 年 5 月 23 日，同上。
③　同上，1913 年 10 月 6 日，同上。
④　戴雪致埃利奥特书信，1913 年 10 月 23 日，《埃利奥特书信集》。
⑤　戴雪致斯特雷奇书信，1913 年 10 月 10 日，《斯特雷奇书信集》。
⑥　同上，1913 年 10 月 14 日，同上。
⑦　同上，1913 年 10 月 16 日，同上。

奇赞成乌尔斯特方案,视之为对一个极端问题的温和解决办法,他固守己见,不愿为自己的立场道歉;只有未来才能决定谁是正确的。①

1914 年继续书写有关政治冲突的沉闷传奇。戴雪对联合主义者的这个主张加以指责:阿斯奎斯不会将内部自治推行到最后;他认为,阿斯奎斯不坚持到最后,就意味着他政治前途的毁灭:"就个人而言,我相信阿斯奎斯现在绝不会建议解散议会。"②他重申了自己的要求,必须在内部自治案成为法律之前,利用一切可以利用的手段迫使政府诉诸选民。他以这些努力中惯有的全部精力,向公众表达了他的观点。③[253]他的狂热行动似乎没能阻止内部自治。

在这个背景下,当 1914 年 3 月 3 日《不列颠盟约》(The British Covenant)首次公开时,戴雪是最早签署该盟约的人之一。戈林写到,戴雪"深陷于一种不安的情绪之中,它有时会占据学术头脑,产生奇怪的、不寻常的、甚至是暴力的结果"。④ 戴雪长期参与爱尔兰事务的经历应该能够充分证明,他在 1914 年 3 月的情绪状态并非出于偶然,而是 30 年来专注于内部自治争议合乎逻辑的结果。戴雪欣然接受这个盟约,把它看作是对联合主义原则是否忠诚的一次新考验。每一位联合主义者和每一位爱国的英格兰人都应该签名,尽管他担心普通公民的犹豫和愚蠢可能会阻止这样的反应:"我确信它现在是为了联合,否则就没机会了。"⑤与米尔

---

① 斯特雷奇致戴雪书信,1913 年 10 月 16 日,同上。

② 戴雪致博纳·劳书信,1914 年 2 月 18 日,《博纳·劳书信集》。

③ 戴雪,《关于联合主义者的事实和思考》(Facts and Thoughts for Unionists),页 717—723;《诉诸国民》(The Appeal to the Nation),页 945—957。

④ 阿尔弗雷德·M. 戈林(Alfred M. Gollin),《政治活动中的总督》(*Proconsul in Politic*),页 197。

⑤ 戴雪致米尔纳勋爵书信,1914 年 3 月 3 日,《米尔纳勋爵书信集》,牛津大学博德利图书馆。

纳勋爵(Lord Milner)和《不列颠盟约》的联系,标志着他参与潜在的叛国活动的高潮。对于乌尔斯特抵抗法律的问题,戴雪努力处理了若干年,但对它提出的道德与宪法困境,还是没有找到解决办法。米尔纳是个实干家,他为乌尔斯特制定的保卫计划迅速成形,迫使他作出了最后的决定。在戴雪与内部自治关系的漫长历史中,很多地方都有损这位法学家的形象,叛国活动是对他本人宪法准则的背弃,他从中退缩回来才挽回了一点尊重:

> 恐怕我不能朝着你很自然地指出的方向做太多的事情……我毫不怀疑,如果《自治法》获得通过,对它的反抗将构成犯罪,而且很可能是叛国罪。对乌尔斯特人做出的这一行动,我有好的办法加以捍卫。关于《自治法》通过之后英格兰人所要扮演的角色,我有我的怀疑。我相信并希望,我能够与整个联合党一起行动,但这在很大程度上将取决于[254]具体情形。有一点,既然我写到了这个话题,我就不得不提到;在这点上,我怀疑自己与许多联合主义者持不同意见。我十分确定,所有陆军成员,军官或者士兵,都将服从命令。我的观点是,这么做是他们的义务。我肯定,英国公众永远不会忍受陆军的命令。我认为公众是对的。①

戴雪很快意识到,《不列颠盟约》的订立者谈论内战损害了联合主义事业。其他联合主义者认为这一运动不合时宜而且组织不善;正如埃利奥特告知戴雪的那样:"所有这些公爵夫人和樱草会(Primrose League)夫人的名单,加上一小部分理性、无党派和爱国的人,不会给公众留下深刻印象。"②无论消极行为所具有的价

---

① 同上,1914 年 3 月 6 日,同上。
② 埃利奥特致戴雪书信,1914 年 3 月 12 日,《埃利奥特书信集》。

值多么微不足道,戴雪脱离了联合党中的好战派,这都是值得赞扬的。

例如,关于陆军在乌尔斯特争议中的作用,戴雪的看法一直是很明确的。他确信,正如奥利弗·克伦威尔的例子所显示的,军队干预政府将会遭遇失败,因为英国人不会容忍这样的事情。① 他反对联合主义者威胁要干预军队,"我始终坚信,在一个文明的国家里,服从合法的命令是军人的绝对义务,无论在多么痛苦的情况下,英国军队都会履行这一义务"。② 尽管他怀疑,在1914年3月被称为"卡拉兵变"(Curragh Munity)的混乱中自由党做出各种背叛行为,但这并不能证明联合主义者的种种行动是正当的。在军队中散布煽动性言论,对预先阻止内部自治成效甚微,唯有解散议会可以实现这一目的。③ 阿斯奎斯政府把自己描绘成文官系统控制军队的保卫者,从而赢得了同情。戴雪认识到,在爱尔兰,无论是清教徒,还是天主教徒,都忙于备战,宪法上的严格要求并不重要。尽管如此,他还是再一次[255]让米尔纳深深意识到解散议会比内战更为可取:"在目前[1914年5月7日],我的学说很可能并不重要。我很高兴把我的信念记录在案,它们也许很快或者在将来的某个时候变得重要。"④与米尔纳的短暂交流表明,他不会走出最后一步,让依法抵抗演变为叛国。在最后时刻,还是常识与合乎宪法的行为战胜了他对联合主义的同情。

在犯罪前一刻的犹豫,并没有缓和他对政治事务的语气,也没有减轻他对即将到来的地方自治冲突的担忧。这年4月,戴雪在给贝尔福的一封长信中敦促他昔日的这位英雄让乌尔斯特处于守

---

① 戴雪致斯特雷奇书信,1913年7月14日,《斯特雷奇书信集》。
② 戴雪致爱德华·卡森爵士书信,1913年12月9日,载伊恩·科尔文(Ian Colvin),《政治家卡森》(Carson the Statesman),页238。
③ 戴雪致博纳·劳书信,1914年3月28日,《博纳·劳书信集》。
④ 戴雪致米尔纳书信,1914年5月7日,《米尔纳书信集》。

势,以免武器的引进疏远了英格兰人。唯有诉诸不列颠选民的道德感才能拯救乌尔斯特,而错误的步骤很容易让这种情感丧失。贝尔福必须完成这项任务,"从而拯救大不列颠与爱尔兰的联合"。[①] 贝尔福无能为力,于是事态不可逆转地向前推进,一直到1914年夏。最终,戴雪建议国王应该介入,迫使政府解散议会,以确保国民的权力,这个建议在当时的政治背景下是完全行不通的。[②] 他写道:"我承认,当我意识到《修正法》如果得以通过,实际上就废止了大不列颠与爱尔兰之间的《联合法》,并且是在联合已经在爱尔兰真正开始产生良好效果的时候舍弃它,我简直沮丧至极。"[③]必须将后面的这个结论更多地归因于联合主义者的信念,而不是对局势的客观评价;他的老友布赖斯给劳伦斯·洛厄尔提供了一个更好的分析:

　　　我们在英格兰的处境不仅有趣,而且不同寻常,我必须补充说,还很不幸。5年前,没有人会想到会发生这样的事情:在两个武装起来和训练有素的群体有可能陷入自1798年甚至1689年以来从未发生过的冲突的情况下,公开鼓吹内战,政府容忍双方互相威胁。[256]要解释这种状况是如何产生的,恐怕需要很长时间,也许你已经对我们的政治有过长期观察,足以理解其中的原因。我们这里的大多数人都认为,政府在允许乌尔斯特志愿者进行武装、训练和威胁方面异常疏忽,或者说过于乐观,这些行动明显都是非法的。

　　　然而,就目前情况来看,大臣们似乎已经得出结论,如果不冒着严重流血的危险,就不可能以武力实行自治,这不仅会

---

① 戴雪致贝尔福书信,1914年4月28日,《贝尔福书信集》(B. M. Add. MSS. 49792)。
② 戴雪致斯特雷奇书信,1914年6月14日,《斯特雷奇书信集》。
③ 同上,1914年6月24日,同上。

使我们在全世界的眼中蒙羞,并严重损害政府的声誉,而且会使自治工作更加困难,重新揭开我们本以为早已愈合的旧伤疤。当然,很多情况下是在虚张声势,但是乌尔斯特的志愿者们现在这样做,把自己都给骗了,他们热血沸腾,感觉很真实。他们准备战斗,指望军队中有相当一部分人不愿对他们采取行动。目前的情形比以往任何时候都更不明朗,因为双方的领导人都没有控制住局面。

据信,卡森对他把自己的人带到目前这个处境感到不安,他愿意达成一项协议,但他不敢这样做,除非是基于民族主义者所不能接受的条件。我相信,雷德蒙本人愿意走很长一段路去见卡森,他这样做是对的,因为在他看来,至关重要的是让他的自治议会在爱尔兰建立起来,即使它只包括爱尔兰的四分之三。将乌尔斯特排除在外不太可能是永久性的。如果自治议会运行良好,情况将以某种方式发生改变,而帝国议会将再次干预。乌尔斯特志愿者的感情相当真实,虽然他们对罗马天主教会权力的增加或任何形式的宗教迫害的恐惧是毫无根据的,而在我看来,英格兰的保守党领袖们——他们中的大多数人肯定知道这些宗教恐惧是多么毫无根据——似乎只是把乌尔斯特当作他们党派游戏中的一枚棋子。虽然他们中最好的人觉得这是一个非常危险的游戏,但他们的感觉是如此痛苦,看起来他们还会继续玩下去。

整个事件最糟糕的是,[257]它可能还会进一步削弱对法律和秩序的尊重,而这曾是我国民众的一个显著特点。你曾赞扬过我们对自己政治事务的管理,但我担心,这是你6年前所写,今天有一些东西是不会发生的,因为事态发展得如此迅速。①

———————————

① 布赖斯致洛厄尔书信,1914年6月17日,《布赖斯书信集》。

这种舆论状态使得对问题的理性讨论几乎不可能。

　　内部自治大戏的最后一幕发生在 1914 年 7 月 21 日,当时,在发疯似地努力解决爱尔兰的种种难题中召开了八人会议。① 会议前夕,戴雪再次提醒,阿斯奎斯从会议中寻求的仅仅是政党利益。对联合主义者的领袖们而言,要求在法案变为法律之前解散议会,这是最后的机会,因为“当不再有联合要捍卫的时候,联合主义自然必须结束”。② 同日,戴雪给博纳·劳写了一份很长的备忘录,详细叙述了联合主义者的领袖将会在次日面临的危险。③ 阿斯奎斯期待着进一步的拖延;他希望联合主义者领袖参与通过内部自治法案;他想阻止国王强行解散议会。像往常一样,戴雪列举了逃脱这些阿斯奎斯式圈套的必要步骤。联合主义者必须坚持解散议会的权利;如果卡森愿意,必须完全将乌尔斯特排除在外;如果法案在解散议会之前通过,联合主义者就不应承诺不废除内部自治。会议在互不信任的氛围中很快就解散了。戴雪随即在《泰晤士报》上重申了他的主张,坚决要求先解散议会,而后通过内部自治案。④ 即使是黯淡的国际形势,也无法将他的注意力集中到别处;7 月 31 日,他向博纳·劳发出了最后的警告:内部自治的反对者必须保持警惕,因为“自从阿斯奎斯成为首相以来,他从未因出于爱国主义的考虑而牺牲任何的党派利益”。⑤ 一直到和平时期结束,戴雪都在为保卫联合而斗争。

　　[258]对于戴雪自己提出的这个问题,即内部自治问题在他的时间和工作中占有何种特殊的地位,现在可以给出怎样的答案呢?

① 此八人是:代表自由党的阿斯奎斯和劳合·乔治,代表保守党的博纳·劳和兰斯多恩,代表爱尔兰民族自治论者的雷德蒙和约翰·狄龙(John Dillon),以及代表乌尔斯特的卡森和詹姆斯·克雷格(James Craig)。
② 戴雪致斯特雷奇书信,1914 年 7 月 20 日,《斯特雷奇书信集》。
③ 戴雪致博纳·劳书信,1914 年 7 月 20 日,《博纳·劳书信集》。
④ 《泰晤士报》,1914 年 7 月 27 日,页 10。
⑤ 戴雪致博纳·劳书信,1914 年 7 月 31 日,《博纳·劳书信集》。

他对爱尔兰民族主义的反感可以在双重语境下得到最好的解释:他年轻时对民族主义英雄本质的理想主义,以及将民族主义与领土完整相等同。从第一个意义上说,漫长的成熟过程已经让他知道,民族主义在现代世界中所扮演的角色,与本科生戴雪所设想的大相径庭。他在晚年描述了这个过程,他写到,任何理想都有其倡导者没有察觉到的缺陷。① 在他的一生中,对民族主义崇高理想的强烈献身精神不容许他在年轻时的热情被摧毁时无所作为。戴雪的政治信条值得研究,因为他是英国生活中的稀有人物(rara avis),一个从上世纪中叶开始就致力于民族主义,很少关注后来的帝国主义浮夸言论的人。他对未来的希望仍然寄托在民族主义的救赎价值上,正如大不列颠的政治结构所体现的那样。但民族主义确实发生了变化,戴雪自己分析了觉醒的漫长过程:

> 我想,凡是仔细考虑过这件事的人都必须承认,虽然所谓的(民族主义)原则所包含的大量真理可以解释它对一些最优秀的人所产生的影响——这些人曾在六七十年前向世界宣扬过它,但显然需要对它进行非常谨慎地定义。我认为,任何一个在过去五十年中注意到民族主义影响的人都非常清楚一点,在马志尼和加富尔(Cavour)看来,一种几乎完全善良的感情,包含着许多潜在的邪恶,而且,在最好的情况下,作为道德统一基础而宣扬的民族主义,也可能成为一个不好的手段,使得作为一个国家的成员而幸福和繁荣地生活在一起的人民产生分裂。②

对戴雪而言,作为道德和政治统一的民族主义定义了联合,其结果

---

① 戴雪致雷特书信,1920年2月11日,载雷特编,《戴雪回忆录》,页278。
② 戴雪致布赖斯书信,1918年12月19日,《布赖斯书信集》。

是,爱尔兰民族主义,因为它攻击统一,所以必须随时以各种武器极力反对之。[259]民族主义的统一趋势——戴雪认为民族主义必定始终是统一性的——是无法承受爱尔兰民族情感的离心力的。在与内部自治的斗争中,戴雪是把联合当作不列颠民族主义之象征——这是他维多利亚中期信仰的一个主要信条——来加以捍卫的。

戴雪对内部自治的顽固反对有多典型? 由于他试图影响政治的努力最后总是徒劳的,所以他是一个孤单落寞、与他所无法理解的时代潮流背道而驰的人吗? 尼尔·布卢伊特在分析1910年第二次大选中联合主义者的演说时断言,联合主义者"已近乎歇斯底里"。[①] 如果这个描述适用于1910年,那么可以用哪种措辞来恰当地表达他们在1914年春天的心情呢? 内战对乌尔斯特的威胁有多严重? 研究戴雪在这一时期的态度,可以对这一问题的一小部分作出一些临时判断。在他经常出入的联合主义者圈子里,到1914年夏天,反对内部自治的情绪已接近世界末日的心态。到1914年7月,《不列颠盟约》已经得到200万个签名;戴雪还抱怨说,他认识的许多大学联合主义者拒绝签名,理由是它会使他们的学院做出遵守盟约的承诺,这在1886年是一个不为人知的保留权利。[②] 在内部自治问题上,戴雪是独立的,因为他继续从宪法的角度讨论这个问题;但也有许多人出于世俗的政治原因,以同样激烈的方式追随联合主义的旗帜。戴雪的影响来自于使联合主义者的抵抗合法化,将其他动机掩盖在他的宪法论证下。

帮助乌尔斯特反抗的问题在英格兰联合主义者中造成了极大的痛苦,很多人(例如米尔纳)已准备好迎接这一挑战。如前所述,

---

① 尼尔·布卢伊特,《贵族、政党与人民》,页326—329。
② 戴雪致米尔纳书信,1914年3月6日,《米尔纳书信集》。

戴雪无法接受这一点。有人断言"乌尔斯特的大多数志愿者很可能像他们快速出现那样快速消失",[①]戴雪及其联合主义追随者显然会认为这是荒谬的。戴雪担心乌尔斯特人过于野蛮,而不担心他们缺乏勇气。过多地依赖于戴雪一人是错误的,但是这种对于他在联合党死忠派中活动的描述表明,在 1914 年 8 月之前,这个联合主义者派系是认真的。[260]戴雪的政治意义在于,它反映了联合主义者对内部自治绝不妥协的一种心态。这种感觉在乌尔斯特产生了什么影响仍是一个问题,但它不会是削弱乌尔斯特以一切手段来反对内部自治的意志。只有像第一次世界大战这样的灾难性事件才能使他从爱尔兰事务中摆脱出来,然而,在此之前,战争已经开始了一段时间。所以一开始,他的注意力仍然集中于爱尔兰问题。

---

① 罗兰,《最后的自由党政府》,页 350。

第十一章　战争的影响:1914 年至 1918 年

[261]战争之初,戴雪优先考虑的仍是反对内部自治斗争,而非强烈支持战争的必要性。1914 年 8 月底之前,戴雪敦促博纳·劳就爱尔兰事务达成真正的休战协定,否则将乌尔斯特完全排除在自治法案之外仍就悬而未决。

对于阿斯奎斯的不信任,使得戴雪"害怕政府会把民族爱国主义当作确保政党获胜的手段"。[①] 虽然他赞扬了战争引起的"民族与爱国情绪的壮丽爆发",但这种表现不应掩盖联合主义者的责任,即确保诸如内部自治这类基本问题不应该由政府官员间的私人安排来解决。[②] 任何解决内部自治争议的提议,都需要选民的同意才能生效。戴雪面临着一个令人不安的困境,因为对内部自治的阻碍可能会让全国一致的这种氛围淡化;然而,一个人还能如何保持对联合主义原则的忠诚呢? 如果博纳·劳仅仅通过在下院发表演说就可以在自治法案实施方面获得让步,那么他就可能接受该法案,而不背叛联合主义。[③] 无论如何,联合主义者必须向国民表明他们的政策,以免腐化的交易思想

① 戴雪致博纳·劳书信,1914 年 8 月 24 日,《博纳·劳书信集》。
② 戴雪致斯特雷奇书信,1914 年 8 月 28 日,《斯特雷奇书信集》
③ 戴雪致博纳·劳书信,1914 年 9 月 1 日,《博纳·劳书信集》。

损害本党的声誉。[①] 要么真正的休战协定必须奏效，要么联合主义者必须一如既往地继续反对。

　　夹在要求自治的雷德蒙和坚决反抗的乌尔斯特新教徒之间的阿斯奎斯，从来没有像戴雪所说的那样渴望自治，他把这个法案变成制定法，却暂不实施，从而安抚了双方。戴雪反对这一策略，因为它将内部自治案确立为[262]国法；它不予实施，并没有给他带来多少安慰。鉴于这一令人沮丧的事态发展，戴雪敦促博纳·劳维护把乌尔斯特排除在外的合理要求，并且表明，激怒那些集结起来保卫国家的乌尔斯特人是不公正的。然而，博纳·劳必须避免任何缺乏爱国主义的表现。[②] 至于博纳·劳究竟应该如何实现这些目标，戴雪没有具体说明。戴雪宣称，阿斯奎斯打着爱国主义的旗号来推行内部自治，这种做法本质上是不公平的；博纳·劳同意这一观点，但联合主义者别无选择，只能支持政府。[③] 戴雪本希望内部自治法案在战争结束前一直处于立法的不确定状态。该法案得到通过，成为法律，但附带条件是，生效之前需要进行立法修订。

　　戴雪对政府最后一步的反应，是可预见的，他写到，他"非常遗憾"，该法案已经成为法律，尽管对它的实施规定了各种条件。[④]阿斯奎斯背信弃义，严重至极，违背了在整个战争期间都应休战的协定。阿斯奎斯的行为证明了戴雪多年来针对首相的辱骂是有理的，但这并没有使他平静下来；对戴雪而言，它再一次证明，自由党领导人会把任何形势都转化为他的政治优势。他写信给博纳·劳，说联合主义者必须履行支持政府的爱国责任，尽管令人痛苦。[⑤] 几天后，他对博纳·劳说，《泰晤士报》没有发表他赞成博

①　同上，1914 年 9 月 7 日，同上。
②　同上，1914 年 9 月 10 日，同上。
③　同上，1914 年 9 月 15 日，同上。
④　戴雪致麦克米伦公司书信，1914 年 9 月 16 日，《麦克米伦公司文件汇编》。
⑤　戴雪致博纳·劳书信，1914 年 9 月 16 日，《博纳·劳书信集》。

纳·劳反对内部自治案通过的信函。他认为,报纸这样做是为了防止党争损害战争精神;戴雪当然没有这个意图,他只是希望"我所有的朋友都知道,我坚定地站在联合党及其领导人一边,直到最后一刻"。[1] 这点几乎无人不信。

最终,这封长信,或者说,实际上是戴雪经常所作的一种个人陈述,发表于贝尔法斯特的《北方辉格党》。[2] [263]他像一个 1886 年的联合主义者一样写作,目的在于鼓舞乌尔斯特的士气,证明保卫联合的斗争虽然还没有取得胜利,但也没有完全失败。作为证据,他引用了内阁的声明,即现行《内部自治法》永远不会实施。阿斯奎斯在下院承认,乌尔斯特的胁迫是绝对不可思议的。最终,乌尔斯特人给联合王国树立了一个光辉的爱国主义榜样,因此,鉴于乌尔斯特的自我牺牲,任何政府都不能违背无胁迫的承诺。这番对北爱尔兰联合主义者的言论,对事态的解读比戴雪私下所认为的更为乐观。在哀叹存在这样一部不生效的《内部自治法》时,戴雪沮丧地发现,阿瑟·埃利奥特已经变成了一个"赢得战争"的人,没有时间去考虑像内部自治这种虚幻的问题。[3] 这一发现给他造成了巨大的痛苦,因为他认为埃利奥特是他最坚定的联合主义盟友之一。戴雪向斯特雷奇透露了他对《内部自治法》的真实感受:

> 我知道,你会对我的极度失望表示同情;我还要对你说,对《内部自治法》的通过,我很愤慨。根据我的判断,《内部自治法案》应该保留到战争结束之后,下届议会召开之前,这符合一般的公平观念。在这件事情上,就像在其他任何事情上一样,阿斯奎斯更倾向于选择他所在政党的利益,或者更确切

---

① 同上,1914 年 9 月 21 日,同上。
② 《北方辉格党》(*Northern Whig*),1914 年 10 月 5 日,夹于《米尔纳书信集》。
③ 戴雪致埃利奥特书信,1914 年 10 月(日期不详),《埃利奥特书信集》。

地说,是他作为一个党魁自身的利益,而不是国家的福利。现
在沉默是正确的:他自己的利益与国家利益是一致的。但我
恳求你永远不要相信他,也不要使用暗示他可以被信任的语
言……

　　无论乌尔斯特被包括在内,还是被排除在外,我都不认为
《内部自治法》是英格兰与爱尔兰之间关系的最终解决办法。
但我们所熟知的联合,恐怕是永远消失了。①

他认为,他必须避免破坏战争努力的政治争议,这种看法使他
有关内部自治的著述急剧减少:"我讨厌写任何关于《内部自治法》
的东西;它只不过让我想起我 25 年来浪费掉的劳动和精力。"②
[264]在有一个问题上,他无法克制自己:政府有可能把《中止法》
中的某些条款解释成内部自治可以在不征求下院意见的情况下开
始施行。斯特雷奇向他保证,即便是阿斯奎斯,也不会在敌对行动
结束之前以如此明目张胆的党派策略来激怒公众舆论。③ 戴雪不
同意对阿斯奎斯的这种评价,仍然怀疑这位首相"作为一名党魁没
有高超的技巧,反而极端地不择手段"。④ 由于害怕阿斯奎斯式的
口是心非,他向博纳·劳提交了一份关于这种可能性的报告。戴
雪提醒这位联合主义领袖,认为阿斯奎斯政府会等到战争结束之
后再采取有关自治的行动,这是最大的错觉。⑤ 博纳·劳必须时
刻密切关注政府,以防休战协定突然以一次出乎意料的行动而终
止。预防这种可能性的最佳措施是修改《中止法》,以防阿斯奎斯
突然要花招。⑥ 戴雪的担心在 1915 年 9 月被证明是毫无根据的,

---

① 戴雪致斯特雷奇书信,1914 年 10 月 25 日,《斯特雷奇书信集》。
② 同上,1915 年 1 月 4 日,同上。
③ 斯特雷奇致戴雪书信,1915 年 1 月 7 日,同上。
④ 戴雪致斯特雷奇书信,1915 年 1 月 9 日,同上。
⑤ 戴雪致博纳·劳信,1915 年 2 月 5 日,《博纳·劳书信集》。
⑥ 同上,1915 年 2 月 10 日和 5 月 19 日,同上。

当时,9 月 14 日枢密院君令再次确认了《中止法》的条款。尽管如此,戴雪依然感到不安,担心阿斯奎斯也许会卑鄙到再搞欺骗手段的地步。[①] 多年的反对使得戴雪对自治争议的各个方面都产生了怀疑。

除了这次爆发,戴雪始终遵守对爱尔兰问题保持沉默的誓言。他之所以能完成这一艰巨的任务,主要是因为他不断地提醒他的通信者,他出于爱国的责任感,采取了这种异乎寻常的沉默。[②] 戴雪频繁提到这种克己的自我规定,表明他对内部自治并没有丧失兴趣。然而,与他在 1914 年 8 月之前的大量通信相比,这种自我约束的确是非同寻常的。

也许对这一承诺的忠诚最好的证明,就是对 1916 年的复活节叛乱保持沉默。[265]根据以往的证据,不难推断,戴雪听到这一消息后会产生愤怒情绪,要求立即不惜一切代价镇压这一叛国行为,并为了正义而坚决同意随后处决叛乱者首领。直到 1916 年 6 月,在爱尔兰问题上,他才不再沉默。诱因是叛乱发生之后,劳合·乔治试图在卡森与雷德蒙之间就内部自治达成妥协。戴雪给博纳·劳写了一封信,外加一份很长的报告,几乎全部以下划线强调。[③] 在信中,他表明复活节叛乱根本没有改变他的看法。戴雪坚持认为,仅仅通过在爱尔兰联合主义者与爱尔兰民族主义者之间达成协议来解决内部自治问题,这违背了英格兰联合主义者自 1886 年以来就有的默契;爱尔兰事务的解决事关整个联合王国。他谴责劳合·乔治的行为,因为这只会降低成功抵抗德国的机会。此外,他提醒博纳·劳,他已经有意放弃关于内部自治问题的写作,但他 30 年来,一直十分仔细地观察着这场冲突,而且如果爱尔

---

① 戴雪致博纳·劳书信,1915 年 9 月 20 日,《博纳·劳书信集》。

② 戴雪致斯特雷奇书信,1915 年 11 月 14 日和 12 月 10 日,《斯特雷奇书信集》。

③ 戴雪致博纳·劳书信,1916 年 6 月 10 日,《博纳·劳书信集》。

兰问题以这种办法来解决，他将不会保持沉默。在微妙的谈判得以蓬勃发展所必需的气氛中，博纳·劳不能完全无视发表煽动性文字的潜在威胁。

戴雪在随附的报告中指出，内部自治问题目前主要有两个事实：都柏林的复活节叛乱和《内部自治法》已经存在于威斯敏斯特的《制定法汇编》之中。因此，他向博纳·劳提出了五个理由，试图劝阻他同意卡森—雷德蒙谈判：爱尔兰各方之间突然出现的和解情绪，以及大不列颠与爱尔兰之间的和解，没有为持久解决问题提供坚实的基础；由于叛乱和谋杀而让步于爱尔兰，只会给新芬党造成这样一种印象，即只需以暴力和反叛就能带来理想的变革，从而使新芬党更加强大；1914年的《内部自治法》废除了郡治安法官，这将摧毁帝国议会的至上性，而且，将乌尔斯特排除在外，这在立法上和实践中都将是一个难以处理的问题；战时推行自治[266]会背叛那些自愿到国外服役的北爱尔兰人，他们的理解是，这个问题将一直搁置到和平时期；战时仓促达成的和解，可能会包含一些最终对帝国议会权威构成致命威胁的条款。戴雪认为，上述每一项考虑都足以使他拒绝劳合·乔治的提议。这些论点共同要求抵制任何形式的内部自治。

两天后，戴雪向斯特雷奇重复了这个说理思路。如果不列颠的最大死敌计划毁灭这个国家，他就无法对劳合·乔治提出的计划作出改进。劳合·乔治持有"某种类型的梦想家所共有的一种错觉，即当你发现一个明确的问题难以解决时，明智的做法是把它作为一个范围更广、难度更大的问题的一部分，你设想这个问题可能容易处理，因为你还没意识到它的巨大实际困难"。① 对于戴雪提出的各种反对意见，斯特雷奇回复说，英格兰联合主义者不能比乌尔斯特人自己显得更像是乌尔斯特人了。如果乌尔斯特能够接

① 戴雪致斯特雷奇书信，1916年6月12日，《斯特雷奇书信集》。

受劳合·乔治的提议,英格兰人又怎么能擅自否决这项协议呢?①
斯特雷奇承认,分裂爱尔兰的政策存在风险,但他认为没有其他可
行的政策。

　　这种不可避免的论点,立即遭到了戴雪的驳斥。他坚称,选民
从未同意内部自治,那么,为什么联合主义者现在必须争先恐后地
接受自治呢?② 内部自治谈判必定会增加而不是减少进行战争的
问题。戴雪再一次较少地依赖于这一问题的实际价值,而更多地
依赖于某种行动必然带来的所谓未来难题。斯特雷奇反驳说,必
须尝试自治实验,因为如果不这样做,就会毁掉联合党。③ 每一位
联合主义者领导人都支持就内部自治达成妥协。联合主义者必须
保持行动的统一,因为联合党是国民的希望;斯特雷奇写到,自由
党人已被打得支离破碎。既然自由党和爱尔兰自治领导人希望达
成和解,国民无疑会批准各党派达成的一项决定。戴雪仍不肯屈
从。他绝不会接受内部自治的必要性:

　　[267]随着这一解决办法变成一部议会法,联合党将必然
　　走到尽头。自由党是否已经瓦解,我不知道,它很可能或多或
　　少会变成一个社会主义政党,更糟的是,它会变成一个反英格
　　兰的政党。我深感遗憾的是,事态的转变使我对我们所有的
　　议会领导人充满了不信任。我认为,最优秀的联合主义者主
　　要受到他们对破坏联合政府从而伤害国家的恐惧的影响。这
　　种恐惧我认为是错位的。如果一个政府只实行两项政策,那
　　么几乎没有一个德国士兵会死亡。以最高的效率维持战争和
　　维护爱尔兰的秩序。他们缺乏勇气去处理这两件事,而这两

---

① 斯特雷奇致戴雪书信,1916 年 6 月 14 日,《斯特雷奇书信集》。
② 戴雪致斯特雷奇书信,1916 年 7 月 3 日,同上。
③ 斯特雷奇致戴雪书信,1916 年 7 月 5 日,同上。

件事却毁了联合主义者,恐怕会使他们蒙羞。我绝对肯定,在这样的政策下,他们会得到国民的支持。①

卡森—雷德蒙之间的谈判进行得很艰难,不久就彻底失败了。爱尔兰退居幕后,正如布赖斯所指出的,"现在一切都被推迟到战争结束"。②

在战争的剩余时间里,戴雪大致兑现了他对爱尔兰保持沉默的誓言。1916 年底,他提醒斯特雷奇,将征兵制度引入爱尔兰可能会导致另一场叛乱,从而不必要地挑起事端。③ 1917 年,戴雪发表了两篇关于爱尔兰的文章,之后便再未发表。在第一篇文章中,他重申他反对在和平时期之前实行自治,并反对在缔结最终和平条约之后选出的新一届议会开会之前实行自治。④ 在复活节叛乱之后,戴雪极力主张,新芬党人、议会民族主义者和乌尔斯特人之间的意见分歧阻止了一项持久的宪法安排。1914 年的《内部自治法》在它尚未实施之前就已失效了。1910 年选举产生的议会没有获得就内部自治进行立法的授权,因此,不干预陷入困境的爱尔兰局势仍然是最好的政策。在另一篇文章中,戴雪断言,赋予爱尔兰以自治领地位不会取得成功。⑤ [268]为了支持这一观点,他再次使用了 1886 年的陈旧论据,尤其是这个论点:既然爱尔兰人不想要这种宪法地位,整个想法就是徒劳无益的,注定会失败。除了这些文章之外,戴雪在接下来的一年里没有提到爱尔兰。这可能归因于两个因素:戴雪对欧洲大陆上史诗般的斗争越来越感兴趣,以及对爱尔兰的军事统治阻止了更多的动乱。第一次世界大战甚至

---

① 戴雪致斯特雷奇书信,1916 年 7 月 6 日,《斯特雷奇书信集》。
② 布赖斯致埃利奥特书信,1916 年 9 月 7 日,《布赖斯书信集》。
③ 戴雪致斯特雷奇书信,1916 年 12 月 24 日,《斯特雷奇书信集》。
④ 戴雪,《战争结束前建立自治是否明智?》,页 1—25。
⑤ 戴雪,《作为"自治领"的爱尔兰》,页 700—726。

取代了爱尔兰成为他的主要兴趣点，这个过程证明战争对他产生了巨大影响。

1914 年 8 月，戴雪认为这场战争是对爱尔兰问题的不合时宜的侵扰。不久之后，斗争的英雄气概开始给人留下深刻的印象，开始改变他的优先考虑因素。这一过程在 1914 年 10 月写给斯特雷奇的一封信中得到了最好的体现，他像往常一样哀叹了爱尔兰局势之后补充道："尽管如此，我还是很高兴能活着见证这一民族精神的壮丽爆发。"①从那以后，战争吸引了他越来越多的注意力，使他摆脱了笼罩在他生活中的爱尔兰阴影。与政治上的忧郁经历不同，戴雪感受到英雄式的元素回到了英国人的生活中。正如他在写给克尔（W. P. Ker）的信中所说："你是否和我一样，认为当前这场战争尽管很可怕，对许多朋友来说，它的结果也很严重，但它却是我所经历的最有益的体验？我不知道，一场正义的战争对于认为它是正义的人而言，能在多大程度上促成新的民族团结。"②戴雪渐渐地意识到，一种新的献身精神已经征服了全国。

对一个把爱国主义和民族精神看得比其他公民美德更重要的人来说，战争提供了很多补偿："在任何其他严肃的政治话题上，我此前从未见过，我们两个人都不太可能再看到，我们今天在战争话题上看到的那种一致性。"③到 1914 年底，战斗的救赎方面抵消了战场上遭受的屠杀。民族团结的精神已在英格兰各阶层人民之间形成共鸣，[269]这在和平时期是不可能发生的。④1915 年初，这种民族力量的流露所引起的感激之情，在《宪法》第八版新导言的结语中得到了最充分的表达。在战争爆发前，他已经为此工作了好几个月，但是结尾却集中于战争带来的重生，在

①　戴雪致斯特雷奇书信，1914 年 10 月 25 日，《斯特雷奇书信集》。
②　戴雪致克尔书信，1914 年 11 月 16 日，载雷特编，《戴雪回忆录》，页 230—231。
③　戴雪致布赖斯书信，1914 年 11 月 12 日，《布赖斯书信集》。
④　戴雪致布赖斯夫妇书信，1914 年 12 月 31 日，载雷特编，《戴雪回忆录》，页 231。

战争中,强大的精神"会给老者以慰藉,他们本不该承受的政治幻灭与失望,可能会让他们陷入绝境;还会让老者感到欣慰,庆幸自己依然健在,得见今日之情形;呼唤人们履行重大国家义务的庄严号召,已将我们共同的国家中的所有人和所有阶级都团结起来,决意去抵抗一个军国主义化国家的力量、妄想与傲慢,并不惜一切代价去争取自由、仁爱与正义在文明世界的胜利"。①这里涉及的主题预示了戴雪未来对发动战争的态度:要么大获全胜,要么民族灭亡,而德国人的野蛮行径,威胁到欧洲文明,需要尽一切努力来对付。按照他的习惯,他把战争问题分成几个简单的类别,积极地、毫不迟疑地支持这场冲突。因此,他决心尽其所能地争取公众的支持。

戴雪不像同时代人那样乐观,他们认为战争将是短暂而决定性的。他早就判定,与德国的斗争可能比拿破仑战争持续得更久。②戴雪预测的旷日持久的战争使他确信一个事实:他在有生之年看不到大不列颠的胜利。随着战争陷入僵局,他越发确信这场战争的持续时间将远远超过普通英国人的预期。这种假定的长时间战争,其唯一的好处是,这样一来,戴雪就不用担心最后一定会遇到的问题:"我有些高兴地认为,我也许不会卷入许多[270]毫无希望的争论之中,这些争论将占去和平时期最初几年的时间。"③随着对保持热情的需求不断增长,戴雪自愿提供他唯一可自行支配的武器——笔。

鉴于戴雪虽然身体健康,但不可避免地因年老体衰而遭受痛苦,这个参与促进爱国主义的决定就更加引人注目了。他的耳朵

---

① 韦德,《导论》,载《宪法》,第八版,页105。
② 戴雪致霍姆斯书信,1915年1月11日,《霍姆斯书信集》;戴雪致克尔书信,1915年2月18日,载雷特编,《戴雪回忆录》,页235;戴雪致埃利奥特书信,1915年4月26日,《埃利奥特书信集》。
③ 戴雪致布赖斯书信,1916年9月27日,《布赖斯书信集》。

已经完全聋了，连平常的谈话都变得困难起来。尽管如此，布赖斯在 1916 年将他描述为"一如既往的活泼和活跃"。① 即便在战争结束时，也就是他 83 岁的时候，他的妻子仍说他非常健康。② 真正的问题是，他的工作耗费了他的精力："我想，虽然我这些年过得很好，但我还没有适当地学会调整我的安排，以适应这样一个事实，即对我来说，似乎每件事都要比 10 年前难做一倍。"③ 随着战争的进行，戴雪不情愿地承认，老年的经历不如"年轻人或中年人的相对活力"重要。④ 他意识到，他必须放慢工作的速度，否则他会筋疲力尽，一切努力都是没有结果的。

除了可预见的老年问题，戴雪还发现战时的牛津大学基本上没有教师和学生，孤独而孤立。他比大多数最亲密的朋友都更长寿，其中许多还活着的朋友都很衰弱了："我最为感激的是，我还有能力进行清晰地写作。当我想到我们的朋友中有许多人已经垮掉了，这确实是一件不应得的幸事。"⑤ 这种个人处境，加之他对政治的疏离，加深了他与自己所处时代的距离感："几乎每一个与我关系密切的、比我年长的人都去世了。我也不可能不意识到，我自己实际上属于维多利亚中期，而不是 1914 年。"⑥ 然而，一旦他决心要通过写作为国家服务，他强烈的献身精神和责任感就激励着他不断努力。

他决心的第一个成果是 1914 年 11 月 21 日在工人学院的一场演讲。⑦ [271]正如他告诉布赖斯的那样，他的目的是"尽我所能，使大家接受正义的必要性和希望的义务"。⑧ 他把正义的责任

---

① 布赖斯致霍姆斯书信，1916 年 9 月 14 日，《布赖斯书信集》。
② 戴雪夫人之布赖斯夫人书信，1918 年 7 月 11 日，同上。
③ 戴雪致布赖斯书信，1914 年 11 月 12 日，同上。
④ 戴雪致斯特雷奇书信，1916 年 11 月 27 日，《斯特雷奇书信集》。
⑤ 戴雪致布赖斯书信，1917 年 7 月 27 日，《布赖斯书信集》。
⑥ 戴雪致布赖斯夫妇书信，1914 年 12 月 31 日，载雷特编，《戴雪回忆录》，页 232。
⑦ 戴雪，《我们应当如何看待那场战争》。
⑧ 戴雪致布赖斯书信，1914 年 11 月 20 日，《布赖斯书信集》。

定义为对德国实行严厉的司法制裁。同盟国必须为德国压迫的受害者争取对犯罪行为实施惩罚,而不是报复。大不列颠也必须确保德国的侵略不会重演。希望的义务意味着不列颠必须尽一切可能终结德国的军国主义,即使面对德国的成功,也决不对最终的胜利感到绝望。戴雪向他在牛津大学的熟人费舍尔描述了这段劝诫:

> 随函附上我有关战争的小册子一份。我敢说你已经看到了,但是让朋友们知道自己对这场可怕的战争的看法是一种满足,尽管在我看来,就英格兰而言,这场战争是绝对必要的。诚然,小册子中没有新的内容。它所包含的只是我试图尽我所能简单明了地表达我所看到的真相。但是,谁敢断言,他在任何值得思考的事情上都看到了真相? 当然,凡是有常识的人,凡是到了我这个年龄的人,是不会冒险说这种话的。[1]

在戴雪寻找类比来增强爱国诉求的过程中,他提到了拿破仑时代,他记得他的父母曾经谈论过这个时代。大不列颠必须表现出一百年前的那种坚韧。对拿破仑战争的兴趣使他发现华兹华斯(Wordsworth)在拿破仑时代的政治著作与 1914 年开始的斗争有关。

他的两本主要战时出版物分析了华兹华斯可能给予当前这一代人的教训。1915 年的第一本出版物中,戴雪在有关《辛特拉协定》(Convention of Cintra)的小册子序言中对华兹华斯的政治观点作了初步阐述。[2] 戴雪经常[272]承认自己在文学评论方面的

---

[1] 戴雪致费舍尔书信,1915 年 2 月 12 日,《费舍尔书信集》(H. A. L. Fisher Papers),牛津大学博德利图书馆。

[2] 戴雪,"序言",载《华兹华斯论〈辛特拉协定〉》(*Wordsworth's Tract on the Convention of Cintra*),页 7—40。

缺点,因此他避免在这方面做任何尝试:"我一生都在刻意回避诗歌和诗人。"①戴雪把重点放在华兹华斯作品的政治内容上,称赞他是 1815 年至 1870 年间占主导地位的民族主义的先知,这令人钦佩。对戴雪而言,马志尼仍然是一位特殊的英雄,他对这位意大利人没有认识到华兹华斯是民族主义的早期先驱表示惊讶。② 第一部作品只对这一问题作了浅显的探讨,因为直到 1917 年,戴雪才发表他完整的思考。

　　《论华兹华斯的政治家气质》旨在两点:确立诗人作品的智慧,并表明他的政策为大不列颠提供了宝贵的经验教训。③ 戴雪希望,随着战争的延长和伤亡人数的增加,这本书可以提振萎靡的士气。出版前夕,他对该书的成功不抱多大希望,这是他对政治辩论以外的著作的惯常想法:"这不是一部令人满意的作品。令我惊讶的是,我发表了两三篇文章,它们实际上就构成了这本小册子,但当我试图把它们融合成一个整体时,却没有多大帮助,反而使我感到困惑。准备这本书的时候,我也累极了。虽然它确实是我做的一件很奇怪的工作,但它不是一件好的工作。我认为我唯一成功的地方,是避免任何评论华兹华斯诗歌的企图。"④戴雪很清楚,这个话题缺乏公众吸引力,尽管他认为,如果强调战争的根本问题,那么付出的努力是值得的。尽管如此,他总结道:"几乎不会因为我也许在这方面付出了很多努力而受到赞扬。"⑤

　　这本书的要点出现在最后一章,戴雪在这章中认为,大不列颠应该仿效华兹华斯一个世纪以前宣布的政策。尤其是,国家一定要表现出自律,尊重民族主义精神,拒绝接受任何不能带来彻底胜

---

①　戴雪致斯特雷奇书信,1915 年 4 月 11 日,《斯特雷奇书信集》。

②　戴雪致克罗默书信,1915 年 12 月 12 日,同上。

③　戴雪,《论华兹华斯的政治家气质》(*The Statesmanship of Wordsworth*),页 5。

④　戴雪致布赖斯书信,1917 年 3 月 27 日,《布赖斯书信集》。

⑤　同上,1917 年 4 月 8 日,同上。

利的和平。此外，她必须维护小国的民族独立，以抵抗德国的侵略。戴雪主张，[273]自拿破仑时代以来，这一活动已经成为不列颠外交政策的基石，因此它不应该在如此关键的时刻改变这一传统政策。尽管他尽了最大努力，这本书的影响的确很小。这本书的价格如此之高，以至于为了刺激销售，戴雪提出，如果成本可以减半，他将放弃他的版税。[①] 他太晚才意识到，如果把激励性的那一章单独出版成一本不贵的小册子，也许会成功。这一认识显然引导他把赌注押在将近 500 册的销量上，而不是 5000 册上。不幸的是，戴雪毫不费力地赢得了赌注。[②]

尽管这本书的销量令人失望，但戴雪还是从评论界的好评中获得了满足。看到这本书之后，他最初的悲观变成了真正的喜悦。戴雪得到了朋友们的赞扬："这是一件非常奇怪的事情，我猜想《论华兹华斯的政治家气质》永远不会报答克拉伦登出版社，对此我深表遗憾，这本书也不会再版，但它得到了朋友们的赞赏，以及这一主题本身的趣味，给了我比我之前写过的任何一本书都更多的快乐。"[③] 例如，布赖斯称这本书"引人注目"，将它推荐给劳伦斯·洛厄尔，因为它将华兹华斯的教导应用到了当前的战争中。[④] 另一个让戴雪非常满意的褒奖，来自伍德罗·威尔逊总统的一封短信，他是戴雪 1898 年美国之行结交的朋友，威尔逊在信中写道："收到这本书，我非常感激，因为它是我一位重要朋友的作品。"[⑤] 在戴雪的晚年，这些情感充分补偿了他的努力。虽然他正确地估计这本

---

① 戴雪致史密斯书信，1917 年 5 月 21，《手稿杂编》，贝利奥尔学院，自 1916 年至 1924 年，史密斯(A. L. Smith)任贝利奥尔学院院长。

② 查尔斯·阿曼爵士，《1873 年至 1919 年间万灵学院第二本赌注簿》，页 176。销量低于 1000 册。

③ 戴雪致布赖斯书信，1917 年 7 月 25 日，《布赖斯书信集》

④ 布赖斯致洛厄尔书信，1917 年 7 月 20 日，同上。

⑤ 伍德罗·威尔逊(Woodrow Wilson)致戴雪书信，1917 年 9 月 5 日，《手稿全编》，508(46)，格拉斯哥大学图书馆。

书不会赢得更多的声誉,但他仍然得出结论:"当一个人到了 82 岁时,他自然会觉得他出版的任何一本书都可能是他的最后一本。如果《论华兹华斯的政治家气质》占据了这个位置,作为一个作家和一个人我应该感到很满足。"①这些战时书籍的写作满足了他的责任感,让他觉得自己这样做是在[274]努力拯救"生命中所有值得拥有的东西"。② 无论他对战争的参与多么间接,都使得他在 1915 年初仔细地关注着战争的进展。

　　在他对战争的持续日常观察中,戴雪很快形成了可预见的观点。例如,从一开始,他就对阿斯奎斯进行了一连串的令人无地自容的辱骂,指责他的人格缺陷和在领导国家的工作中的错误。对阿斯奎斯的不信任根深蒂固,以至于戴雪经常警告说,他可能会为了个人政治利益而牺牲国家利益。1915 年联合政府的出现几乎没有减轻戴雪的怀疑。他认为,阿斯奎斯的政治过往对于他领导的坚定性产生了不利影响,因此他永远无法使联合政府取得成功。③ 1915 年底,战争风云让戴雪确信,大不列颠处于最严重的危险之中,其让国家面临的危险程度,唯有 1857 年印度兵变的短暂时期可以比拟。他比以往任何时候都更不愿意对阿斯奎斯宽容,对事件做出利于他的解释:"你也许会认为,我对阿斯奎斯的不信任是一种执迷。然而,这与他对内部自治的信念几乎没有直接关系……它的确意味着,我相信他会完全致力于政党管理的卑劣技巧。他作为管理者的技巧无疑是他成功的基础,很少有人会认为,对杰出才华的信心,可能而且往往毁掉比阿斯奎斯伟大得多的人,对他所领导的国民可能是一种极大的危险。"④

　　如果爱尔兰仍然是他在大不列颠所关注的最重要的问题,

---

① 戴雪致斯特雷奇书信,1917 年 6 月 17 日,《斯特雷奇书信集》。
② 同上,1915 年 12 月 13 日,同上。
③ 同上,1915 年 8 月 1 日,同上。
④ 同上,1915 年 12 月 17 日,同上。

那么英格兰内部最令人不安的方面就是工会在重要行业中的好战性,这危及到阶级和民族团结的精神。这一事态发展证明了他对 1906 年《劳资纠纷法》所作的猛烈抨击是正当的。戴雪以他一贯的不妥协方式争辩说,战争时期对罢工的最好解决办法是以叛国罪逮捕罢工者,因为只有这样的行动才能充分维护国家利益。[1] 工会主义者的忠诚已从其合法的目标——国家——转向工会。据他说,工会行使着贵族阶级的专制特权,而《贸易争端法》促进了这一可恶的进程。[275]既然政府拥有对抗工会权力的权力,那么对这一权力的首次运用就应该保护那些希望继续工作的罢工破坏者。[2] 如果国家想要避免工会无可容忍的胁迫,它就必须像法国那样扮演罢工破坏者的角色。[3] 这种对工会的专制态度源于戴雪的这个信念,一切考虑都必须服从于赢得战争。他发现,可能已经有其他机构取代了国家,成为他无法忍受的主要忠诚对象。如果英国要获胜,对国家的忠诚必须高于对阶级的忠诚。

1916 年,劳合·乔治解决了威尔士矿工的罢工问题之后,戴雪谴责了这项协定,因为矿工们再次把他们对工会的忠诚置于对国家的忠诚之上。于是,他写信给斯特雷奇:

> 随函附上关于处理办法之不良影响的备忘录
> (1)它给工会增加了巨大的力量。
> (2)由于担心威尔士矿工违法会对战争的进行造成致命的影响,工会已赢得了优势。
> (3)与 1906 年的《劳资纠纷法》相结合,它给惯于蔑视国家法律的机构增添了力量。

---

[1]　戴雪致斯特雷奇书信,1915 年 8 月 1 日,《斯特雷奇书信集》。
[2]　同上,1916 年 1 月 9 日,同上。
[3]　同上,1916 年 1 月 16 日,同上。

(4) 对工会的忠诚取代了对国家的忠诚。

(5) 这是对直接社会主义的直接推进。很快,人们就会有理由(或许也有充分理由)认为,国家安全所依赖的各种工作都必须交给国家——即国家官员——来做。

(6) 不久,它就会使如下情况成为不可能——即便不是法律上不可能,也是在道义上不可能:保护真正意义上的工作权利,即妇女按照自己与雇主公平达成的协议从事工作的权利。①

这些表达是典型戴雪式的:畏惧社会主义,渴望契约权利,追求国家统一高于一切,并热衷于他设想的法治。他将[276]工人把他们对工会的忠诚置于对国家的忠诚之上的倾向归因于这个事实,即他们从未遭受过德国式的入侵。每当工会目标与国家目标发生冲突时,工会主义者就会纵容自己的自私欲:"这是我们这个时代最可悲、最危险的特征。"②整个战争期间,工会问题一直困扰着戴雪。考文垂的一次罢工证实了"我长期以来的担忧,即工匠们的忠诚对象已从国家转向工会,我至少可以确定,对英格兰来说,联合王国的困难甚至比欧洲大陆的失败更危险"。③这种悲伤情绪的普遍存在,加强了他一有机会就抗议工会暴政的决心。

随着为胜利而牺牲一切的必要性增加,他参加了几次旨在培养国内参与意识的社会风纪运动。其中一个原因是试图在战争期间暂停比赛;而当局未能合作,使他痛批他们缺乏公共精神。④ 最

---

① 戴雪致斯特雷奇书信,1916年3月18日,《斯特雷奇书信集》。译注:前5项句尾没有标点,译文根据习惯加上句号。
② 同上,1916年12月24日,同上。
③ 戴雪致布赖斯书信,1917年12月2日,《布赖斯书信集》。
④ 戴雪致斯特雷奇书信,1915年3月21日,《斯特雷奇书信集》。

令他不安的是鼓励全面禁止饮酒的运动。戴雪赞成这一运动的目的,因为早在 1915 年,他就发誓要戒酒。但是,他不赞成通过法律来执行这项政策的努力。禁酒必须是完全自愿的,否则弊大于利。① "放下酒杯"运动可能会造成严重的社会分裂,因为工人阶级会把政府的强制措施视为阶级立法。戴雪非常害怕阶级对立,因此,他认为,当国家统一必须战胜其他目标时,是不能冒阶级对立的风险的。在这个立场上,戴雪从未动摇过。他批评这场运动只让把谷物做成面包,而不能做成啤酒,以免争议损及爱国主义。② 与往常一样,在社会问题上,他宁愿选择自愿主义,而不是政府强制。

到 1916 年,戴雪不再相信爱国主义促使人们对政府的战争方向保持沉默。对阿斯奎斯的批评,[277]从他作为党魁的个人缺陷转变为对其战争领导能力的不满。这最终导致了(对戴雪而言)引人注目的声明:尽管对劳合·乔治心存疑虑,但他更愿意选择让威尔士人担任由少数值得信任的自由党人和联合主义者组成的内阁的首脑。③ "等着瞧"预示着失败,所以他指责斯特雷奇在《旁观者》上撰文说阿斯奎斯对胜利是不可或缺的。④ 阿斯奎斯的辞职只会让大不列颠受益,因为他冷漠的风格阻止了进行侵略性的战争。1916 年末,在阿斯奎斯的职位被取代前夕,戴雪仍然坚持不断地猛烈批评,认为首相会把国家引向灭亡。⑤ 1916 年 12 月,劳合·乔治联合政府的上台,极大地改变了戴雪对最终胜利前景的看法。

1917 年初,戴雪认为英格兰的胜利比他预想的更近。这将他

---

① 戴雪致斯特雷奇书信,1915 年 4 月 4 日,《斯特雷奇书信集》。

② 同上,1917 年 2 月 4 日,同上。

③ 同上,1916 年 3 月 17 日,同上。

④ 同上,1916 年 4 月 17 日,同上。

⑤ 同上,1916 年 11 月 27 日,同上。

的注意力转移到了敌对状态结束之后的社会形态上："我很高兴地
看到了我们的军队表现出的高贵与自我牺牲精神，我对这个国家
最大的希望是，如果获得了持久的和平，那些在战争中当过士兵的
平民，无论军官，还是士兵，都会在和平之后产生重大的影响。"①
尽管这场战争很可怕，但它清楚地表明了一个事实："我们军队的
良好精神证明，和平的腐败可能远没有人们时常担心的那样严重，
而生活在我们身边的英雄比人们想象的要多得多。"②美国参战使
这种欢欣鼓舞的情绪更加高涨。美国的援助将使大西洋列强能够
击败最强大的大陆强国。听到这个消息，他几乎抑制不住自己的
热情，相信大不列颠现在必定会胜利。③ 对协约国最终会赢得战
争的所有怀疑都烟消云散了。

　　戴雪对战争的兴趣如此广泛，以至于他只发表了一篇有关战
争引起宪法变动的文章。该文分析了在劳合·乔治取代阿斯奎斯
出任首相后不久战时内阁的组建。④ [278]由于戴雪痛恨阿斯奎
斯的怠惰，所以自敌对状态一开始，他就游说成立这样一个新的宪
法机构："为了战争目的，组建一个小内阁，其中几位是专家，在加
上一个大部门，这是我的理想目标。"⑤这个较小团体的唯一职能
将是战争的有效进行。戴雪多次重复了这一建议，通常是在攻击
阿斯奎斯的时候提出的。1916 年初，他写道："恐怕我们真正需要
的是独裁的本质，也就是说，仅仅为了成功地进行战争而建立一个
小型内阁，甚至是小到足以使责任感成为现实。"⑥战时内阁一成
立，戴雪就祝贺博纳·劳成为阁员，他写到，他与米尔纳的加入确

①　戴雪致斯特雷奇书信，1917 年 1 月 30 日，《斯特雷奇书信集》。
②　戴雪致雅各布书信，1917 年 2 月 18 日，《工人学院藏手稿》。
③　戴雪致洛厄尔书信，1917 年 4 月 18 日，《洛厄尔书信集》。
④　戴雪，《作为宪法实验的英国新战时内阁》，页 781—791。
⑤　戴雪致斯特雷奇书信，1915 年 8 月 14 日，《斯特雷奇书信集》。
⑥　戴雪致布赖斯书信，1916 年 1 月 31 日，《布赖斯书信集》。

保了新的联合政府会本着民族精神行事。① 鉴于戴雪对战时内阁的期待,他称赞内阁实验将为政府注入活力也就不足为奇了。他唯一的保留意见是,这一创新可能对有关内阁的现有宪法惯例产生影响。保密和缺乏问责制并不是戴雪认可的原则,但就像许多其他战时的发展一样,权宜之计被证明是最有力的论据。最后,他希望英国政治家能够根据常识来对政府的关系作出必要的调整,以保持内阁制度的基本精神。

　　没有什么能够影响大不列颠的最后胜利。寄托了戴雪所有希望的这个结论,唤起了他很少表现出的快乐。冲突以胜利而结束,他怀疑自己能否活到足够长的时间来享受这场胜利,这场胜利证明过去 4 年的巨大牺牲是值得的:"对于这些令人惊叹的事情,人们几乎不知道说些什么。我认为,任何严肃的人唯一能够想到的话是'上帝保佑正义的胜利,保佑英格兰站在正义的一边,而且总体上带着冷静、勇气和荣誉而战'。[279]我想,每个人心里都一定会有这样的想法。从道德的角度来看,历史在伸张正义方面曾经是激动人心的。"②就目前而言,对胜利的满足感远远弥补了个人和国家所承受的痛苦;尽管对第一次世界大战有各种失望,但也无法抑制胜利的喜悦。戴雪一生中很少经历这样的时刻。

① 戴雪致博纳·劳书信,1916 年 12 月 14 日,《博纳·劳书信集》。
② 戴雪致布赖斯书信,1918 年 11 月 12 日,《布赖斯书信集》。相似的情绪,还见于戴雪致埃利奥特书信,1918 年 11 月 14 日,《埃利奥特书信集》;以及戴雪致克朗普夫人书信,1918 年 12 月 5 日,载雷特编,《回忆录》,页 263。

第十二章 最后时光:1918 年至 1922 年

[280]戴雪在生命的最后几年里,尽管身体状况不断恶化,但他的智力并没有下降。他的耳聋越来越成为一种障碍,以至于交谈——他生活中最大的乐趣——几乎是不可能的了。1919 年,他向布赖斯抱怨说,他几乎辨别不清楚别人的面孔了,而且除非是直接对他说话,否则他什么也听不见。[1] 老年生活的艰难,使他很少去万灵学院。当他身体允许而偶尔出现某些场合时,他也几乎不能参与任何谈话。在学院辩论中,他无法有效地介入进来,为他认为值得支持的观点辩护。结果是彻底的挫败。[2] 随着越来越多的朋友离世,个人的孤独感加重了这几年的痛苦。尤其令人痛心的是布赖斯于 1922 年初去世,对此,一位熟人写信给戴雪说:这"给我们两人留下了一个无法填补的空白"。[3] 戴雪的身体被迫不能活动,作为对这点的补偿,他一直对公共事务保持着他一生都表现出来的浓厚兴趣。由于他身体虚弱,他 1914 年前如潮水般的通信减少了,但并没有完全阻止他在必要时表达自己的观点。和往常一样,只要涉

---

① 戴雪致布赖斯书信,1919 年 6 月 17 日,《布赖斯书信集》。
② 戴雪致法勒女士书信,1920 年 11 月 5 日,载雷特编,《戴雪回忆录》,页 269。
③ 伊尔伯特致戴雪书信,1922 年 1 月 25 日,《手稿全编》,508(4),格拉斯哥大学图书馆。

及政治,这就意味着要不断关注爱尔兰的事态发展。

　　1919 年的大部分时间里,爱尔兰之不断升级的暴力事件几乎没有给他带来什么困扰。在那一年里,英格兰发生的事件占据了主导地位,和平会议、劳合·乔治联合政府的延续,以及和平时期的经济调整足以占据他的时间。他只有两次很激动,两次都是抗议[281]有关爱尔兰自治领地位的讨论。① 他认为,这种对爱尔兰问题的特殊解决方案一如既往地荒谬可笑,并引用了他自 1886 年以来一再重申的理由。这些信件是他写给《泰晤士报》的最后一批信函,结束了近 40 年的书信往来。在这段时间里,他经常以自己在政治问题上的直率立场为报纸增色。

　　1920 年,当爱尔兰的敌对状态急剧上升时,戴雪再次对联合的持久性感到担心。最令人不安的是,许多昔日的联合主义者在政府计划就爱尔兰政策达成妥协时进行了合作。这种对传统联合主义者抵制爱尔兰要求的修正,以及对 1886 年经过考验的原则的偏离,只会导致灾难。② 政府打算通过《1920 年爱尔兰政府法案》是完全错误的,因为它是英格兰必须强加于爱尔兰的一个让步,而爱尔兰几乎没有人愿意这么做。③ 戴雪补充说,这种政策可以满足爱尔兰人愿望的时代早已过去。然而,他反对政府的提议,并不是基于一个更现实的解决方案的必要性,而是基于一个顽固的信念,即 1886 年的联合主义仍然有效,爱尔兰仍可能成为联合王国中心满意足的合作伙伴:"英国议会坚定不移的决心,既要纠正实际存在的不满,如爱尔兰土地法的现状,又要断然拒绝以自治的方式来对《联合法》进行任何的修改,可能会维护甚至加强联合王国的统一。"④戴雪补

---

① 《泰晤士报》,1919 年 5 月 3 日和 7 月 15 日。
② 埃利奥特致戴雪书信,1920 年 2 月 6 日,《埃利奥特书信集》。
③ 约翰·维恩(John Venn)致戴雪书信,1920 年 3 月 29 日,《手稿全编》,508(29),格拉斯哥大学图书馆。
④ 戴雪致雷特书信,1920 年 4 月 7 日,载雷特编,《戴雪回忆录》,页 268。

充说，联合主义者在 1914 年以前就已经失败了，因为他们既没有减少爱尔兰在威斯敏斯特的代表人数，也没有把联合主义作为他们政策的基本前提。

自 1886 年以来，戴雪一无所得，亦一无所失。在给《旁观者》的一封信中，他坚持自己从内部自治争议一开始就宣传的路线。[1] 他从不承认联合主义者从一开始就强调爱尔兰的经济繁荣是错误的；[282]更不用说，戴雪在 1920 年还不明白爱尔兰的政治形势意味着不列颠政府不再掌握解决问题的主动权。

对保持 1886 年之简单性的坚持，使他对劳合·乔治的爱尔兰政策更加缺乏信心。戴雪已经对统一整个爱尔兰的任何宪法方案都感到绝望。他现在断言，大多数爱尔兰人都是新芬党人，或者至少是由那些认为暗杀是叛乱的一种合法形式的人所统治。将一种无法接受的解决办法强加于爱尔兰人，将会重复原来皮特在推行《联合法》时所犯的错误，而且借口还要少得多。因此，戴雪主张废除 1914 年自治法，撤销政府 1920 年发起的自治法案，并"通过联合王国的力量以坚定而有序的方式"治理爱尔兰。[2] 除了这一点外，他没有别的选择。如果英国的强迫失败，那么戴雪就会考虑另一个创新：

> 我有时想——但这一梦想太疯狂——如果要进行一场规模宏大的宪法实验，由且只由大不列颠保障的爱尔兰独立，也许是最不危险的疯狂计划。我是这样想的，并在 1887 年表达了我的想法，在某一方面，我是对的。可以想象，这样一个大不列颠可能会保护自己免受敌意的危险：拥有炮艇、拥有一个爱尔兰不派任何成员参加的议会，并且公开奉行任何干涉爱尔兰政府的外国势力都会遭到大不列颠反对的政策。[3]

---

① 《旁观者》，1920 年 3 月 27 日。
② 戴雪致斯特雷奇书信，1920 年 9 月 14 日，《斯特雷奇书信集》。
③ 同上。

戴雪的这种想法仍然如往常一样:疯狂。他在爱尔兰事务上投入了太多的精力,以至于无法放弃30多年前形成的准则。

戴雪一如既往地坚持认为,如果要保佑爱尔兰的和平与繁荣,就必须平等地使用法律。必须对爱尔兰叛乱者实施法治;因此,他强烈反对释放绝食抗议的科克市长特伦斯·麦克斯温利(他最终死于狱中),并[283]谴责阿斯奎斯释放麦克斯温利的建议。同时,他坚持法治也必须适用于军队和爱尔兰皇家警察。鉴于叛乱分子的挑衅,报复性暴行是可以理解的,但是罪犯必须受到严厉的惩罚。他尤其谴责"那些负有维持法治特殊职责的人进行不法报复"。① 只有贝尔福在爱尔兰平等地执行着法律,而且只有贝尔福在管理爱尔兰事务时才提高了他的声望。戴雪谴责与新芬党的谈判,理由是这将默认,为了一项政治目标实施谋杀,只不过是公开的叛乱,而不是犯罪。② 英国法是否允许把政治动机作为一项刑法原则而为谋杀辩护? 爱尔兰的暴力氛围没有改变他的预设。

当战争终于在1921年结束时,德瓦莱拉(de Valera)与政府之间的休战使戴雪充满了恐惧:"这难道不是对愤怒和谋杀支持的所谓叛乱的实际宽恕吗?"③在英格兰,这种影响将会是灾难性的,因为在爱尔兰可接受的行为在国内怎么会被当作谋杀来惩罚呢? 他认为《1920年爱尔兰法》不会比1914年的法案更成功。在要求独立的民族主义者与不会承认独立的联合政府领导人之间,不会有令人满意的妥协。戴雪认为,以军力强行维护联合是唯一的选择。正如阿瑟·埃利奥特写给戴雪的信中所说:"我们必须下定决心,以军事占领都柏林、科克、利默里克和另外一两个中心:驱散任何可能占领战场的大规模敌对势力。"④戴雪赞成这一建议,认为这

---

① 同上,1920年9月24日,同上。
② 同上,1920年12月7日,同上。
③ 同上,1921年7月11日,同上。
④ 埃利奥特致戴雪书信,1921年12月2日,《埃利奥特书信集》。

一行动不会使两国之间本已糟糕的感情状况进一步恶化。他唯一感到遗憾的是,联合政府中的那些联合主义者,如贝尔福,在爱尔兰局势的恶化中发挥了作用,他们本来绝不应该相信劳合·乔治的。[①] 如今,戴雪带着重新燃起的热情,严厉斥责劳合·乔治,因为他声称作为领导人赢得战争的胜利,早已对戴雪失去了魔力。[284]他从来没有理解,首相是如何能够蛊惑坚定的联合主义者追随他的爱尔兰政策的。

戴雪关于爱尔兰问题的最后一次详细阐述是在 1921 年 12 月,此时离他去世不到 4 个月:

> 你会很容易相信,在英格兰发生的事情让我感到绝望。我希望我高估了没有尊严或者实际上是慷慨的投降可能给英格兰或者更确切地说给大不列颠造成的毁灭,以及不是通过内战而是有组织的谋杀而取得胜利给爱尔兰造成的毁灭……对这些事件作一个完全公正的描述,细谈任何政府都无法预料的战争影响,以及英格兰乃至全世界公众舆论的变化,这是正确的,是在接受失败的过程中的一种缓和因素;这些事件导致了所谓的"条约",这实际上是那些以联合主义者而闻名的人对内部自治的最终屈服……你至少会理解目前的情况给我带来的可怕的道德与政治上的沮丧。如果你想衡量这种感觉的程度,可以比较一下英格兰在下列情况下的失败与妥协:与美国代表缔结一个真正的条约,以及在不通过内战而是有组织的谋杀政策在国外取得胜利而在国内遭受失败之后屈服于新芬党人。总而言之,在我看来,在后一种情况下,英格兰已经堕落,爱尔兰也已经腐化。[②]

---

① 戴雪致斯特雷奇书信,1922 年 3 月 10 日,《斯特雷奇书信集》。
② 戴雪致霍姆斯书信,1921 年 12 月 19 日,《霍姆斯书信集》。

在这种世界末日的心态下,戴雪演完了他对爱尔兰的关注的最后一幕。

在最后几个月里,戴雪一直关注《爱尔兰自由邦法案》,他只赞成其中一个条款:除非北爱尔兰和南爱尔兰的议会通过一部完全一致的法案,否则乌尔斯特不能被置于一个共同议会的主权之下。戴雪绝不会对任何爱尔兰问题自满,所以他劝告斯特雷奇:"我一直担心现任政府会利用法案中的缺陷或错误,剥夺[285]北爱尔兰议会将乌尔斯特排除在法案之外的权利。"①戴雪作为最后一个伟大的联合主义辩论家的声誉,促使卡森请求他撰写一篇有关爱尔兰的文章。这位联合主义的资深前辈通过斯特雷奇回复道:"你能不能让他知道,尽管从我的年龄和健康状况来看,我感觉我不能就爱尔兰事务写出值得发表的东西,但是我仍然是一个不折不扣的绝不改宗的 1886 年至 1887 年的联合主义者。"②这一次,他重申了他有关乌尔斯特脱离都柏林保持独立的保障措施的警告。这个潜在的问题使他感到极为不安,因为在离他去世仅 11 天的时候,他在关于爱尔兰局势的最后一封信件中,再次建议斯特雷奇:"我一直有一种怀疑,这种怀疑几乎令人难以接受,即劳合·乔治或者政府有意以某种意想不到的方式把问题混为一谈:是整个爱尔兰人,还是大部分爱尔兰人,在乌尔斯特没有如下机会的情况下,就不会把这个岛屿的每一个部分都当作一个自由邦来接受——脱离其一向拒绝加入的这个自由邦。"③直到最后,爱尔兰仍是他最关心的问题。

"绝不改宗的 1886 年至 1887 年的联合主义者"——很少有人的自我描述听起来如此真实。从爱尔兰自治争议开始到结束,

---

① 戴雪致斯特雷奇书信,1922 年 3 月 17 日,《斯特雷奇书信集》
② 同上,1922 年 3 月 22 日,同上。
③ 同上,1922 年 3 月 27 日,同上。

戴雪坚决反对威胁大不列颠宝贵统一的每一种改变。在这一持久问题结束之前,尤其是在一个使他所珍视的一切遭到永久破坏的解决办法出现之前,他就去世了,这完全是适宜的。戴雪夫人在叙述丈夫最后几年的生活时写道:"我能感到欣慰的是,他没有继续生活在这样一种状态之下:体力日趋衰减,很可能受到世界尤其是爱尔兰越来越大的烦扰。在最后的几年里,他克制住了自己,没有为出版写过任何有关爱尔兰的文章,觉得自己没有能力出版这些文章和法律书籍,以及此前别的帮助他避免过多地思考战争及其后果的东西。"① 从 1886 年起,"爱尔兰高于一切"这个主题,就一直主宰着戴雪的生活。死亡使他从支配他后半生的那种痴迷中解脱出来。

[286]如果上面的描述还不足以让人相信爱尔兰主宰了戴雪的生活,那么另一段经历就应该能证明这一点。1920 年,戴雪两次拒绝授予荣誉。他的理由是经过仔细考虑的,正如他在回复布赖斯关于他是否被任命为枢密院成员身份的问题时所解释的那样:

> 从未有任何政府,或在任何场合,授予我枢密院席位。因此,我事实上从未拒绝过这一提议。但是,如果有这个提议,我也一定会拒绝,因为我现在已经两次拒绝授予骑士身份。现在之所以拒绝这些头衔,我有两个理由:第一,在快 86 岁的时候,我对任何一种头衔都不感兴趣,即使是那种在内部自治斗争期间(比如 25 或 30 年前)我非常乐于接受的头衔也一样。第二个理由是,在我竭尽所能、全心全意为之奋斗的政策最终失败的时刻,在我看来,现在似乎不是接受任何头衔的恰当时机。②

---

① 戴雪夫人致霍姆斯书信,1922 年 9 月 14 日,《霍姆斯书信集》。
② 戴雪致布赖斯书信,1921 年 1 月 6 日,《布赖斯书信集》。

　　很明显,从这一叙述中,戴雪从不认为他的宪法学识值得被授予骑士身份这样的认可。他主要从政治角度来衡量自己一生的成就,唯一的标准就是捍卫联合。对他来说,生活中其他方面都没有如此重要。因此,当联合最终在戴雪无法理解的力量冲击下瓦解的时候,就只剩下一种无处不在的失败感,他对荣誉的拒绝就是标志。

　　他的两个亲密好友,联合主义埃利奥特和内部自治者布赖斯,称赞他行动充满诚意。埃利奥特赞赏他的态度:"从1886年至今,你一直在与《自治法》的原则进行着如此伟大而坚定的斗争;在通过这类法案之际,从通过它的大臣们手中得到他们所谓的政治荣誉,是一件很难的事。"①埃利奥特对戴雪的决定感到高兴,对他在这个过程中使用的论据和语言尤为称赞。布赖斯安慰戴雪说,联合主义政治家[287]从来没有向他提供过枢密院席位,是因为他们从来没有意识到戴雪反对内部自治的理由有多么充分。② 联合主义者从未欣赏过他的宪法推理的复杂巧妙。他的两个朋友都没有指出,戴雪很少提出实用的、政治上有效的武器来反对内部自治。他用超然的宪法学者的语言进行论辩,却没有理解爱尔兰问题的情感内容。戴雪曾试图将宪法专业知识与政治抱负结合起来,但这种结合并未奏效。政治家们很少对他的严肃逻辑作出反应。由于这个原因,尽管他付出了极大努力,他仍然没有获得他在政界所寻求的影响力。他想要在宪法学界和实际政治领域都享有声誉,但只在前者中赢得了声望。

　　尽管爱尔兰在战后几年里仍是主要的外部问题,但国内的劳工骚乱仍令戴雪感到苦恼。戴雪认为,劳工不满的根源在于两三个强烈的信念,它们是半真半假的陈述与有害幻想的奇怪混合物:

---

① 埃利奥特致戴雪书信,1920年12月29日,《埃利奥特书信集》。
② 布赖斯致戴雪书信,1921年1月21日,《布赖斯书信集》。

"部分事实是,人生之初,机遇是非常不平等的,不仅财富不一样,而且更糟的是,福利也不一样。有一种感觉——它本身并非没有道理——是建立在这个部分事实的基础上的,那就是,在减少这种不平等方面,英国自由党人迄今所做的努力还远远不够。"①正是这种无知的观点支持了社会主义和布尔什维克主义情绪在全国范围内的危险上升。他强烈谴责整个 1919 年破坏生产的罢工运动。例如,关于煤矿工人的罢工,他坚持认为,这种对国家如此有害的行动实际上是叛国行为,应该作为犯罪予以惩罚:"它是一个特定阶级要求拥有并使用,以迫使国家服从它的意愿,并且超出了任何其他阶级的权力的一种权力。"②戴雪并非对引起骚乱的条件漠不关心,而是同意柏克的立场。他经常引用柏克的话说,就像 1797 年诺尔兵变一样,矿工必须停止罢工,才能对他们的不满进行任何调查。当劳工问题持续存在时,戴雪对政客们的懦弱表示愤慨,[288]他们没有对工人阶级进行惩罚,并予以适当约束。

当劳合·乔治在 1920 年解决了矿工罢工之后,戴雪认为首相屈服于工会的要求,从而开启了革命规则。③ 这一即将发生国家灾难的严重警告,必须放在这个背景下来理解:工党内部革命意识形态失败,致力于议会策略和选举说服的领导层占据主导地位。④戴雪对这些发展毫无察觉。他比以往任何时候都更加孤立,并以早期的说法来分析劳工问题,他利用自己剩余的力量攻击潜藏于英格兰各地的社会主义幽灵。

1921 年,在阅读 J. L. 哈蒙德和芭芭拉·哈蒙德的著作时,戴雪所崇敬的英格兰出现了一种新的、潜在的威胁;他既被他们著作

---

① 戴雪致布赖斯书信,1918 年 11 月 13 日,同上。
② 戴雪致斯特雷奇书信,1919 年 3 月 10 日,《斯特雷奇书信集》。
③ 戴雪致法勒女士书信,1920 年 11 月 5 日,载雷特编,《戴雪回忆录》,页 277。
④ 莫里斯·考林(Maurice Cowling),《工人阶级的影响:1920 年至 1924 年》(*The Impact of Labour* 1920—1924),页 40。

的风格所吸引,也被其风格所激怒。① 他发现,有一点值得注意,
那就是,他们"平静地认为,一切错误都是人类不公正的结果,边
沁、亚当·史密斯,以及他们所有的学生和后代,都被推定为是作
恶者"。② 对他年轻时的英雄的这种批评,他是不能不回应的。例
如,他为圈地运动进行了辩护,指出圈地运动改善了耕作,而促进
了国家利益的圈地支持者从未意识到强加于平民的负担。戴雪不
愿承认,这个国家的总财富可以在不造福普通公民的情况下急剧
增加:"我不得不认为,不管自由贸易有什么缺陷,但至少可以说,
它确实在 1850 年至 1870 年间的英格兰,在减轻大量工薪阶层的
负担方面非常有效。"③就像他的许多其他信念一样,不允许质疑
他的假设,唯恐他所要求的知识确信在这个过程中被摧毁。由于
他们与他年轻时的记忆相矛盾,并且谴责他所敬佩的那一代人,所
以戴雪无法无视[289]哈蒙德夫妇。有一次,他以他们为例,说明
布尔什维克主义思想在大不列颠的渗透程度。哈蒙德夫妇本欲客
观写作,但他社会主义的错误想法破坏了这一尝试。④ 他们对英
国历史的解释暴露了"他们相信布尔什维克主义者的幻想"。⑤ 哈
蒙德夫妇的态度象征着他为国家未来所担心的一切。

　　像爱尔兰问题一样,劳工问题最终变得极其难以讨论。戴雪
为工人所获得的政治权力感到遗憾,因为布尔什维克主义学说在
选民中获得了比他迄今所怀疑的更大的影响力。最有害的布尔什
维克主义思想主张,投票加上暴力在实现工人阶级目标方面是合
乎道德的。英格兰的现代社会主义破坏了对国民意志的敬畏,对

---

① 戴雪从未明确说明哪一部著作或者哪些著作激起了他的愤怒,但很可能包括:《乡
　　村工人》(*The Village Labourer*,1911),《城镇工人》(*The Town Labourer*,1917),
　　《熟练工人》(*The Skilled Labourer*,1919)。
② 戴雪致布赖斯书信,1921 年 5 月 21 日,《布赖斯书信集》。
③ 同上。
④ 戴雪致斯特雷奇书信,1921 年 7 月 11 日,《斯特雷奇书信集》。
⑤ 同上,1921 年 7 月 14 日,同上。

法律的尊重，以及平等政治权利的实现，而这些本应成为民主的显著特征。戴雪亲眼目睹了他最珍视的价值观遭到摧毁；唯有对写作的执着支撑着他度过了战后的艰难岁月。

戴雪与罗伯特·S. 雷特合作出版的最后一本书《关于英格兰与苏格兰联合的思考》，在他 85 岁那年出版，这证明了他持久的思想活力。① 以前，戴雪对 1707 年联合的兴趣集中在它作为英爱联合的典范这一作用上。英苏联合在团结两国家方面运行得非常好，以至于戴雪经常引用它来支持自己的论点，即英爱联合也会带来类似的好处。直到 1906 年，在阅读了雷特所著的《两个王国联合之前的苏格兰议会》之后，戴雪才对英苏联合本身产生了兴趣。那时，他就下定决心，最终要出版一些关于这一主题的东西，因为他已经牢牢记住了有关 1707 年联合的结论："辉格党人的政治技艺比我记忆中的任何一项议会政策都要有力和娴熟得多。"②第二年，他与当时在牛津大学新学院的雷特制定了计划，[290]合作写一本有关英苏联合的书。③ 这些计划在接下来的几年里被搁置了，爱德华七世时期英格兰的政治争议几乎占据了他所有的注意力。

第一次世界大战的开始，为戴雪提供了重返苏格兰问题所必需的空闲时间。在战时的牛津大学，他就这一主题发表了演讲，他收集到的信息越多，"就越发钦佩不列颠政治家在治理本岛两地区方面的智慧"。④ 他向一位朋友描述了这一过程："我正试图向一个主要由女士组成的阶层阐释苏格兰议会的性质及其与《联合法》的关系，《联合法》是不列颠政治家最重要、也是最崇高的壮举。"⑤

---

① 戴雪和罗伯特·S. 雷特：《关于英格兰与苏格兰联合的思考》。
② 戴雪致布赖斯书信，1906 年 3 月 18 日，《布赖斯书信集》。
③ 同上，1907 年 7 月 30 日，同上。
④ 戴雪致雷特书信，1915 年 4 月 16 日，载雷特编，《戴雪回忆录》，页 237。
⑤ 戴雪致雅各布书信，1915 年 12 月 26 日，《工人学院藏手稿》。

与戴雪的历史著述一样,这些判断早于其表面上所依据的研究。《关于英格兰与苏格兰联合的思考》运用的手法——概括陈述,然后解释并阐述——与法律著作中使用的技巧非常相似,即把一个复杂的主题简化为几个一般性的原则。这种简化方法在法学研究中非常有效,但在这本历史著作中却证明不太成功。

《关于英格兰与苏格兰联合的思考》中使用的方法很适合戴雪,因为"我的目标一直是把已经承认的事实,或者至少是我觉得没有合理怀疑的事实很好地归纳出来"。① 每当他需要就苏格兰历史上的具体问题征求专家意见时,他都会请雷特或布赖斯提供相关信息。他经常在布赖斯身上验证他的假设,例如,他在向老朋友提到,1690 年后,苏格兰长老会全会和苏格兰议会实行政教分离的原则,每个机构在其各自的领域内都是至高无上的。1707 年的联合很容易就通过了,因为两个机构对它的必要性达成了一致,从而确保了在这个问题上几近一致的观点。② 戴雪在 1917 年发表了他的初步看法,这是他发表在专业历史期刊上的唯一一篇文章。③ 考虑到他的评论,这种不情愿并不奇怪[291]:"苏格兰最枯燥无味的期刊《苏格兰历史评论》中,含有我认为自己写过的最乏味的一篇文章。但我仍将其视为一项很好的研究。"④这篇文章中的大部分论证,都随后出现在书的第二章之中。

《关于英格兰与苏格兰联合的思考》没有经受住时间的考验。戴雪决心证明联合是政治家才能的胜利,同时忽视谈判中较为丑恶的方面,这一决心并没有给后来的历史学家留下深刻印象。戴雪发现,联合的主要荣耀在于建立了一个新的单一制国家,而没有

---

① 戴雪致布赖斯书信,1916 年 6 月 14 日,《布赖斯书信集》。

② 同上,1916 年 9 月 27 日,同上。

③ 戴雪,《关于 1690 年宪法下苏格兰长老会全会的思考(1690 年至 1707 年)》(Thoughts on the General Assembly of the Church of Scotland under the Constitution of 1690,1690—1707),页 197—215。

④ 戴雪致布赖斯书信,1917 年 4 月 8 日,《布赖斯书信集》。

破坏英格兰或苏格兰的身份。这支撑了他一生的信念,即民族主义(nationalism)在更大政治单位的创建中得到了最好的体现,而民族独立(nationality)的精神则造成不和,并导致较大国家的分裂。英格兰与苏格兰的联合是民族主义中他所珍视的一切的原型。1707 年的联合代表了戴雪毕生追求的民族统一和共同爱国主义。为了增强其自身信念的需要,历史的准确性再次被牺牲了。

在一篇关于戴雪的文章中,汉伯里评论说,戴雪与雷特各自对这本书的贡献大小无法确定。① 戴雪在他的私人信件中对工作分工提供了充分的证据:"我想我和雷特一定都为这本书作出了很大的贡献,如果我们各自独立工作的话,即便能把这些工作完成,也将遇到大量额外的麻烦。"②戴雪提供了原则,而雷特则提供了苏格兰史实来支撑这些"思考"。正如戴雪所表述的:"我自然主要从宪法的角度来研究这个问题,因为这是我们法律的一部分;我是在一个非常好的辉格党圈子里长大的,所以我从年轻时起就一直在不知不觉地接受法律教育。"③戴雪承认缺乏研究,书中也没什么原创性,但他认为这种合作关系"让一些毋庸置疑的事实在不太感兴趣的公众面前变得显而易见。"④两人的合作产生了"两个友好的伙伴从未像现在这样真正参与"的一本书。⑤ [292]这本书的组织结构、大部分写作和主要结论可能都归功于戴雪,尽管雷特提供了支撑这些论断的历史证据。

《论冲突法》第三版的编写证明是他一生中最后一次巨大的智识努力。在这一努力中,他得到了基思(A. B. Keith)的帮助。这次修订所需的努力严重耗费了他的体力,因为这意味着他要不

---

① 汉伯里,《瓦伊纳教席与法律教育》,页 162。
② 戴雪致布赖斯书信,1920 年 3 月 25 日,《布赖斯书信集》。
③ 戴雪致霍姆斯书信,1921 年 12 月 19 日,《霍姆斯书信集》。
④ 戴雪致布赖斯书信,1920 年 11 月 11 日,《布赖斯书信集》。
⑤ 同上。

断地与在爱丁堡的基思通信,随之而来的是这种情况所造成的身体状况的恶化。戴雪坚持这种不方便的安排,以便一个训练有素的学者就可以在他死后完成这项任务。戴雪夫人这样描述她丈夫最后的日子:"我很清楚,我们优秀的医生也很清楚,叫他完全停止工作,不仅无济于事,还会把情形变得更糟,而且,每一个有判断力的人都说,他的工作没有表现出任何体力衰减的迹象。他满意地看到这本书出版了;在他体力衰退的 3 天前拿到了书;一个星期之后,他就去世了,没有遭受任何巨大的痛苦。尽管很不幸,在过去的几年里,我无能为力,但在最后一个星期,我有时还是能够和他在一起。"①直到他完成了这最后一部作品,而不是在完成之前,戴雪才安详地去世,享年 87 岁。对手头工作的投入一直持续到最后,因为他没有留下任何未完成的学术工作。他始终遵守自己的职业道德。

---

① 　戴雪夫人致霍姆斯书信,1922 年 9 月 14 日,《霍姆斯书信集》。

第十三章 结 论

[293]归根结底,戴雪的声誉应该建立在哪些成就之上? 在他作为一名法学家的贡献中,他为自己在英国法律史上开辟了一个极其突出的位置。哈罗德·拉斯基写到,戴雪是"自梅特兰以来英国法学中最重要的人物",作为牛津大学的教授,他在外界的影响力超过了自 T. H. 格林以来的任何一位教师。① 詹姆斯·布赖斯认为,戴雪法律作品的最大特点,是"以高度清晰的语言和具有说服力的文字揭示出某些要点时所具有的力量……你的方法简单,因而更好"。布赖斯把他的朋友与伟大的布莱克斯通进行比较,"因为他有能力把法律与缪斯相结合。没有哪几本别的法律著作能像你的那样让人愉快地阅读"。② 当阿瑟·埃利奥特向戴雪叙述他与霍尔丹法官的一次谈话时,另外一种褒奖出现了,霍尔丹法官说:"'戴雪是我们最大的法律头脑',这句出自前大法官的话值得记住。"③这种对他法律生涯的称赞很容易就会成倍增加,因为他在自己的一生中主导了宪法研究。可是,他在法律学术中的成就没有实现他的抱负;法律并不是他生活的全部。所以,当戴雪回

---

① 拉斯基,《戴雪讣告》,页77。
② 布赖斯致戴雪书信,1917年12月4日,《布赖斯书信集》。
③ 埃利奥特致戴雪书信,1917年8月5日,《埃利奥特书信集》。

顾自己的职业生涯时——在别人看来,这一定令人印象深刻——他认为,自己没有达到为自己设定的高标准。这反过来又导致了一种持续的自我贬低——生活表面上如此成功,这着实令人惊讶。

戴雪衡量生活成功的标准,是一个人对其年轻时设定目标的实现程度。[①] 因为他曾一度渴望从事司法或政治工作,而在[294]他自己的心目中,他只是勉强接受教授的生活,所以,尽管有许多成功的例子,但戴雪从未克服其内心深处的失望。具有这种挫败感的一个主要原因在于,戴雪认为自己获得的这种声誉来得太晚而无法享受。1896年,他写道:"总的来说,我的一生是非常幸运的。然而,我总觉得,有一件不幸的事——补充一句,很明显,它既取决于性格、或者坦率地说取决于自然缺陷,也取决于运气,那就是一切都来得太晚了……你可以很容易地描绘出我一直以来的样子;毫无疑问,现在应该是到最后的时候了。就我个人而言,即使作为一个个人问题,这件事也不会对我产生任何重大的个人影响。"[②]最明显的例子是戴雪在1886年后参与内部自治争议;重大政治机遇的来临是在他50多岁并已投身于瓦伊纳教职之后。他以一种自传体风格提到了这种失败感:

> 我确实相信,在那些没有经历悲惨和遭受不幸的人之中,沉溺于失望感对幸福的削弱比任何其他原因都多。事情的微妙之处在于,任何一个人,如果不能大大高于或大大低于人类本性的正常水平,就很难不感到生活确实令人失望。一个人的幸福,还必须加上真正的美德,几乎总是低于其合理希望或期待,因此失望在某种意义上常常是情有可原的。
>
> 但另一方面,我相信,很少有什么不幸的根源可以通过常

---

① 戴雪致布赖斯书信,1918年4月8日,《布赖斯书信集》。
② 同上,1896年3月9日,同上。

常所谓"一点哲学"在极大程度上得到治愈,我认为所谓"一点哲学"实际上是指,运用理智和思想来衡量与你个人感受有关的事情。很少有这样的思考会告诉你,在大多数人的生活中,伤害过你的敌人,或者阻挠一个人为实现某个预期目标而付出努力的敌人是很少的。显而易见的事实是,大多数人从事物的本质来说,对自己的幸福是漠不关心的,但也并非怀有敌意。友谊肯定和宿怨一样普遍——我个人认为比宿怨普遍得多……

[295]在许多事情上,我失败了,就像其他所有人都在实现我最渴望的目标上失败一样。但是,我乐于认为,我不能将此归结于任何人的敌意。①

友谊可以部分缓解职业上的失意,但戴雪不给自己任何借口,这种空虚感仍然存在。在他生命的尽头,他写道:"我所能要求我的朋友们做的,就是想到处于最好状态的我,并且认为我甚至比他们都更清楚地知道,我在多大程度上没有成为我本来可能成为的那种人。"②尽管戴雪受害于他适用于自身的高标准,但是其他更具体的因素也发挥了作用。

最大的挫折来自于反对内部自治的长期斗争,戴雪为此付出了不成比例的时间和努力。再小的联合主义者会议上,他也能进行讲演;对他来说,爱尔兰事务的每一个方面都是重要的,都可以作为整个爱尔兰问题的一部分来分析。然而,到了 1900 年,他承认:"我担心,我自己为一件本身有争议的工作投入了过多不值得的精力。"③因过于情绪化地参与其中,故不能听从自己的判断,戴

---

① 同上,1917 年 1 月 31 日,同上。
② 戴雪致利奇菲尔德夫人书信,1920 年(未注明日期),载雷特编,《戴雪回忆录》,页274。
③ 戴雪致戈德金书信,1900 年 6 月 26 日,《戈德金书信集》。

雪认为政治如此令人兴奋,因此无法从他全神贯注的政治中解脱出来。后来,他承认"反对内部自治的书明显没有实现它们的目标",这证明他在 1900 年提出的最初告诫都是完全正确的。① 爱尔兰问题突出了他自年轻时就赞赏的政治思想的失败。例如,他曾希望民族主义的救赎精神能够带来一个和平的欧洲共同体,但在爱尔兰,这种精神却摧毁了他的梦想。岁月的流逝已经把民族主义扭曲成一种战争、革命和民族仇恨的意识形态。最终,他心中弥漫着这种幻灭感:"几乎没有一场运动能激起 19 世纪最杰出人物的热情,甚至包括黑人奴隶制的废除在内——至少可以说,废奴运动没有让他们的希望落空。"②投身于政治信仰,却得不到报答;对他所效忠的政治事务,[296]尤其对内部自治的悲观情绪,在他晚年给他带来了沉重的打击,深刻地影响了他对自己所取得的成功的看法。

此外,戴雪经常就他对大不列颠未来的担忧发表意见。他内心确信的维多利亚中期价值观,在 20 世纪日渐受到冲击。1914年,戴雪写道:"我似乎活到了另一个时代,它有着新的信念标准,尽管我不知道它们是什么。"③与新世纪的脱离使他比以往任何时候都更依赖于年轻时的理想来减少年迈所带来的失望。例如,在克罗默勋爵去世时,戴雪写道:"显而易见的事实是,我现在生活的时代和世界,不同于我所出生并接受教育的那个时代和世界。"④在他去世的前一年,他又重新回到了这一主题:"请记住,我所说的话,无论对错,是一个属于过去而不是现在的维多利亚时代老人的话。"⑤戴雪坚定不移地信奉其年轻时代的价值观,他越来越与世

① 　戴雪致斯特雷奇书信,1915 年 2 月 22 日,《斯特雷奇书信集》。
② 　戴雪致布赖斯书信,1921 年 10 月 16 日,《布赖斯书信集》。
③ 　同上,1914 年 1 月 11 日,同上。
④ 　戴雪致斯特雷奇书信,1917 年 1 月 30 日,《斯特雷奇书信集》
⑤ 　同上,1921 年 7 月 14 日,同上。

界格格不入,世界发生了变化,而他却没有。在一个他无法理解的时代,他不可避免地感到孤独。

这种孤独的一个方面,是戴雪意识到社会对宪法理论研究普遍不够重视,而他的学术生涯正是在这个领域中度过的。青年戴雪曾经眼中的一项重要事业,就其本身而言,其声望在他的一生中急剧下降。到 1900 年,他还可以给霍姆斯写信:"我有时很怀疑,在当今世界,法律研究和法律本身是否还保留它在其他时代所具有的吸引力或重要性。"[①]戴雪发现自己在一个公众不太欣赏的领域中成为了一个较重要的人物,这种情况不值得羡慕。他感到遗憾的不是最初的决定,而是由于环境的变化而缺乏个人满足感。还有一次,他写道:"不过,我认为,在特定的时期,人们总是有充分的理由偏爱某些特定的精神或道德活动领域。依我看,包括法律、立法、法理学等等在内的逻辑科学,似乎已经失去了对世界的影响力。"[②][297]这些反思加深了失败的情绪,这是他崇高的宪法声望所无法缓解的。

另一个打击来自于他的学术著作写作所需的艰苦个人劳动,以及对他的法律和宪法著作之兴趣的下降。在戴雪的一生中,他一直以善于与人交谈而闻名,这使得他的朋友们认为,他书中的清晰表达同样容易。但事实并非如此。正如他自己所写:"事实上,对我来说,各种写作都是困难而费力的;在一个人们使用舌头而不是笔杆的世界里,我应该做得更好。"[③]他在写作中面临的主要障碍是缺乏"一种谈话中所不需要的简练和精确,至少说,谈话中缺乏它们在很大程度上不易被察觉,而这些品质并不是我天生的"。[④] 戴雪努力把学术做到最好,对于其研究成果,他会反复进行讲授或讲演,认为值得出版时才出版。结果就是,从构思到完成一项计划之间的时

---

① 戴雪致霍姆斯书信,1900 年 4 月 3 日,《霍姆斯书信集》。
② 戴雪致布赖斯书信,1910 年 3 月 19 日,《布赖斯书信集》。
③ 戴雪致埃利奥特书信,1899 年 11 月 6 日,《埃利奥特书信集》。
④ 戴雪致雅各布书信,1917 年 12 月 22 日,《工人学院藏手稿》。

间很长,有很长一段时间。正如他所说:"事实是,我的工作效率很低,对于任何工作,我在完成它之前要思考、或者更确切地说是想象很多年。人们没有意识到这一点,因为我所快速做的唯一一件事情就是交谈,每个人包括我自己都知道,我说话实在太快了。"[1]戴雪觉得自己把越来越多的精力花在重要性日益降低的话题上,这种感觉在他对自己教授工作缺乏自信中起到了一定作用。

对于他的论战著作,戴雪则没有这样的怀疑。将他的政治著作与宪法著作进行对比是有启发的:学术著作花了数年时间才萌芽,但他的论战著作却在数月后问世。他从来没有怀疑过他的政治结论,但是,即便在他的声誉已经确立起来之后,他还是经常为其宪法理论感到担忧;而且他认为政治著作比法律论文更有影响力。他自己对其影响的判断与后人对他的评价不一致。他的宪法著述一直是他声誉的来源,但戴雪从未意识到这一事实。许多观察人士所评价的戴雪谦逊,[298]适用于他的学术著作,而不是他的政治哲学。对他著作的信赖并非没有根据,只是寄托在了一个不正确的对象上。

戴雪对自己的成功评价很低,他最终认识到,他所珍视的从复杂的法律材料中概括出基本原则的方法,归根到底导致了他所没有预料到的肤浅。他曾经写道:"我不认为我的生命中曾经抓住了严格意义上的原创思想,即便是以一种新的错误的形式。"[2]他认为他的特殊职业,是"向愚钝的人重复他们所不愿注意的自明之理,并没有多么崇高"。[3] 戴雪称自己为"显而易见的鼓吹者",尽管他的崇拜者们通常称这是一种天赋,因为他能够把其他人一直心存疑虑的宪法问题阐述清楚。[4] 霍姆斯在谈到戴雪时,暗指他

---

① 戴雪致布赖斯书信,1921 年 11 月 19 日,《布赖斯书信集》。

② 同上,1912 年 5 月 17 日,同上。

③ 戴雪致斯特雷奇书信,1915 年 4 月 4 日,《斯特雷奇书信集》。

④ 《学院备忘录》(College Notes),载《工人学院杂志》(*Working Men's College Journal*),1922 年 6 月第 17 期,页 288。

这种思想深度的缺乏："对于他的伟大,我唯一的限制是,他不能像魔鬼一样思考,因此也就无法触及最深奥复杂的精妙之处。"[1]从真正意义上说,他的智识优势是他的弱点。他的法律著作仍是法律文献中最具可读性的作品之一,然而,优雅的文风并不能掩盖这一点,戴雪最重要的贡献就在于使得先前模糊的法律领域变得清晰。因此,他的工作虽然具有非凡的影响力,但却是派生性的,不是严格意义上的原创。他运用了奥斯丁的分析方法,但对英国法理学的奥斯丁传统却没有什么贡献。

一开始就有人指出,戴雪的声誉和持久影响必须以他的主要著作来评估。从这个角度来看,他最重要的一部著作是《论冲突法》,因为它对现代法律的这一重要分支产生了决定性的影响。戴雪取得如此巨大的成功,是因为这一领域最适合采用他一贯运用的法律实证主义方法。他从大量未经整理的司法判决中概括出基本原则的能力发挥了很好的作用,因为国际私法是散乱地发展出来的。在宪法领域,《宪法》必然排在稍后的位置,因为尽管它自1885 年以来经久不衰,但它的构思狭隘,[299]从来没有像《论冲突法》那样,对自身的整个领域进行综合。《宪法》过去是,现在仍然是一部经典著作,但是,其中所阐明的原则尽管对戴雪而言是不变的,却已经被后世的每一代人给予了重新解释。他的思想被许多评论家作了注解,之所以能存续下来,是以现代权威的重新定义为代价的。

基于第八章所详述的理由,《法律与舆论》自出版以来误导了维多利亚时代的历史学家,因此对它的评价必须低得多。维多利亚时期的舆论史料是多样而复杂的,因此他的简化方法运用于历史因果关系领域时,带来的更多是扭曲,而不是启迪。对戴雪如此

---

① 霍姆斯致拉斯基书信,1925 年 2 月 20 日,《霍姆斯与拉斯基通信集》,第 1 册,页712。

漫不经心地处理的材料的现代研究，已经终结了这本书的影响。那些政治著作最为失败，对许多的法律学者而言都没有吸引力。他们缺乏戴雪对内部自治问题所具有却无法表达的激情，因为他厌恶政客们的蛊惑人心和他们对宪法原则的漠视。戴雪从来没有理解，公众舆论几乎不关心从宪法的角度来讨论像爱尔兰这样的情感问题。他的名声完全建立在充分利用了其法律方法的法律和宪法著作上。

对于一个私生活完全没有遭受个人不幸的人来说，戴雪的职业生涯中存在着一个悲剧性因素。有两个戴雪：一个是著名的法学家，一个是失意的政治家；悲剧在于后者压倒前者。法富特曾写到，弗雷德里克·波洛克爵士 60 年以来一直处于英格兰法的中心，"无论真理是什么，他的学术成果根植于后来被称作维多利亚时代的美德之中，而这些成果都被那些自身就是新法律教育产物的人所收获。"①要不是政治的诱惑，尤其是爱尔兰问题，戴雪本可以获得这种地位。波洛克与霍姆斯就每一个可想到的法律主题进行了数十年的通信，而戴雪在给霍姆斯的信中则充满了对当代政治的讨论。这种侧重点上的区别是重要的。正如戴雪最终意识到的那样，他在无效的斗争上浪费了太多时间，而这些斗争是由其教条式的政治立场所决定的。正如波洛克自己在谈到戴雪时所说："在 19 世纪 60 年代，他和［300］布赖斯都是大学里的自由党人，但他的想法仍然停留在某些重要点上，而布赖斯的思想却始终保持开放。"②戴雪性格的这一个方面导致他持有一种僵硬的政治信条，然而，在他成就最大的法律领域，他对自己的影响力又过于谦逊："他的突出特点就是极其谦虚，在一个问题上［冲突法］完全没

---

① 法富特(C. H. S. Fifoot)，《维多利亚统治时期的法官与法学家》(*Judge and Jurist in the Reign of Victoria*)，页 136—137。

② 波洛克致霍姆斯书信，1922 年 4 月 10 日，《霍姆斯与波洛克通信集》，第 2 册，页 93。

有教条主义:在没有任何控制性权威的情况下,世界上任何一个说英语的法院都会毫不犹豫地接受他的观点。"①如果把批判内部自治的那些时间都投入到法律中,戴雪的职业生涯肯定会更加硕果累累。如果他配得上一个伟大法学家的赞誉,他还能在多大程度上变得更加伟大? 他所遵守的维多利亚中期的准则解释了戴雪何以优先考虑某些问题。阿瑟·埃利奥特曾这样描述他:"他从未忘记自己为之奋斗的伟大目标——其国家的利益。"②回过头来看,人们可能希望他能以不同的方式分配他的工作,但戴雪还是遵从他年轻时所接受的价值观。他一生都忠于这种维多利亚时代中期的信仰。

---

① 拉塞尔(F. F. Russell),引自劳森,《牛津法学教育》,页71,注释1。
② 埃利奥特所述,未注明日期,附于"戴雪与埃利奥特通信"后,《埃利奥特书信集》。

参考文献

手稿来源

　　本书所使用的资料文献可分为两类：一类是对记述戴雪生活必不可少的；另一类则不太相关。

　　最重要的是：

Arthur Balfour Papers, British Museum, London.

Bodleian Manuscripts, Bodleian Library, Oxford.

Andrew Bonar Law Papers, Beaverbrook Library, London.

James Bryce Papers, Bodleian Library, Oxford.

Charles William Eliot Papers, Harvard University Archives, Cambridge, Mass.

Arthur Elliot Papers, National Library of Scotland, Edinburgh.

General Manuscripts, Glasgow University Library, Glasgow.

E. L. Godkin Papers, Houghton Library, Harvard University, Cambridge, Mass.

Oliver Wendell Holmes, Jr. , Papers, Harvard Law School Library, Cambridge, Mass.

A. Lawrence Lowell Papers, Harvard University Archives, Cambridge, Mass.

Macmillan Company Papers, British Museum, London.

Leo Maxse Papers, West Sussex County Record Office, Chichester.

Charles Eliot Norton Papers, Houghton Library, Harvard University, Cambridge, Mass.

Goldwin Smith Papers, John M. Olin Library, Cornell University, Ithaca, New York.

J. St. Loe Strachey Papers, Beaverbrook Library, London.

Working Men's College Manuscripts, Working Men's College, Crowndale Road, London.

次要的是：

Oscar Browning Papers, Hastings Public Library, Hastings.

Joseph Chamberlain Papers, Birmingham University Library, Birmingham.

8th Duke of Devonshire Papers, Chatsworth, Derbyshire.

H. A. L. Fisher Papers, Bodleian Library, Oxford.

William E. Gladstone Papers, British Museum, London.

Thomas Hill Green Papers, Balliol College, Oxford.

Thomas W. Higginson Papers, Houghton Library, Harvard University, Cambridge, Mass.

William James Papers, Houghton Library, Harvard University, Cambridge, Mass.

Viscount Milner Papers, Bodleian Library, Oxford.

Miscellaneous Manuscripts, Balliol College, Oxford.

3rd Marquess of Salisbury Papers, Hatfield House, Hatfield, Herts.

Earl of Selbome Papers, Lambeth Palace Library, London.

Somerville College Manuscripts, Somerville College, Oxford.

戴雪的著作

Can English Law Be Taught at the Universities?, London: Macmillan,

1883.

A Digest of the Law of England with Reference to the Conflict of Laws, London: Stevens & Sons, 1896.

England's Case against Home Rule, London: John Murray, 1886.

A Fool's Paradise: Being a Constitutionalist's Criticism on the Home Rule Bill of 1912, London: John Murray, 1913.

How We Ought to Feel about the War, London: John Murray, 1915.

Introduction to the Study of the Law of the Constitution, London: Macmillan, 1885.

The Law of Domicil as a Branch of the Law of England, *Stated in the Form of Rules*, London: Stevens & Sons, 1879.

A Leap in the Dark: A Criticism of the Principles of Home Rule as Illustrated by the Bill of 1893, London: John Murray, 1893.

Lectures on the Relation between Law and Public Opinion in England during the Nineteenth Century, London: Macmillan, 1905.

Letters on Unionist Delusions, London: Macmillan, 1887.

Letters to a Friend on Votes for Women, London: John Murray, 1909.

The Privy Council: The Arnold Prize Essay 1860, London: Whittaker, 1860.

The Statesmanship of Wordsworth: An Essay, Oxford: Clarendon Press, 1917.

With Robert S. Rait, *Thoughts on the Union between England and Scotland*, London: Macmillan, 1920.

A Treatise on the Rules for the Selection of the Parties to an Action, London: Maxwell & Son, 1870.

The Verdict: A Tract on the Political Significance of the Report of the Parnell Commission, London: Cassell & Co. , 1890.

Why England Maintains the Union: A Popular Rendering of "England's Case against Home Rule", London: John Murray, 1887.

Wordsworth's Tract on the Convention of Cintra, London: Humphrey Milford, 1915.

戴雪的文章

戴雪的写作主题非常宽泛,多到不能一一列举。他最重要的文章可分为三类:关于法律和宪法主题的、关于当代政治的和更一般性的文章。戴雪为《民族》杂志撰写的285篇评论和文章不包括在内;这些可以在纽约公共图书馆出版的《哈斯克尔索引》(*Haskell Index*)中找到。发表在《泰晤士报》上的大约130篇稿件也没有列出,它们可以在《泰晤士报索引》(Times index)中找到。

法律和宪法文章:

"Blackstone's Commentaries", *National Review* 54 (December 1909): 653—675.

"Chetti v. Chetti", *Law Quarterly Review* 25 (April 1909): 202—205.

"The Combination Laws as Illustrating the Relation between Law and Opinion in England during the Nineteenth Century", *Harvard Law Review* 17 (June 1904): 511—532.

"Comparison between Cabinet Government and Presidential Government", *The Nineteenth Century and After* 85 (January 1919): 25—42.

"Conflict of Laws and Bills of Exchange", *American Law Review* 16 (July 1882): 497—512.

"Constitutional Revision", *Law Quarterly Review* 11 (October 1895): 387—392.

"The Criteria of Jurisdiction", *Law Quarterly Review* 8 (January 1892): 21—39.

"The Development of Administrative Law in England", *Law Quarterly Review* 31 (April 1915): 148—153.

"Development of the Common Law", *Macmillans* 24 (August 1871): 287—296.

"Droit Administratif in Modern French Law", *Law Quarterly Review* 17

(July 1901): 302—318.

"The Extension of Law Teaching at Oxford", *Harvard Law Review* 24 (November 1910): 1—5.

"Federal Government", *Law Quarterly Review* 1 (January 1885): 80—99.

"His Book and His Character", *In Memories of John Westlake*, pp. 17—42. London: Smith, Eldon & Co. , 1914.

"Hyams v. Stuart King", *Law Quarterly Review* 25 (January 1909): 76—80.

"Introduction", In Emile Boutmy, *Studies in Constitutional Law: France-England-United States*, translated by Elinor Mary Dicey, pp. v—viii. London: Macmillan, 1891.

"Introduction to English Law", *Working Men's College Journal* 7 (December 1901): 189—191.

"Judicial Policy of England", *Macmillans* 29 (April 1874): 473—487.

"Law-Teaching, Oral and Written", *In A Memoir of the Right Honourable Sir William Anson*, edited by H. H. Henson, pp. 84—101. Oxford: Clarendon Press, 1920.

"The Legal Aspects of Disestablishment", *Fortnightly Review* 39 (1 June 1883): 822—840.

"The Legal Boundaries of Liberty", *Fortnightly Review* 9 (1 January 1868): 1—13.

"Legal Education", *Macmillans* 25 (December 1871): 115—127.

"Legal Etiquette", *Fortnightly Review* 8 (1 August 1867): 169—179.

"Locus Regite Actum", *Law Quarterly Review* 26 (July 1910): 277—279.

"The New English War Cabinet as a Constitutional Experiment", *Harvard Law Review* 30 (June 1917): 781—791.

"Note", *Law Quarterly Review* 3 (January 1887): 102—104.

"On Private International Law as a Branch of the Law of England", *Law Quarterly Review* 6 (January 1890): 1—21; and 7 (April 1891): 113—127.

"The Paradox of the Land Law", Law Quarterly Review 25 (January

1909): 221—232.

"Professor Dicey's Opinion", *Canada Law Journal* 45(July 1909): 459—462.

"Sovereignty", *Working Men's College Journal* 8(January 1902): 224—228.

"The Study of Jurisprudence", *Law Magazine and Review*, Fourth Series 5(August 1880): 382—401.

"The Teaching of English Law at Harvard", *Contemporary Review* 76 (November 1899): 742—758.

"Will the Form of Parliamentary Government Be Permanent?", *Harvard Law Review* 13(June 1899): 67—79.

政治文章:

"The Appeal to the Nation", *The Nineteenth Century and After* 75(May 1914): 945—957.

"The Balance of Classes", *In Essays on Reform*, pp. 67—84. London: Macmillan, 1867.

"Burke on Bolshevism", *The Nineteenth Century and After* 84 (August 1918): 274—287.

"Can Unionists Support a Home Rule Government?", *Contemporary Review* 89(February 1906): 247—266.

"The Conscientious Objector", *The Nineteenth Century and After* 83 (February 1918): 357—373.

"The Defence of the Union", *Contemporary Review* 61 (March 1892): 314—331.

"The Due Representation of England", *National Review* 38 (November 1901): 359—382.

"The Duties of Unionists", *In The Case for the Union: A Collection of Speeches, Pamphlets, and Leaflets on Home Rule for Ireland*, Third Series. London: Cassell, 1887.

"English Party Government", *Quarterly Review* 210 (April 1910): 604—627.

"Facts and Thoughts for Unionists", *The Nineteenth Century and After* 75 (April 1914): 717—723.

"Home Rule from an English Point of View", *Contemporary Review* 42 (July 1882): 66—86.

"How Is the Law to Be Enforced in Ireland?", *Fortnightly Review* 36 (1 November 1881): 537—552.

"Ireland and Victoria", *Contemporary Review* 49 (February 1886): 169—177·

"Ireland as a 'Dominion'", *The Nineteenth Century and After* 82 (October 1917): 700—726.

"Is It Wise to Establish Home Rule before the End of the War?", *The Nineteenth Century and After* 82 (July 1917): 1—25.

"New Jacobinism and Old Morality", *Contemporary Review* 53 (April 1888): 475—502.

"On the Brink of an Abyss", *The Nineteenth Century and After* 67 (May 1910): 779—785.

"Ought the Referendum to Be Introduced into England?", *Contemporary Review* 57 (April 1890): 489—511.

"The Paralysis of the Constitution", *Contemporary Review* 88 (September 1905): 305—316.

"The Parliament Act, 1911, and the Destruction of All Constitutional Safeguards", *In Rights of Citizenship: A Survey of Safeguards for the People*, pp. 81—107. London: Frederick Warne &· Co. , 1912.

"The Protest of Irish Protestantism", *Contemporary Review* 62 (July 1892): 1—15.

"The Referendum", *National Review* 23 (March 1894): 65—72.

"The Referendum and Its Critics", *Quarterly Review* 212 (April 1910): 538—562.

"To Unionists and Imperialists", *Contemporary Review* 84 (September

1903): 305—316.

"Two Acts of Union: A Contrast", *Fortnightly Review* 36 (1 August 1881): 168—178.

"The Unionist Outlook", *Publications of the Irish Unionist Alliance* 3 (1894): 463—484.

"Unionists and the House of Lords", *National Review* 24(January 1895): 690—704.

"Woman Suffrage", *Quarterly Review* 210(January 1909): 276—304.

其他主题文章：

"Alexis de Tocqueville", *National Review* 21(August 1893): 771—784.

"Bryce's American Commonwealth", *Edinburgh Review* 169 (April 1889): 481—518.

"The College as It Is Now", *In The Working Men's College* 1854—1904: *Records of Its History and Its Work for Fifty Years*, *by Members of the College*, edited by J. Llewelyn Davies, pp. 236—254, London: Macmillan, 1904.

"A Common Citizenship for the English Race", *Contemporary Review* 71 (April 1897): 457—476.

"Democracy in Switzerland", *Edinburgh Review* 171 (January 1890): 113—145.

"E. L. Godkin", *Living Age* 255(9 November 1907): 335—342.

"England and Americ", *Atlantic Monthly* 82(October 1898): 441—445.

"England in 1848", *Quarterly Review* 234(October 1920): 221—242.

"History", *Working Men's College Journal* 6(March 1900): 193—198.

"Introduction", In *The Legal Sufferings of the Jews in Russia*, edited by Lucien Wolf, pp. i—x. London: T. Fisher Unwin, 1912.

"Lord Pembroke", *National Review* 28(January 1897): 616—629.

"Louis Napoleon: 1851 and 1873", *Fortnightly Review* 19 (1 February 1873): 197—204.

"Mill 'On Liberty'", *Working Men's College Journal* 7 (February,

March, April, May 1901): 17—21, 35—38, 58—62, 81—86.

"Professor Edward A. Freeman", *Archaeological Journal* 49 (1892): 86—88.

"The Reform Act of r832 and Its Critics", *Fortnightly Review* 39(1 January 1883): 116—131.

"The Republic and Christianity", *Undergraduate Papers* 1 (December 1857): 16—19.

"The Right Hon. Arthur Cohen, K. C. (1830—1914)", *Law Quarterly Review* 31(January 1915): 96—105.

"Strength and the Weakness of the Third French Republic", *The Nineteenth Century and After* 68(August 1910): 205—219.

"Suggestions on Academical Organisation", *Fraser's Magazine* 80(October 1869): 407—430.

"Thomas Edward Dicey", in *The Bi-Centenary Record of the Northampton Mercury* 1720—1920, edited by W. W. Hadley, pp. 49—54, Northampton: privately printed, 1920.

"Thoughts on the General Assembly of the Church of Scotland under the Constitution of 1690 (1690—1707)", *Scottish Historical Review* 14 (April 1917): 197—215.

"Thoughts on the Parliament of Scotland", *Quarterly Review* 225(April 1916): 438—455.

"Was Pitt a Prophet?", *Contemporary Review* 70 (September 1896): 305—314.

"Wordsworth and War", *The Nineteenth Century and After* 77 (May 1915): 1041—1060.

"Wordsworth on the Revolution", *The Nineteenth Century and After* 78 (October 1915): 870—891.

二手文献

下列清单虽不是详尽无遗的,但它包含了对这本传记最有用的作品。

著作:

Abel-Smith, Brian, and Stevens, Robert. *Lawyers and the Courts: A Sociological Study of the English Legal System*, 1750—1965, Cambridge, Mass.: Harvard University Press, 1967.

Amery, Leo, *Thoughts on the Constitution*, London: Oxford University Press, 1953.

Annan, Lord, *Leslie Stephen: His Thought and Character in Relation to His Time*, London: MacGibbon & Kee, 1951.

Anon, *The Northampton Mercury* 1720—1901: *A Popular and Illustrated History of "The Northampton Mercury" from the Early Part of the Eighteenth Century to the Commencement of the Twentieth Century*, Northampton: Privately printed, 1901.

Ashton, John, *Chap-Books of the Eighteenth Century*, London: Chatto & Windus, 1882.

Beloff, Max, *The Intellectual in Politics and Other Essays*, London: Weidenfield & Nicolson, 1970.

Birks, Michael, *Gentlemen of the Law*, London: Stevens & Sons, 1960.

Blewett, Neal, *The Peers, the Parties and the People: The General Elections of* 1910, London: Macmillan, 1972.

Bonham-Carter, Victor, *In a Liberal Tradition: A Social Biography* 1700—1950, London: Constable, 1960.

Bruce, Maurice, *The Coming of the Welfare State*, 3d ed, London: Batsford, 1966.

Burgin, E. Leslie, and Fletcher, Eric G. M, *The Students Conflict of Laws: Being an Introduction to the Study of Private International Law, Based on Dicey*, 3d ed, London: Stevens & Sons, 1937.

Carr, Sir Cecil T. , *Concerning English Administrative Law*, New York: Columbia University Press, 1941.

Castel, J. -G. , *Conflict of Laws: Cases, Notes and Materials*, 2nd ed,

Toronto: Butterworth's, 1968.

Childers, Erskine, *The Framework of Home Rule*, London: Edward Arnold, 1911.

Clarke, P. F. , *Lancashire and the New Liberalism*, Cambridge: Cambridge University Press, 1971.

Cohen, Lucy, *Arthur Cohen: A Memoir by His Daughter for His Descendants*, London: Biekers & Sons, 1919.

Cooke, A. B. , and Vincent, John, *The Governing Passion: Cabinet Government and Party Politics in Britain* 1885—1886, Brighton: Harvester Press, 1974.

Cowling, Maurice, *The Impact of Labour* 1920—1924: The Beginning of Modern British Politics. Cambridge: Cambridge University Press, 1971.

Crump, Lucy, ed, *Letters of George Birkbeck Hill*, London: Edward Arnold, 1906.

Curtis, Jr. , L. P. , *Anglo-Saxons and Celts: A Study of Anti-Irish Prejudice in Victorian England*, Bridgeport, Conn. : Conference on British Studies, 1968.

——. *Coercion and Conciliation in Ireland* 1880—1892: *A Study in Conservative Unionism*, Princeton: Princeton University Press, 1963.

De Smith, S. A. , *Judicial Review of Administrative Action*, 2nd ed, London: Stevens & Sons, 1968.

Drescher, Seymour, *Tocqueville and England*, Cambridge, Mass. : Harvard University Press, 1964.

Emden, Cecil S. , *The People and the Constitution: Being a History of the Development of the People's Influence in British Government*. 2nd ed. Oxford: Oxford University Press, 1956.

Faber, Geoffrey, *Jowett: A Portrait with Background*, Cambridge, Mass. : Harvard University Press, 1957.

Fifoot, Cecil H. S. , *English Law and Its Background*, London: G. Bell & Sons, 1932.

——. *Frederic William Maitland: A Life*, Cambridge, Mass. : Harvard

University Press, 1971.

——. *Judge and Jurist in the Reign of Victoria*, London: Stevens & Sons, 1959.

——. *Law and History in the Nineteenth Century*, London: Bernard Quaritch, 1956.

Fisher, H. A. L. , *James Bryce (Viscount Bryce of Dechmont , O. M.)*, 2 vols, New York: Macmillan, 1927.

Foulkes, David, *Introduction to Administrative Law*, 2nd ed. , London: Butterworth's, 1968.

Fraser, Peter, *Joseph Chamberlain: Radicalism and Empire*, 1868—1914, London: Cassell, 1966.

Fry, G. K. , *Statesmen in Disguise: The Changing Role of the Administrative Class of the British Home Civil Service* 1853—1966, London: Macmillan, 1969.

Gamer, J. F. , *Administrative Law*, 3d ed. , London: Butterworth's, 1970.

Geldart, W. M. , *Legal Personality*, London: Stevens & Sons, 1911.

Ginsberg, Morris, ed. , *Law and Opinion in England in the 20th Century*, London: Stevens & Sons, 1959.

Collin, Alfred M. , *The Observer and f. L. Garvin* 1908—1914: *A Study in a Great Editorship*, London: Oxford University Press, 1960.

——. *Proconsul in Politics: A Study of Lord Milner in Opposition and in Power*, New York: Macmillan, 1964.

Goodhart, A. L. , *English Contributions to the Philosophy of Law*, Oxford: Oxford University Press, 1949.

Graveson, R. H. , *The Conflict of Laws*, 5th ed, London: Sweet & Maxwell, 1965.

Griffith, J. A. G. , and Street, H, *Principles of Administrative Law*, 4th ed, London: Pitman Publishing, 1967.

Guest, A. G. , ed, *Oxford Essays in Jurisprudence: A Collaborative Work*, London: Oxford University Press, 1961.

Hamer, D. A. , *Liberal Politics in the Age of Gladstone and Rosebery*: *A Study in Leadership and Policy*, Oxford: Clarendon Press, 1972.

Hamson, C. J. , *Executive Discretion and Judicial Control*: *An Aspect of the French Conseil d'Etat*, London: Stevens & Sons, 1954.

Hanbury, Harold G. , *The Vinerian Chair and Legal Education*, Oxford: Basil Blackwell, 1958.

Harrison, Brian, *Separate Spheres*: *The Opposition to Women's Suffrage in Britain*, London: Croom Helm, 1978.

Harrison, John F. C. , *A History of the Working Men's College* 1854—1954, London: Routledge & Kegan Paul, 1954.

Hart, H. L. A. , *The Concept of Law*, Oxford: Clarendon Press, 1961.

Harvey, J. , and Bather, L, *The British Constitution*, 3d ed, London: Macmillan, 1972.

Harvie, Christopher, *The Lights of Liberalism*: *University Liberals and the Challenge of Democracy* 1860—1886, London: Allen Lane, 1976.

Heuston, R. F. V. , *Essays in Constitutional Law*, 2nd ed, Oxford: Oxford University Press, 1964.

Heyck, Thomas W. , *The Dimensions of British Radicalism*: *The Case of Ireland* 1874—1895, Urbana: University of Illinois Press, 1974.

Holdsworth, Sir William S. , *Charles Viner and the Abridgments of English Law*, London: Stevens & Sons, 1923.

——. *The Historians of Anglo-American Law*, New York: Columbia University Press, 1928.

——. *Some Makers of English Law*, Cambridge: Cambridge University Press, 1938.

Hood Phillips, O. , *Constitutional and Administrative Law*, 3rd ed, London: Sweet & Maxwell, 1962.

Howe, Mark DeWolfe, ed. , *Haimes-Laski Letters*: *The Correspondence of Mr. Justice Holmes and Harold f. Laski* 1916—1935, 2 vols. , Cambridge, Mass. : Harvard University Press, 1953.

——. *Holmes-Pollock Letters*: *The Correspondence of Mr. Justice*

Holmes and Sir Frederick Pollock 1874—1932, 2 vols. , Cambridge, Mass. : Harvard University Press, 1942.

Hurst, Michael, *Joseph Chamberlain and Liberal Reunion: The Round Table Conference of* 1887, London: Routledge & Kegan Paul, 1967.

Hynes, Samuel, *The Edwardian Turn of Mind* , Princeton: Princeton University Press, 1968.

Ions, Edmund, *James Bryce and American Democracy* 1870—1922, London: Macmillan, 1968.

Jackson, R. M. , *The Machinery of Justice in England* , 6th ed. , Cambridge: Cambridge University Press, 1972.

Jennings, Sir W. Ivor. , *The Law and the Constitution* , 5th ed. , London: University of London Press, 1959.

Jones, Gareth Stedman, *Outcast London: A Study in the Relationship between Classes in Victorian Society* , Oxford: Clarendon Press, 1971.

Keeton, G. W. , and Schwarzenberger, G. , eds. , *Jeremy Bentham and the Law* , London: Stevens & Sons, 1948.

Keir, D. L. , and Lawson, F. H. , *Cases in Constitutional Law* , 5th ed, Oxford: Clalendon Press, 1967.

Kendle, John E. , *The Round Table Movement and Imperial Union* , Toronto and Buffalo: University of Toronto Press, 1975.

Knight, William, *Memoir of John Nichol*, Glasgow: James MacLehose & Sons, 1896.

Laski, Harold J. , *Reflections of the Constitution: The House of Commons, the Cabinet, the Civil Service* , Manchester: Manchester University Press, 1951.

Latham, Richard T. E. , *The Law and the Commonwealth* , London: Oxford University Press, 1949.

Lawson, F. H. , *The Oxford Law School* , 1850—1965, Oxford: Claiendon Press, 1968.

Lawson, F. H. , and Bentley, D. J. , *Constitutional and Administrative Law* , London: Butterworth's, 1961.

Litchfield, Henrietta, *Richard Buckley Litchfield: A Memoir Written for His Friends by His Wife*, Cambridge: Cambridge University Press, 1910.

Long, Walter. *Memories.* London: Hutchinson & Co. , 1923.

Lubenow, William C. , *The Politics of Government Growth*, 1833—1848, Hamden, Conn. : Archon Press, 1971.

Lyons, F. S. L. , *Charles Stewart Parnell*, London: Collins, 1977.

——. *Ireland since the Famine*, 2nd ed. , London: Collins, 1973.

MacDonagh, Oliver, *A Pattern of Government Growth*, 1800—1860: *The Passenger Acts and Their Enforcement*, London: MacGibbon & Kee, 1961.

Marshall, Geoffrey, *Constitutional Theory*, Oxford: Clarendon Press, 1971.

——. *Parliamentary Sovereignty and the Commonwealth*, Oxford: Claiendon Press, 1957.

Marshall, Geoffrey, and Moodie, Graeme C. , *Some Problems of the Constitution*, London: Hutchinson & Co. , 1959.

Matthew, H. C. G. , *The Liberal Imperialists: The Ideas and Politics of a Post-Gladstonian Elite*, Oxford: Oxford University Press, 1973.

McCarthy, Justin, *The Case for Home Rule*, London: Chatto & Windus, 1887.

Mitchell, J. D. B. , *Constitutional Law*, 2nd ed. , Edinburgh: W. Green & Son, 1968.

Morris, J. H. C. , general editor. , *Dicey and Morris on the Conflict of Laws*, 8th ed. , London: Stevens & Sons, 1967.

Norton, Sara, and Howe, Mark DeWolfe, *Letters of Charles Eliot Norton: With Biographical Comment*, 2 vols. , Boston: Houghton Mifflin, 1913.

O'Brien, Conor Cruise, *Parnell and His Party* 1880—1890, Oxford: Clarendon Press, 1957.

O'Day, Alan, *The English Face of Irish Nationalism: Parnellite Involvement in British Politics* 1880—1886, Dublin: Gill and Macmillan, 1977.

Ogden, Rollo, *Life and Letters of Edwin Lawrence Godkin*, 2 vols. , New York: Macmillan, 1907.

Oman, Sir Charles, ed. , *The Text of the Second Betting Book of All Souls College* 1873—1919, Oxford: Privately printed, I 938.

——. *Things I Have Seen*, London: Metheun, 1933.

Palmer, Sir Roundell, *Speech at the Annual Meeting of the Legal Education Association*, London: Butterworth's, 1871.

Parris, Henry, *Constitutional Bureaucracy: The Development of British Central Administration since the Eighteenth Century*, London: George Allen & Unwin, 1969.

——. *Government and the Railways in Nineteenth Century Britain*, London: Routledge & Kegan Paul, 1965.

Rait, Robert Sangster, ed. , *Memorials of Albert Venn Dicey: Being Chiefly Letters and Diaries*, London: Macmillan, 1925.

Rempel, Richard A. , *Unionists Divided: Arthur Balfour, Joseph Chamberlain and the Unionist Free Traders*, Hamden, Conn. : Archon Press, 1972.

Richter, Melvin, *The Politics of Conscience: T. H. Green and His Age*, London: Weidenfield & Nicolson, 1964.

Robson, W. A. , *Justice and Administrative Law: A Study of the British Constitution*, 3d ed. , London: Stevens & Sons, 1951.

Rowland, Peter, *The Last Liberal Governments: Unfinished Business* 1911—1914, London: Barrie & Jenkins, 1971.

Schreiner, O. D. , *The Contribution of English Law to South Africa Law, and the Rule of Law in South Africa*, London: Stevens & Sons, 1967.

Sieghart, M. A. , *Government by Decree: A Comparative Study of the Ordinance in English and French Law*, London: Stevens & Sons, 1950.

Southgate, Donald, *The Passing of the Whigs* 1832—1886, London: Macmillan, 1962.

Stevens, Robert, *Law and Politics: The House of Lords as a Judicial Body*, 1800—1976, Chapel Hill: University of North Carolina Press, 1978.

Street, Harry, *Justice in the Welfare State*, London: Stevens & Sons, 1968.

Sutherland, Gillian, ed. , *Studies in the Growth of Nineteenth-Century*

Government, London: Routledge & Kegan Paul, 1972.

Wade, E. C. S., and Bradley, A. W., *Constitutional Law*, 8th ed., London: Longmans, 1970.

Wade, H. W. R., *Administrative Law*, 3d ed., Oxford: Clarendon Press, 1971.

——. *Towards Administrative Justice*, Ann Arbor: University of Michigan Press, 1963.

Wallace, Elisabeth, *Goldwin Smith Victorian Liberal*, Toronto: University of Toronto Press, 1957.

Yardley, D. C. M., *Introduction to British Constitutional Law*, 2nd ed., London: Butterworth's, 1964.

Young, Kenneth, *Arthur Tames Balfour*, London: G. Bell, 1963.

文章:

Annan, Lord, "The Intellectual Aristocracy", *In Studies in Social History: A Tribute to G. M. Trevelyan*, edited by J. H. Plumb, pp. 243—287. London: Longmans, 1955.

Anon, "College Notes", *Working Men's College Journal* 17(June 1922): 288.

——. "The Liberal Unionist Conscience", *Spectator* 66 (7 February 1891): 193.

——. "Professor Dicey: Portrait and Sketch", *Journal of the Society of Comparative Legislation* 17(1917): 1—4.

——. "A Word of Warning from Professor Dicey", *Spectator* 62 (1 September 1888): 1187—1188.

Arndt, H. W., "The Origin of Dicey's Concept of the Rule of Law", *Australian Law Journal* 31(1957): 117—123.

Boyce, D. G., "Dicey, Kilbrandon and Devolution", *Political Quarterly* 46(July-August 1975): 280—292.

——. "Public Opinion and Historians", *History* 63 (June 1978): 214—

228.

Brebner, J. B. , "Laissez-Faire and State Intervention in Nineteenth-Century Britain", *Journal of Economic History* 8, Supplement(1948): 59—73.

Bristow, Edward, "The Liberty and Property Defence League and Individualism", *Historical Journal* 18(1975): 761—789.

Buckland, P. J. , "The Southern Irish Unionists, the Irish Question, and British Politics 1906—1914", *Irish Historical Studies* 15(March 1967): 228—255.

Cosgrove, Richard A. , "A. V. Dicey at the Harvard Law School, 1898: A Study in the Anglo-American Legal Community", *Harvard Library Bulletin* 26 (July 1978): 325—335.

——. "The Relevance of Irish History: The Gladstone-Dicey Debate about Home Rule, 1886—1887", *Eire-Ireland* 13(Winter 1978): 6—21.

Crouch, R. L. , "Laissez-Faire in Nineteenth Century Britain: Myth or Reality?", *Manchester School of Economics and Social Studies* 35 (September 1967): 199—215.

Davis, Peter, "The Liberal Unionist Party and the Irish Policy of Lord Salisbury's Government, 1886—1892", *Historical Journal* 18 (1975): 85—104.

Dicey, Edward, "The Plea of a Malcontent Liberal", *Fortnightly Review* 44(1 October 1885): 463—477.

Dike, Chijioke, "The Case against Parliamentary Sovereignty", *Public Law*(Autumn 1976): 283—297.

Fanning, Ronan, "The Unionist Party and Ireland, 1906—1910", *Irish Historical Studies* 15(September 1966): 147—171.

Ford, Trowbridge, "Dicey's Conversion to Unionism", *Irish Historical Studies* 18(September 1973): 552—582.

——. "Dicey as a Political Journalist", *Political Studies* 18(1970): 220—235.

Goodhart, Arthur L. , "The Rule of Law and Absolute Sovereignty", *University of Pennsylvania Law Review* 106(May 1958): 943—963.

Graveson, R. H. , "Philosophical Aspects of the English Conflict of Laws", Law Quarterly Review 78(July 1962): 337—370.

Gray, H. R. , "The Sovereignty of Parliament Today", University of Toronto Law Journal 10(1953): 54—72.

Hart, H. L. A. , "Legal Positivism and the Separation of Law and Morals", Harvard Law Review 71(February 1958): 598—625.

Hart, Jenifer, "Nineteenth Century Social Reform: A Tory Interpretation of History", Past and Present 31(July 1965): 39—61.

Harvie, Christopher, "Ideology and Home Rule: James Bryce, A. V. Dicey and Ireland, I880—1887", English Historical Review 91 (April 1976): 298—314.

Holdsworth, Sir WilliamS, "The Conventions of the Eighteenth Century Constitution", Iowa Law Review 17(January 1932): 161—180.

Hood Phillips, O. , "Constitutional Conventions: Dicey's Precedessors", Modern Law Review 29(March 1966): 137—148.

Jennings, Sir W. Ivor, "In Praise of Dicey", Public Administration 13(April 1935): 123—134.

Laski, Harold, "Obituary of A. V. Dicey", Nation and Athenaeum 31(15 April 1922): 77.

Lawson, F. H. , "Dicey Revisited", Political Studies 7(June and October 1959): 109—126, 207—221.

Lefcowitz, Allen B. , and Lefcowitz, Barbara F. , "James Bryce's First Visit to America", New England Quarterly 50(June 1977): 314—331.

Lucas, Sir Charles P. , "Albert Venn Dicey", Working Men's College Journal 17(April 1922): 223—225.

MacDonagh, Oliver, "The Nineteenth-Century Revolution in Government: A Reappraisal", Historical Journal 1(1958): 52—67.

MacLoed, Roy M. , "Statesmen Undisguised", American Historical Review 78(December 1973): 1386—1405.

Monsman, Gerald C. , "Old Mortality at Oxford", Studies in Philology 67 (July 1970): 359—389.

Montrose, J. L. , "Return to Austin's College", *Current Legal Problems* 13(1960): 1—21.

Newman, Gerald, "Anti-French Propaganda and British Liberal Nationalism in the Early Nineteenth Century: Suggestions toward a General Interpretation", *Victorian Studies* 18(June 1975): 385—418.

Nicholls, David, "Positive Liberty, 1880—19I4", *American Political Science Review* 56(March 1962): 114—128.

Orth, John V. , "The British Trade Union Acts of 1824 and 1825: Dicey and the Relation Between Law and Opinion", *Anglo-American Law Review* 5 (1976): 131—152.

Parris, Henry, "The Nineteenth-Century Revolution in Government: A Reappraisal Reappraised", *Historical Journal* 3(1960): 17—37.

Perkin, Harold, "Individualism versus Collectivism in Nineteenth-Cen- tury Britain: A False Antithesis", *Journal of British Studies* 17 (Fall 1977): 105—118.

Pillet, Antoine, "Professor A. V. Dicey", *Working Men's College Journal* 18(February-March 1923): 38—40.

Pollock, Sir Frederick, "Our Jubilee", *Law Quarterly Review* 51(January 1935): 5—10.

Simpson, A. W. B. , "The Common Law and Legal Theory", *In Oxford Essays in Jurisprudence (Second Series)*, edited by A. W. B. Simpson, pp. 77—99. Oxford: Clarendon Press, 1973.

Soldon, Norbert C. , "Individualist Periodicals: The Crisis of Late Victorian Liberalism", *Victorian Periodicals Newsletter* 6(December 1973): 17—26.

Tulloch, Hugh A. , "Changing British Attitudes towards the United States in the 1880s", *Historical Journal* 20(1977): 825—840.

Wade, H. W. R. , "The Basis of Legal Sovereignty", *Cambridge Law Journal* 13(November 1955): 172—197.

——. "Quasi-Judicial and Its Background", *Cambridge Law Journal* 10 (1949): 216—240.

Winterton, George, "The British Grundnorm: Parliamentary Supremacy

Re-Examined", *Law Quarterly Review* 92(October 1976): 591—617.

Yntema, Hessel E., "Dicey: An American Commentary", *International Law Quarterly* 4(1951): 1—10.

索 引

（索引中页码为原书页码）

译后记

翻译这本传记的想法,萌生于约 10 年前;当时我正在撰写博士论文,无暇着手。后来,我把这个想法告诉了黄涛兄,得到了他的鼓励和支持;但又因为翻译戴雪的《英国宪法研究导论》,这个工作便搁置了一段时间。幸好丁于芳参与其中,翻译工作才得以推进并顺利完成。本书是两位译者合作的产物。

丁于芳翻译了本书的大部分初稿,包括导言、第一至三章、第五至七章以及第九至十三章,我则负责其余部分,即"致谢"、第四章和第八章以及注释。这个工作大约 2019 年初才完成。然后,我再对照英文原文逐一修改和校对全部译稿,以确保术语统一和风格一致。

戴雪这个名字,我们并不陌生。过去 10 年间,他的许多著作已经或正在被译成中文:包括《论冲突法》(中国大百科全书出版社1998 年)、《法律与舆论》(上海人民出版社 2014 年)、《思索英格兰与苏格兰的联合》(上海三联书店 2016 年)、《枢密院》(上海三联书店 2017 年)和《英宪精义》(再版,中国法制出版社 2017 年);最近面世的有:《英宪精义》的全新译本《英国宪法研究导论》(商务印书馆 2020 年),《华兹华斯的政治家气质》(商务印书馆 2020 年)。遗憾的是,关于戴雪的生平事迹,这些著作的写作背景等,目前中文资料中还没有完整的介绍。雷宾南先生曾写过《戴雪先生略传》，但非常简略；相对较详细的是郭秋永的《戴雪》一文（收入应奇编《宪政人物》，吉林出版集团 2015 年，页 177—205），但对了解戴雪的全貌而言，仍是有缺憾的。在这个意义上，本书的出版可谓恰逢其时。

与一般学术著作不同的是，本书在学理剖析方面着墨不多。但是，作者不仅高度概括了戴雪著述的内容，而且还利用二手文献对其进行了简要评述。更重要的是，作者对戴雪作品的介绍和叙述，是将其放在一个具体的语境中来进行的；也就是说，戴雪的每一本著作和每一篇文章，都有着特定的生活或工作背景，也都有着具体的写作意图和明确目标。这一点实在太重要了，尤其是对于了解他众多的政治写作而言。此外，本书还有一个特点，那就是作者利用了大量的书信内容，让戴雪及其通信者本人说话。总之，这本书具有相当的可读性。

有几个术语，也许有必要简要说明一下。第一，England 多数时候译作"英格兰"，尤其是与爱尔兰问题有关的时候；相应地，Britain 也译为"不列颠"；但有时，为了照顾中文读者习惯，在没有必要强调某种区分的时候，我们也将这两个词译为"英国"。第二，Home Rule 这个短语在文中出现频率较高，它是指"争取爱尔兰在英帝国内部实行自治的运动"；在其他著作中，大多数译为"地方自治"或"爱尔兰自治"；但作者说"内部自治（Home Rule）作为地方自治（local self-government）的一种延伸，为许多英格兰政客所倡导……"（原书第 128 页），可见，"内部自治"和"地方自治"还是有差别的，"地方自治"强调与中央的对应关系，而"内部自治"强调以"英帝国"或者"联合王国"的维持为前提。鉴于此，我们一般将其译为"内部自治"，或简称为"自治"。第三，文中经常出现 National interest，the interest of nation 和 national unity 这样的词，我们有时翻译成"国家利益"或"国家统一"，但必须指出的是，这些

"国家"概念无论如何与大陆法系上的"国家"(state)概念是不一样的。

这些译法以及整个书稿的翻译,得当与否,或可商榷;由于能力和精力的限制,错讹之处,也在所难免。祈请读者不吝指正。

最后,必须感谢"欧诺弥亚译丛·不列颠古典法学丛编"的主编黄涛和王涛,承蒙他们不弃,将拙译作收入该丛书之中,如果没有他们的组织和督促,本书的翻译也许还仍然只是一个"想法"。

何永红

2020 年 9 月 28 日

图书在版编目(CIP)数据

　　法治:维多利亚时代的法学家戴雪/(美)科斯格罗夫著;何永红,丁于芳译.
--上海:华东师范大学出版社,2021

　　ISBN 978-7-5760-1189-0

　　Ⅰ.①法… Ⅱ.①科… ②何… ③丁… Ⅲ.①阿尔伯特·戴雪—传记
Ⅳ.①K835.165.19

　　中国版本图书馆 CIP 数据核字(2021)第 032604 号

华东师范大学出版社六点分社

企划人　倪为国

The Rule of Law:Albert Venn Dicey,Victorian Jurist
by Richard A. Cosgrove
Copyright © 1980 by the University of North Carolina Press
Published in the Chinese language by arrangement with the University of North Carolina Press,
Chapel Hill,North Carolina,27514 USA
www. uncpress. unc. edu
Simplified Chinese Translation Copyright © 2020 by East China Normal University Press Ltd.
All rights reserved
上海市版权局著作权合同登记 图字:09 - 2016 - 718 号

法治:维多利亚时代的法学家戴雪

著　　　者　(美)科斯格罗夫
译　　　者　何永红　丁于芳
责任编辑　徐海晴
责任校对　王　旭
封面设计　刘怡霖
出版发行　华东师范大学出版社
社　　　址　上海市中山北路 3663 号　邮编　200062
网　　　址　www. ecnupress. com. cn
电　　　话　021 - 60821666　行政传真　021 - 62572105
客服电话　021 - 62865537　门市(邮购)电话　021 - 62869887
地　　　址　上海市中山北路 3663 号华东师范大学校内先锋路口
网　　　店　http://hdsdcbs. tmall. com
印　刷　者　上海盛隆印务有限公司
开　　　本　890×1240　1/32
印　　　张　11.5
字　　　数　250 千字
版　　　次　2021 年 4 月第 1 版
印　　　次　2021 年 4 月第 1 次
书　　　号　ISBN 978-7-5760-1189-0
定　　　价　78.00 元
出　版　人　王　焰